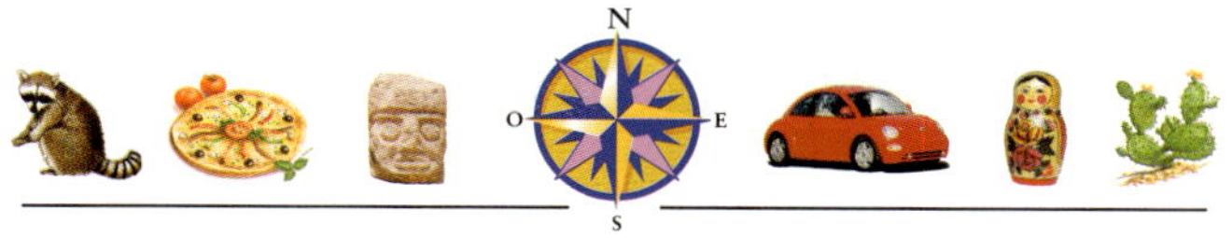

ATLAS

ILLUSTRÉ DU MONDE

Cette édition a été créée par
Starry Dog Books

Consultant :
Brian Williams

Auteurs :
Keith Lye et Philip Steele

Loi n° 49-956 du 16 juillet 1949
sur les publications destinées à la jeunesse.

Queen Street House
4 Queen Street
Bath BA1 1HE
Royaume-Uni

Réalisation et adaptation : ML Éditions, Paris
Traduction : Claire Debard

ISBN 1-40543-436-8

Imprimé en Indonésie
Printed in Indonesia

ATLAS
ILLUSTRÉ DU MONDE

INTRODUCTION

EUROPE

Sommaire

Amérique

Asie

Afrique

Océanie

Océans

Régions polaires

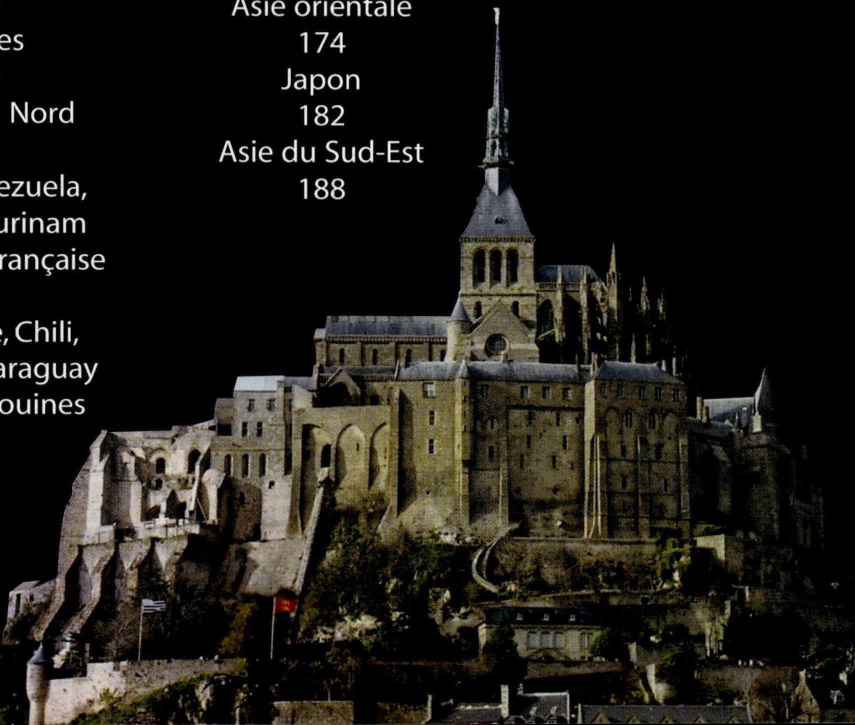

LA TERRE

La Terre est une énorme sphère rocheuse entourée d'air et largement recouverte d'eau. Le sommet de cette sphère s'appelle le pôle Nord, le point le plus bas, le pôle Sud. La ligne imaginaire qui relie les deux pôles et le centre de la Terre – l'axe des pôles – est inclinée de 23,4°.

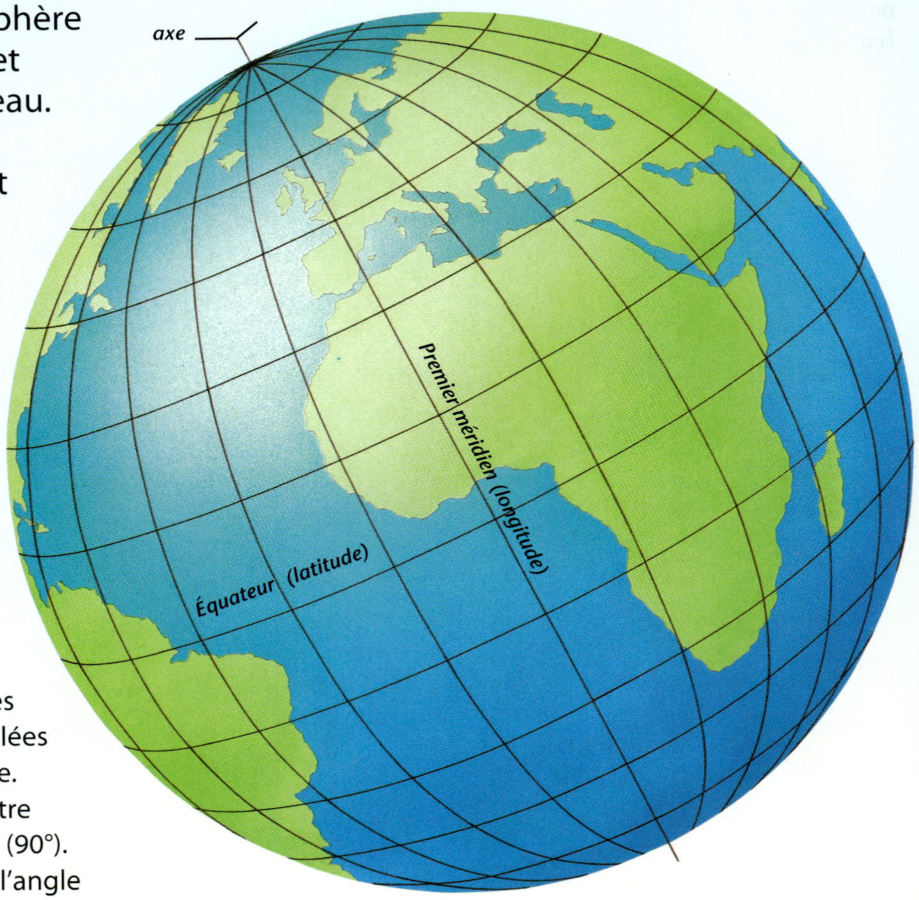

Une autre ligne imaginaire fait le tour de la Terre exactement à mi-chemin entre les deux pôles. Il s'agit de l'équateur. Celui-ci divise le monde en deux moitiés appelées hémisphères. L'équateur est indiqué sur les globes terrestres parmi d'autres lignes parallèles. Ces lignes sont appelées parallèles, ou encore lignes de latitude. La latitude est mesurée en degrés, entre l'équateur (0° de latitude) et les pôles (90°). La latitude d'un lieu est la mesure de l'angle formé par la verticale de ce lieu par rapport au plan de l'équateur.

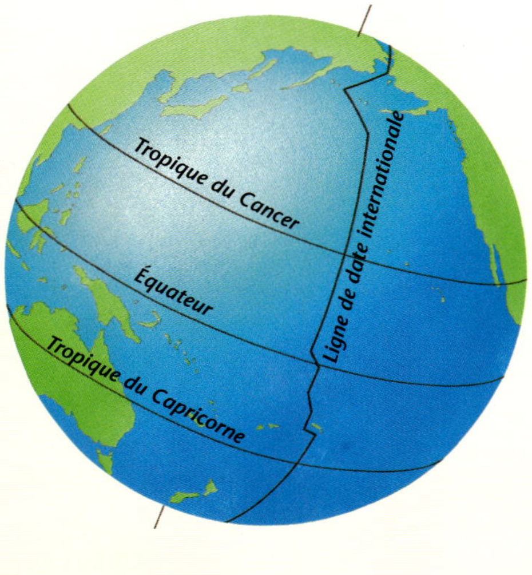

D'autres lignes parcourent le globe à angles droits avec les parallèles. Ce sont les méridiens, ou encore lignes de longitude.

DES LIGNES DE LATITUDE SPÉCIALES
Les régions les plus chaudes du monde, les tropiques, sont situées entre deux lignes de latitude : le tropique du Cancer, à 23,5° nord, et le tropique du Capricorne, à 23,5° sud. Les régions les plus froides sont situées au nord du cercle polaire arctique, à 66,5° nord, et au sud du cercle polaire antarctique, à 66,5° sud.

TROUVER SON CHEMIN
Les explorateurs se servent d'une boussole : son aiguille pointe toujours vers le pôle Nord magnétique.

Le premier méridien (0° de longitude) passe par Greenwich, un faubourg de Londres. Les autres mesurent la longitude jusqu'à 180° à l'est ou à l'ouest. De l'autre côté du monde, en face du premier méridien, à environ 180° est ou ouest, se trouve la ligne de changement de date.

COMMENT FAIRE UNE CARTE ?

Les géomètres mesurent la position et l'altitude de divers points à la surface terrestre. Leurs mesures serviront ensuite à dresser des cartes.

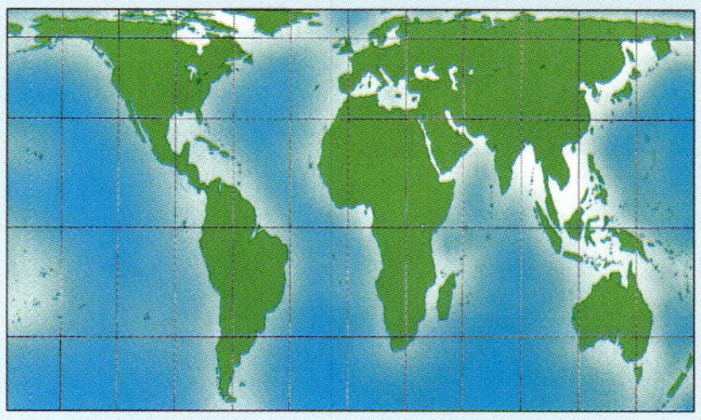

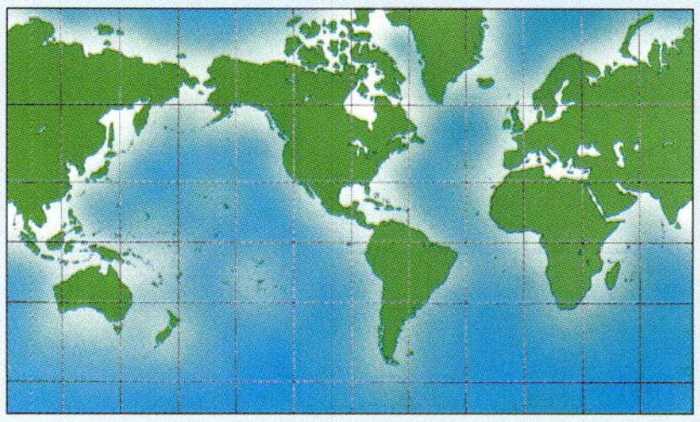

PROJECTION DE PETER

Les projections cartographiques permettent de représenter à plat la courbure de la Terre. La projection de Peter (en haut) respecte les proportions des continents mais déforme leurs contours.

PROJECTION DE MERCATOR

Aucune projection cartographique n'est exacte. Celle de Gerard Mercator (XVIe siècle) respecte les orientations et a été utilisée par les navigateurs, mais elle modifie les surfaces.

Pour faire une carte, des géomètres mesurent la latitude et la longitude exactes d'un ensemble de points à la surface de la Terre, puis ils déterminent la position de tous les éléments de paysage situés entre ces points et, avec ces informations, ils dressent la carte de la région. Il est difficile de faire des cartes de zones très vastes à cause de la courbure de la Terre : les cartes du monde, qui représentent la surface entière du globe à plat, sont déformées pour préserver certains éléments comme les surfaces, les distances et les orientations. Donc, les seules cartes du monde vraiment fidèles sont les globes terrestres, car leur surface est courbe.

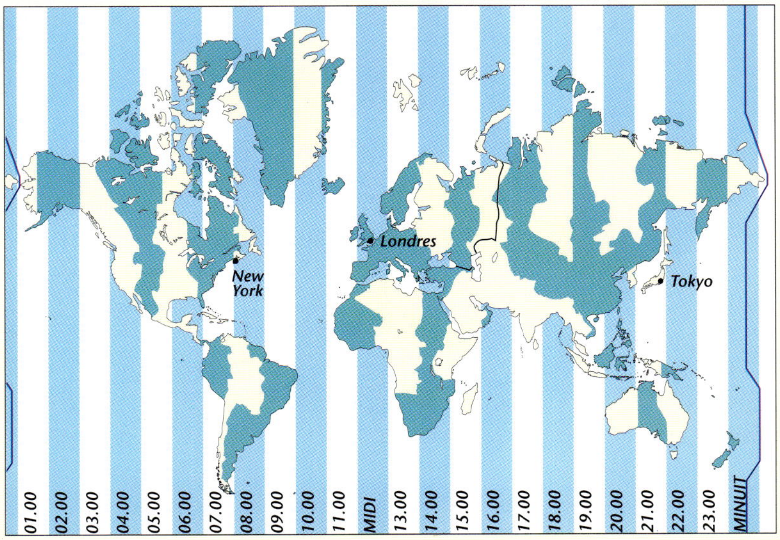

LES FUSEAUX HORAIRES

Comme la Terre tourne sur elle-même toutes les 24 heures, l'heure n'est pas la même selon les régions. Les fuseaux horaires sont mesurés vers l'est ou vers l'ouest à partir du méridien d'origine. Le Canada et les États-Unis possèdent six fuseaux horaires.

LA TERRE DANS L'ESPACE

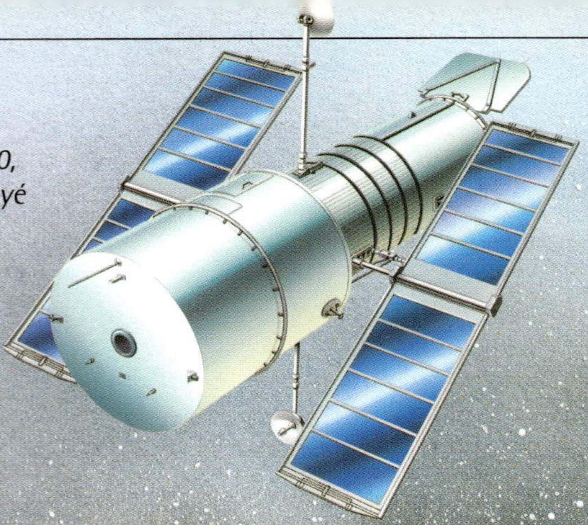

LE TÉLESCOPE HUBBLE
Lancé dans l'espace en 1990, le télescope Hubble a renvoyé d'étonnantes images de galaxies lointaines qu'il est impossible d'observer depuis la Terre.

Dans l'espace, la Terre n'est qu'une minuscule poussière. C'est la cinquième des neuf planètes qui tournent autour du Soleil dans le système solaire. Le Soleil lui-même n'est que l'une des millions d'étoiles qui forment la Voie lactée qui, à son tour, n'est que l'une des milliards de galaxies de l'univers.

La plupart des scientifiques pensent que l'univers est apparu il y a 10 à 20 milliards d'années, au cours d'une énorme explosion appelée big bang. Le Soleil a été créé il y a 4,7 milliards d'années, la Terre et les autres planètes il y a 4,6 milliards d'années à partir d'un disque de gaz et de poussière qui tournait autour du Soleil.

SUPERBES GALAXIES
Les galaxies sont composées de millions d'étoiles. Notre Soleil est l'une des étoiles d'une galaxie appelée Voie lactée. L'univers contient des milliards de galaxies.

LE SYSTÈME SOLAIRE
Neuf planètes et leurs lunes tournent autour du Soleil. Elles forment le système solaire, avec d'autres corps comme les astéroïdes, les comètes et les météores.

1	*Soleil*	*6*	*Jupiter*
2	*Mercure*	*7*	*Saturne*
3	*Vénus*	*8*	*Uranus*
4	*Terre*	*9*	*Neptune*
5	*Mars*	*10*	*Pluton*

À SAVOIR

ÉQUINOXES ET SOLSTICES

Chaque année pendant deux jours, le 20 ou le 21 mars et de nouveau le 22 ou le 23 septembre, le Soleil croise l'équateur à midi. Ces deux jours sont appelés équinoxes, ce qui veut dire « nuit égale » car la planète tout entière a alors 12 heures de nuit et 12 heures de jour.

Cependant, après le 21 mars, l'hémisphère Nord commence à pencher progressivement vers le Soleil. Le 20 ou 21 juin, le Soleil croise le tropique du Cancer à midi. On appelle ce jour solstice d'été dans l'hémisphère Nord et solstice d'hiver dans l'hémisphère Sud.

Après le 23 septembre, l'hémisphère Sud commence à pencher progressivement vers le Soleil jusqu'au 21 ou 22 décembre où le Soleil croise le tropique du Capricorne. C'est le solstice d'été dans l'hémisphère Sud et le solstice d'hiver dans l'hémisphère Nord.

Notre planète bouge sans cesse : elle tourne sur son axe toutes les 24 heures, faisant alterner le jour et la nuit, et elle décrit une orbite autour du Soleil en 365 jours, 5 heures, 48 minutes et 46 secondes : c'est l'année solaire. Les années bissextiles à 366 jours servent à compenser la différence entre l'année solaire et l'année civile.

LES SAISONS

Les latitudes moyennes connaissent quatre saisons au fur et à mesure que la Terre tourne autour du Soleil.

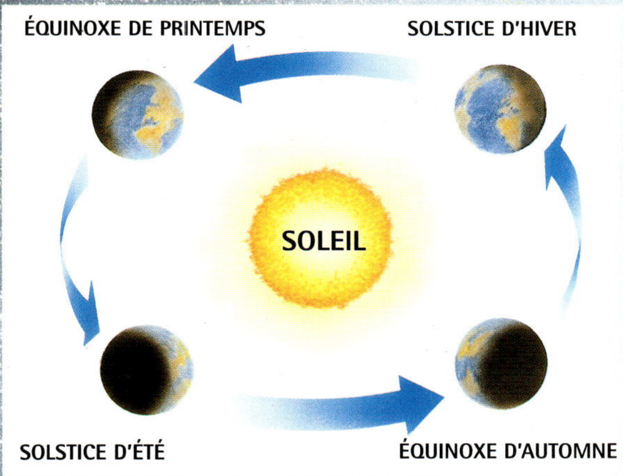

DES TOURBILLONS DE NUAGES

Les photos de la planète montrent des nuages et des océans – qui recouvrent la majeure partie de la Terre.

LE JOUR ET LA NUIT

La Terre tourne sur son axe en 24 heures, c'est-à-dire en un jour. Le terme jour désigne aussi la période durant laquelle le Soleil brille sur un endroit donné de la Terre. Pourtant, la nuit, durant laquelle il fait noir car ce même endroit de la Terre n'est plus face au Soleil, fait aussi partie de la journée de 24 heures.

LES MARÉES

Les attractions gravitationnelles de la Lune et du Soleil font monter les eaux des océans, ce qui cause les marées. Deux marées hautes et basses se produisent toutes les 24 heures et 50 minutes. Les plus fortes (marées d'équinoxes) ont lieu quand la Lune, la Terre et le Soleil sont alignés et que les attractions de la Lune et du Soleil s'ajoutent l'une à l'autre. Les plus faibles amplitudes de marées (différence entre marée haute et marée basse), ou mortes-eaux, s'observent quand la Lune, la Terre et le Soleil font un angle droit : les attractions de la Lune et du Soleil sont opposées. Il y a deux marées d'équinoxe et mortes-eaux par mois.

Le phénomène de morte-eau se produit quand la Lune et le Soleil font un angle droit avec la Terre.

TERRES ET MERS

Les terres couvrent 29,1 % de la surface du globe. Elles sont pour l'essentiel groupées en sept continents. L'eau couvre 71 % de la surface de la Terre. Le plus grand des quatre océans est le Pacifique, qui recouvre presque un tiers de la planète. On parle parfois des eaux qui entourent l'Antarctique comme d'un cinquième océan, l'océan Austral ou Antarctique, mais pour la plupart des géographes, ces eaux font en réalité partie du sud des océans Atlantique, Indien et Pacifique.

DES ÎLES DE CORAIL
Ces îles océaniques surgissent des fonds sous-marins. Il s'agit de volcans en activité ou éteints. Certaines sont couronnées de corail formé par des colonies de minuscules animaux, les polypes, dans les mers chaudes et peu profondes. Les îles continentales, comme les îles Britanniques, sont des morceaux de plate-forme continentale qui émergent de l'océan.

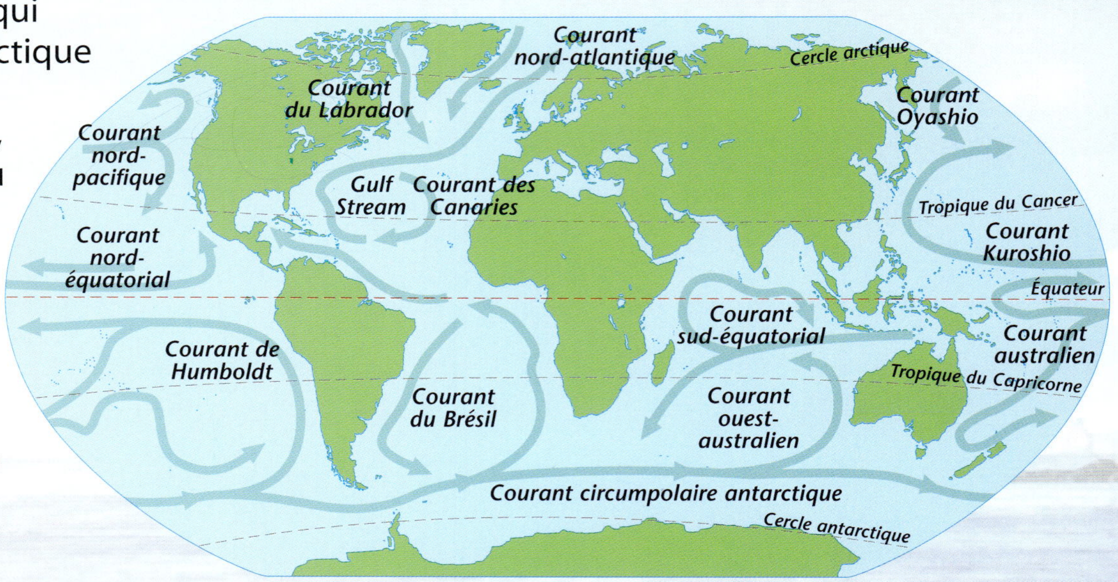

UN SOUS-MARIN INTRÉPIDE
Ce submersible, appelé Alvin, a emmené des scientifiques au fond de l'océan, où ils ont pris des photos et ramassé des échantillons. Des sous-marins sans équipage sont utilisés pour explorer les fonds océaniques et tourner des séquences vidéo.

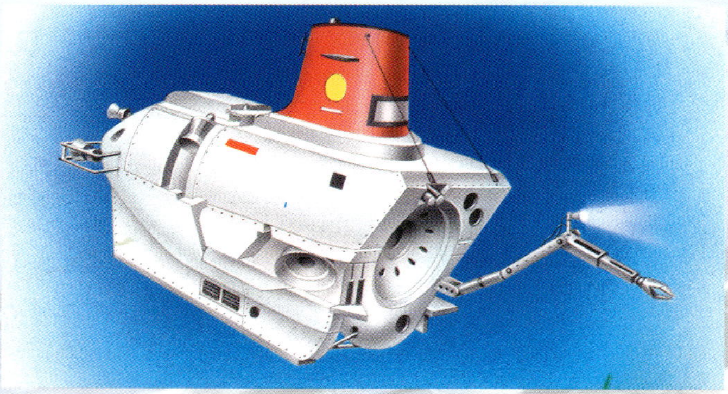

LES MOUVEMENTS DE LA MER
La mer est sans cesse en mouvement. Les vagues sont causées par le vent. Les courants, également dus aux vents, transportent l'eau chaude des tropiques vers les régions polaires, tandis que d'autres courants froids refluent vers l'équateur. Le Gulf Stream est un courant chaud qui naît dans le golfe du Mexique, remonte la côte est des États-Unis et traverse l'Atlantique vers l'Europe.

UN FUMEUR NOIR
De l'eau chaude sort d'une cheminée au fond de l'océan. Les minéraux rejetés sont avalés par de minuscules bactéries, elles-mêmes mangées par des bénitiers et des vers tubicoles.

Autour des continents, des mers peu profondes recouvrent des zones appelées plates-formes continentales. Morceaux immergés de continents, elles descendent en pente douce jusqu'aux talus continentaux qui, eux, dévalent abruptement dans les abysses.

Les abysses comprennent de vastes plaines boueuses et d'immenses volcans dont certains émergent du fond de l'océan sous forme d'îles. Parmi les autres éléments du fond des mers, les dorsales océaniques sont de longues chaînes de montagnes sous-marines où se creusent des vallées axiales, ou rifts, fréquemment secouées par des tremblements de terre. Dans ces vallées, les scientifiques ont découvert des « fumeurs noirs », des endroits où l'eau chaude riche en minéraux est rejetée à la surface par des fentes dans la roche – les minéraux se déposent à proximité et forment de hautes « cheminées ». Il arrive aussi que de la lave en fusion remonte à la surface et crée de nouveaux morceaux d'écorce terrestre. Enfin, les océans possèdent d'immenses fosses, les endroits les plus profonds de la Terre.

UNE ÎLE VOLCANIQUE
Lorsqu'un volcan sous-marin fait éruption, il peut créer une île si la quantité de roche en fusion projetée est suffisante.

LE FOND DE L'OCÉAN
Une immense chaîne de montagnes presque entièrement immergée parcourt l'océan Atlantique du nord au sud, on l'appelle dorsale médio-atlantique.

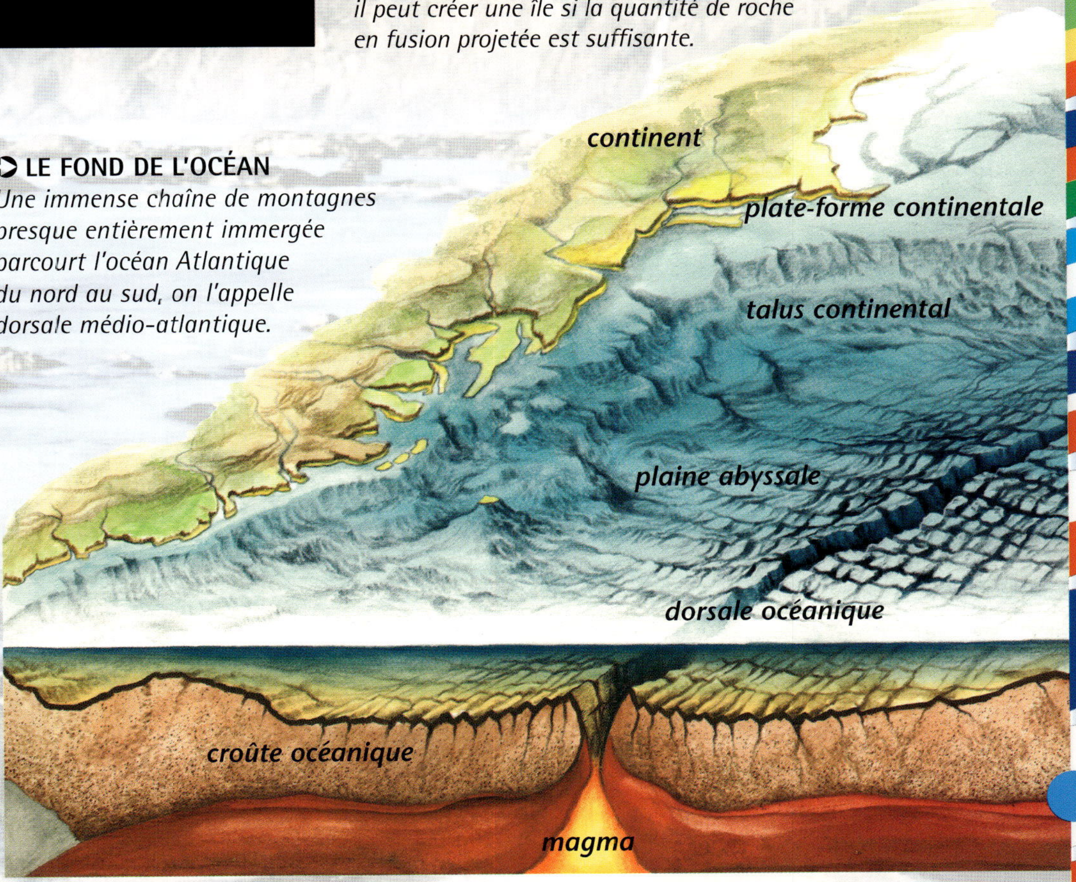

À SAVOIR

LES PLUS HAUTES MONTAGNES

ASIE Mont Everest	8 848 m
AMÉRIQUE DU SUD Aconcagua	6 959 m
AMÉRIQUE DU NORD Mont McKinley	6 194 m
AFRIQUE Kilimandjaro	5 895 m
EUROPE Mont Elbrouz	5 642 m
ANTARCTIQUE Mont Vinson	4 890 m
AUSTRALIE Mont Kosciusko	2 228 m

UNE TERRE QUI CHANGE

LA PRESSION DES PLAQU
Les tremblements de terre sc plus fréquents là où les borc de deux plaques qui se déplacent dans des directions différentes se heurtent.

Des millions d'années après sa formation, notre planète était couverte de roches en fusion. Les éléments lourds comme le fer sont tombés au centre de la Terre où ils ont formé un noyau interne solide et un noyau externe en fusion. Autour du noyau, le manteau est composé de roches denses (lourdes) : les matières légères sont montées à la surface, et les gaz libérés lors d'explosions volcaniques ont créé l'atmosphère.

La Terre s'est refroidie, la surface a durci et formé une écorce, et les pluies de l'atmosphère ont rempli les creux pour former les océans. Les plus anciennes roches trouvées sur Terre ont 3,9 milliards d'années. Personne ne sait quand la vie est apparue.

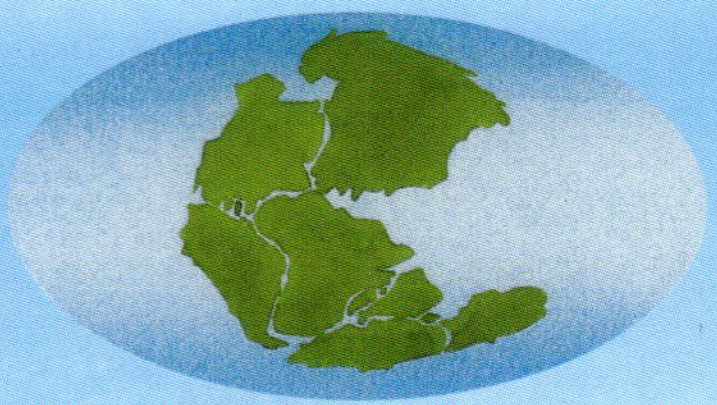

DÉRIVE DES CONTINENTS
Il y a 280 millions d'années, les terres étaient groupées en un continent, la Pangée.

Il y a 180 millions d'années, la Pangée commençait à se diviser en Laurasie (au nord) et Gondwana (au sud).

Il y a 65 millions d'années, l'Atlantique s'élargissait, l'Inde était en route vers l'Asie et l'Australie était encore attachée à l'Antarctique.

LA VIE SUR TERRE
Imaginons l'histoire terrestre résumée en 24 heures. Les premiers fossiles connus se seraient formés à 5 h 45, tandis que les premières créatures vertébrées (les poissons) ne seraient nées qu'à 21 h 20. Les premiers végétaux terrestres seraient apparus à 21 h 50 et les premiers animaux terrestres (les amphibiens) à 22 heures. Les premiers dinosaures seraient apparus à 22 h 50 mais se seraient éteints à 23 h 40. Enfin, les hommes ne seraient nés que dans les 40 dernières secondes !

On a trouvé les plus anciens fossiles d'organismes simples dans des roches de 3,5 milliards d'années.

En étudiant les fossiles, les scientifiques ont découvert que la surface de la Terre se modifiait sans cesse. Les couches supérieures dures (l'écorce et la partie supérieure du manteau) sont découpées en énormes blocs, les plaques, qui bougent selon les courants du manteau en fusion qu'elles recouvrent. Les bords déchiquetés des plaques restent en général assemblés les uns aux autres, mais la pression peut faire éclater les roches, d'où les tremblements de terre.

Ces mouvements progressifs des plaques ont changé la face de la Terre et se poursuivent encore aujourd'hui.

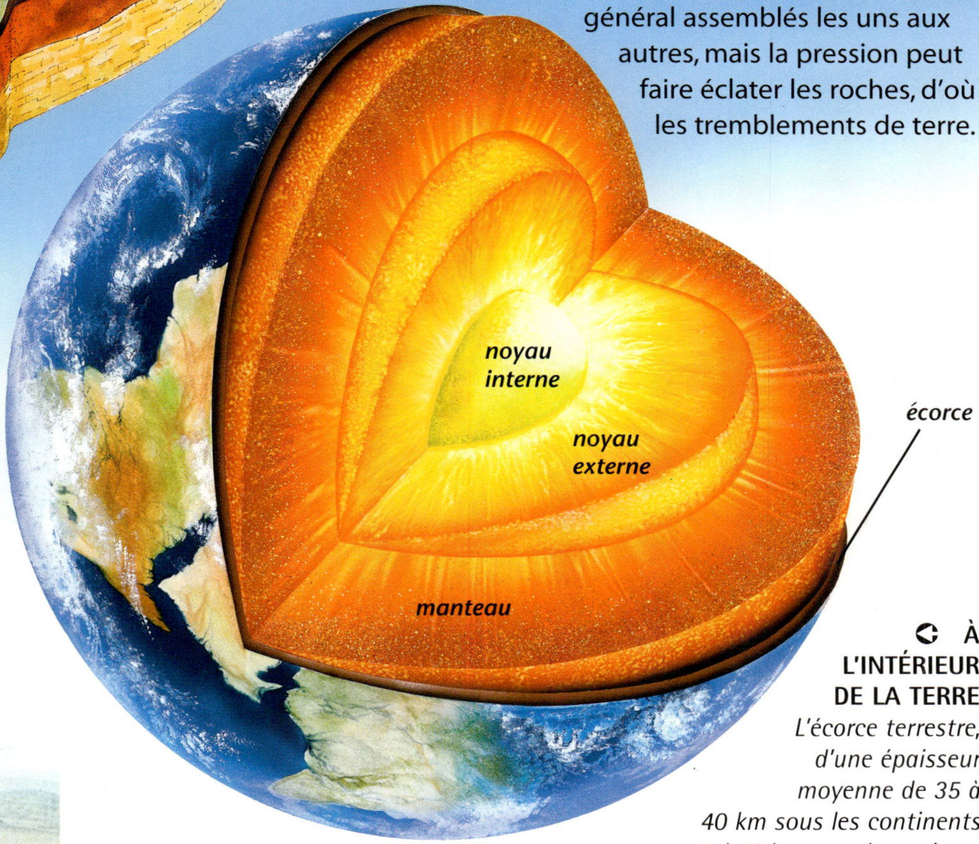

À L'INTÉRIEUR DE LA TERRE
L'écorce terrestre, d'une épaisseur moyenne de 35 à 40 km sous les continents et de 6 km sous les océans, recouvre le manteau, épais de 2 900 km, le noyau externe liquide et le noyau interne solide, tous deux essentiellement composés de fer.

UN POINT CHAUD POUR LES TREMBLEMENTS DE TERRE
La faille de San Andreas, en Californie, marque l'endroit où les plaques nord-pacifique et nord-américaine glissent l'une contre l'autre dans des directions opposées. On y compte de gros tremblements de terre, comme ceux de 1906 et 1989, à San Francisco.

Les plaques ne sont pas parfaitement jointives. On connaît trois types de « joints ». Le long des rifts des dorsales océaniques, les plaques s'écartent les unes des autres, et des roches en fusion, ou magma, jaillissent pour boucher les trous. Le long des fosses océaniques, une plaque plonge sous une autre, et son bord, appelé zone de subduction, fond et devient du magma. Le troisième type, appelé faille transformante, est une longue fissure entre deux plaques qui se déplacent l'une contre l'autre, telle la faille de San Andreas aux États-Unis : les mouvements brusques causent des tremblements de terre dévastateurs.

LA TERRE
SOUS TOUTES SES FORMES

Les mouvements des plaques façonnent les paysages. Les chaînes de volcans se forment lorsqu'une plaque glisse sous une autre. Quand deux plaques entrent en collision, les roches de leurs bords se plissent en créant des chaînes de montagnes plissées comme les Alpes, l'Himalaya ou les Rocheuses. Les mouvements des plaques étirent et fissurent aussi les roches, créant des failles : les blocs rocheux poussés vers le haut forment des blocs montagneux faillés, ceux qui tombent entre les failles forment des vallées axiales aux bords escarpés.

LES MONTAGNES
Les mouvements des plaques forment les chaînes plissées et les blocs faillés. Les dômes sont poussés par des roches en fusion du manteau.

MONTAGNES PLISSÉES

DÔME

MONTAGNES PLISSÉES
Les Alpes ont été formées par des plaques qui ont resserré les roches en les plissant.

L'érosion aussi sculpte les paysages, par exemple quand de l'eau gèle dans des fissures de rochers : la glace prenant plus de place que l'eau, le gel et le dégel élargissent les fissures, fracturent la roche et font tomber des morceaux de rochers.

Certains fragments rocheux sont transportés sur des pentes montagneuses par les glaciers. Les roches à la base ou sur les côtés des glaciers agissent comme des dents sous la glace et creusent dans le paysage des vallées en U.

Les fleuves emportent dans leur lit des débris rocheux qui raclent la terre et érodent d'autres rochers, creusant des vallées en V.

LE GRANIT
Les anciens Égyptiens extrayaient le granit et l'utilisaient pour construire statues et monuments. Cette roche ignée très solide est facile à sculpter.

LES AMMONITES
Les ammonites sont des mollusques fossiles de l'ère secondaire. Les restes des mollusques se sont décomposés, laissant place à des creux dans la roche qui ont été remplis de minéraux.

ROCHES SÉDIMENTAIRES
Les roches sédimentaires forment des couches au fond de l'eau. Les intempéries les érodent en montagnes aux formes harmonieuses.

Les vagues et les courants créent des baies, des caps, des falaises et des grottes le long des côtes. Dans les régions sèches, le sable porté par le vent taille la roche en formes étranges.

Les fragments de roches érodées, des galets aux fines particules de sable ou de boue, s'accumulent au fond des lacs et des mers où ils forment des couches rocheuses qui contiennent souvent des fossiles.

Les roches formées par accumulation de fragments rocheux sont appelées roches sédimentaires. Les deux autres types principaux de roches sont les roches ignées et les roches métamorphiques. Les roches ignées, à base de matériaux en fusion, sont formées par le refroidissement de magma, comme le granit, ou par le durcissement de la lave à la surface de la Terre, comme le basalte. Les roches métamorphiques ont été modifiées par une chaleur intense ou une forte pression ; c'est le cas du calcaire, roche sédimentaire que la chaleur et la pression transforment en marbre.

UN GRAND CANYON
La rivière Yellowstone a creusé une profonde vallée en V dans le parc national de Yellowstone, aux États-Unis.

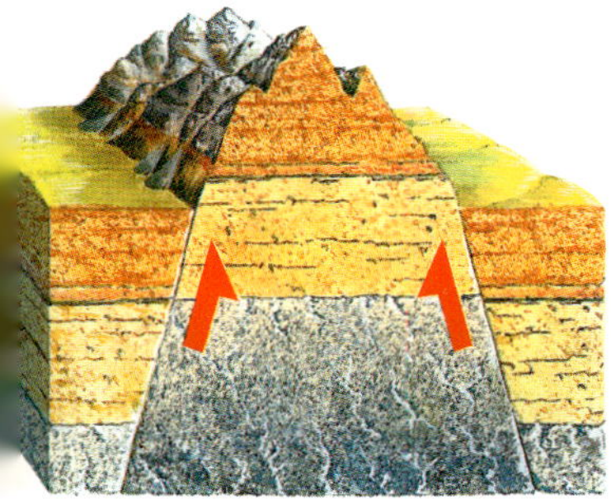

BLOC FAILLÉ

UNE CHAUSSÉE DE GÉANTS
Le basalte, roche à base de lave en fusion, durcit parfois en formant des colonnes hexagonales.

RIFT VALLEY
Engendrée par des mouvements de plaques, cette vallée va de la Turquie au Mozambique.

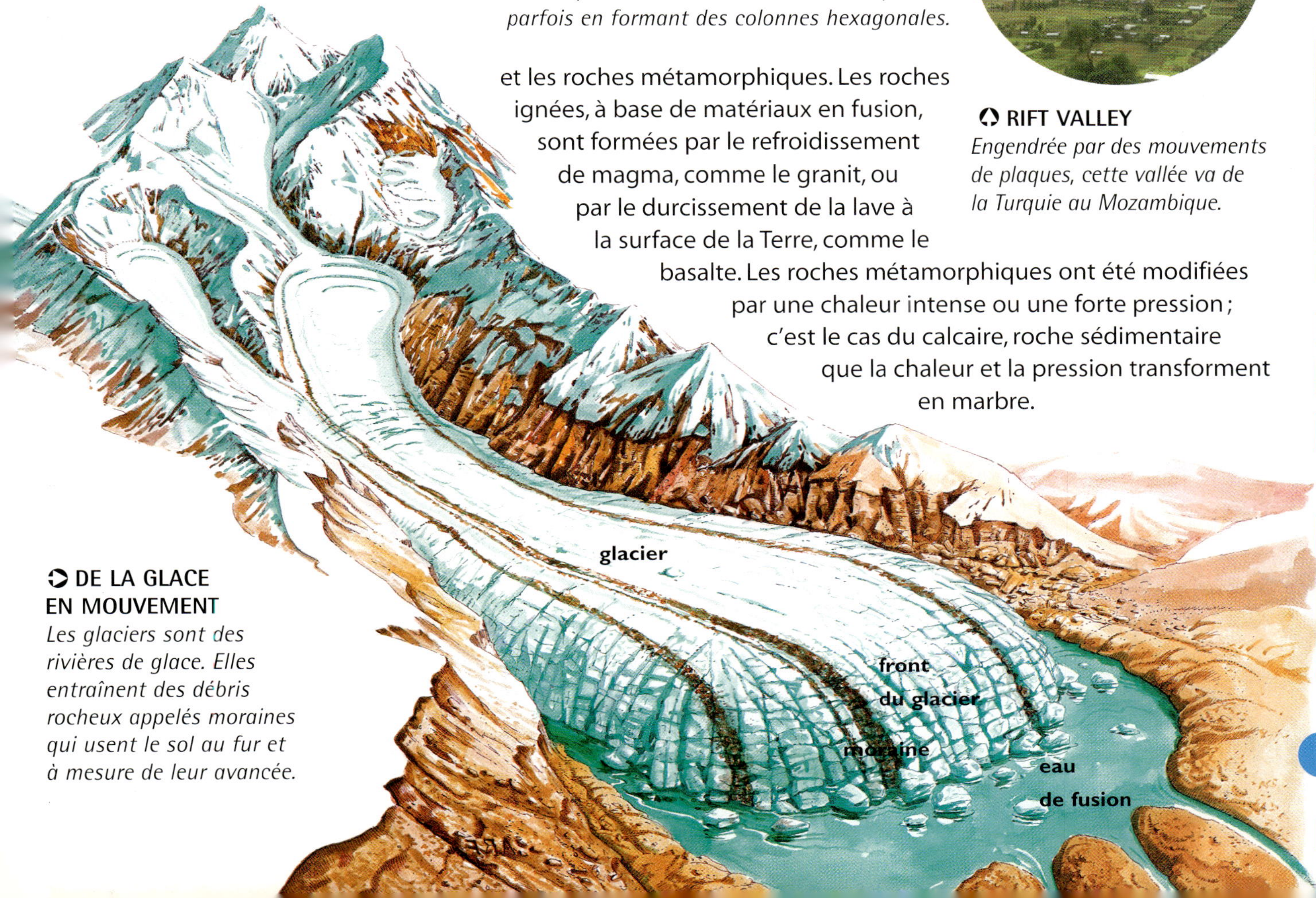

DE LA GLACE EN MOUVEMENT
Les glaciers sont des rivières de glace. Elles entraînent des débris rocheux appelés moraines qui usent le sol au fur et à mesure de leur avancée.

LE TEMPS QU'IL FAIT

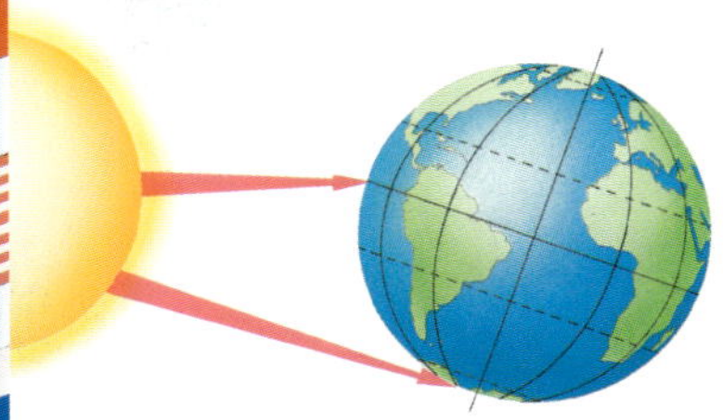

LA CHALEUR SOLAIRE
C'est près de l'équateur que la chaleur du Soleil est le plus forte. Aux pôles, les rayons sont dispersés sur une surface plus vaste.

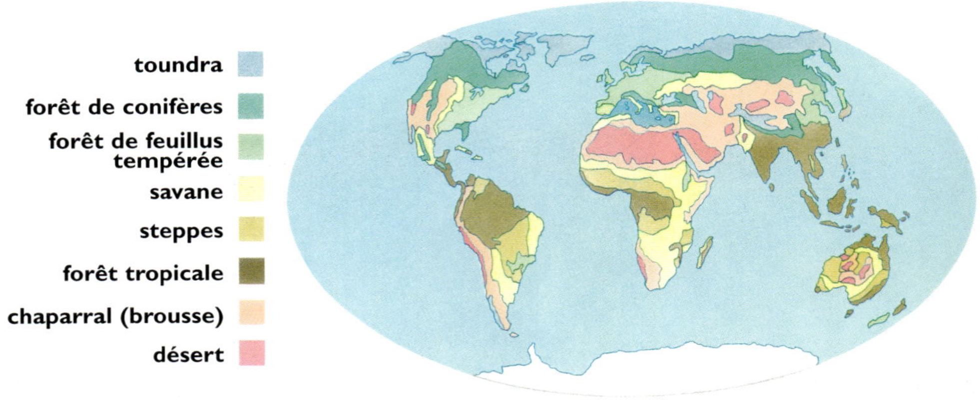

COMMUNAUTÉS DE VIE
Les scientifiques divisent le monde en plusieurs grands milieux, ou biomes, ensembles d'animaux et de végétaux d'une même région. Le climat exerce une forte influence sur les êtres vivants d'un biome. Dénuée d'arbres, la toundra est un biome de la région polaire nord.

Le temps dépend de l'état de l'air qui entoure la Terre : chaud ou froid, humide ou sec, agité ou calme. La plupart des phénomènes météorologiques se produisent dans la couche la plus basse de l'atmosphère, la troposphère. Son épaisseur est d'environ 18 km au-dessus de l'équateur et 10 km au-dessus des pôles. Elle contient plus de 75 % de tout l'air de l'atmosphère.

DANS L'ŒIL DU CYCLONE
Le centre d'un cyclone, ou l'œil, est une zone de calme entourée de vents violents et tourbillonnants.

L'atmosphère comprend d'autres couches, comme la stratosphère, juste au-dessus de la troposphère. La stratosphère contient un gaz appelé ozone qui forme écran à la plupart des dangereux rayons ultraviolets du Soleil.

L'atmosphère est sans cesse en mouvement. Près de l'équateur, le Soleil chauffe le sol et de l'air chaud monte, avant de se rafraîchir et de se disperser vers le nord et le sud. Vers 30° de latitude nord et sud, l'air redescend sur Terre, une certaine quantité reflue vers l'équateur sous forme de vents appelés alizés, une autre engendre les vents d'ouest. Ces vents sont des vents dominants, ainsi que les froids vents d'est qui viennent des pôles.

BRISES DE MER ET DE TERRE
1. Le jour, les vents de la mer soufflent sur la terre chaude.
2. La nuit, la terre se refroidit plus vite que la mer et les vents frais soufflent de la terre sur la mer, plus chaude.

UNE DÉCHIRURE DANS LE CIEL
Les éclairs sont des décharges électriques dans le ciel. La chaleur de la foudre provoque les coups de tonnerre.

L'air contient de l'humidité : la vapeur d'eau. L'air chaud en contient plus que l'air froid. Quand l'air chaud monte et se refroidit, il perd sa vapeur d'eau sous forme de gouttelettes ou de cristaux de glace. Ces milliards de gouttelettes et de cristaux forment les nuages.

Les nuages sont à l'origine de la pluie et de la neige. Des cumulo-nimbus s'amassent pour former les orages. Ces derniers, qui s'accompagnent de fortes pluies, sont la forme la plus courante de tempêtes. De nombreuses tempêtes se produisent dans l'air ascendant à proximité de l'équateur, d'autres dans les dépressions qui se forment sur le front polaire, à la limite entre les froids vents d'est polaires et les chauds vents d'ouest.

Les cyclones, les ouragans ou les hurricanes se forment au-dessus des océans au nord et au sud de l'équateur et causent de gros dégâts lorsqu'ils atteignent la terre. Les tornades sont accompagnées de vents très violents.

SATELLITE MÉTÉO
Les satellites envoient des informations sur les systèmes nuageux et la température des couches de l'atmosphère.

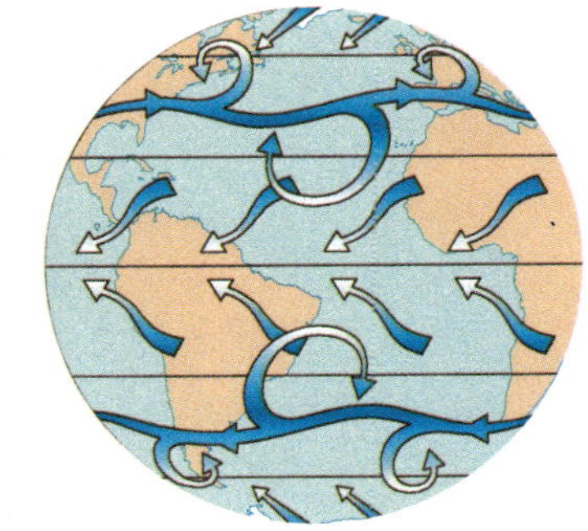

LES VENTS DOMINANTS
Les alizés, les vents d'ouest et les vents d'est polaires sont les vents dominants. Autour de l'équateur, les vents soufflent de l'est. Les vents locaux soufflent dans d'autres directions que les vents dominants.

À SAVOIR

Le climat est le temps habituel d'un endroit donné. Les cinq principaux types de climats sont le climat tropical pluvieux, le climat sec, le climat tempéré chaud (ou de latitude moyenne), le climat forestier froid et le climat polaire. Chacun est subdivisé en sous-climats selon des caractéristiques de température et de précipitations. Certains scientifiques reconnaissent un sixième climat, le climat montagneux car, en montagne, les températures chutent avec l'altitude, de sorte que les sommets proches de l'équateur sont aussi froids que les régions polaires.

LE CYCLE DE L'EAU
Il n'y a pas d'eau en trop sur Terre et nous ne pouvons pas en fabriquer. Les nuages et la pluie jouent un rôle important dans le cycle de l'eau. La chaleur du Soleil transforme l'eau des océans, des lacs, des arbres, du sol et d'autres surfaces humides en vapeur d'eau qui, à son tour, forme les nuages. La majeure partie de la pluie retombe directement dans les océans. L'eau qui tombe sur la terre retrouve elle aussi le chemin de l'océan en s'écoulant dans les rivières qui mènent à la mer. Le cycle de l'eau peut alors recommencer.

LES PLANTES ET LES ANIMAUX

Le climat d'une région influe sur le sol, les plantes et les animaux. Les sols emmagasinent de la chaleur, de l'eau et de la nourriture pour les plantes dont ils soutiennent les racines.

Autour des régions polaires glaciales s'étendent des zones sans arbres appelées toundra. La neige les recouvre en hiver mais, pendant le court été, des plantes poussent dans le sol marécageux. Des animaux migrateurs comme les rennes ou les caribous s'en nourrissent et les oiseaux se repaissent des nuées d'insectes.

MONTAGNES
Les températures chutent en altitude, de sorte que les habitats végétaux et animaux des régions montagneuses sont très variables.

Chèvre de montagne

Girafe, savane africaine

STEPPES
Les prairies sont des steppes de latitude moyenne trop sèches pour que des arbres y poussent.

FORÊTS TROPICALES
Les forêts tropicales chaudes et humides sont riches en espèces animales et végétales, dont beaucoup nous sont encore inconnues.

Rainette

Il existe divers types de forêts. Dans le Grand Nord, au sud de la toundra, de vastes forêts froides sont peuplées de conifères à feuilles persistantes (sapin, pin, mélèze, épicéa) et d'animaux comme l'ours, le vison, l'élan ou le loup. Les régions tempérées chaudes sont le domaine des forêts de feuillus (frêne, hêtre, châtaignier, chêne) qui perdent leurs feuilles en hiver. Une grande partie de ces forêts a été abattue pour créer des zones cultivables, mais des sangliers, des cerfs, des renards et des belettes y survivent. Les régions méditerranéennes sont couvertes de vastes landes aux herbes rêches et aux arbres comme le chêne-liège, le myrte et l'olivier. Les forêts tropicales, enfin, abritent plus de la moitié des espèces du monde : singes, serpents et oiseaux, qui peuplent leurs feuillages luxuriants.

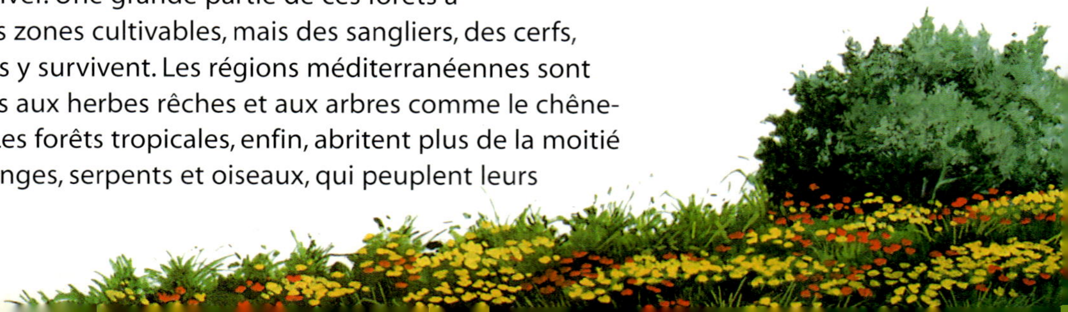

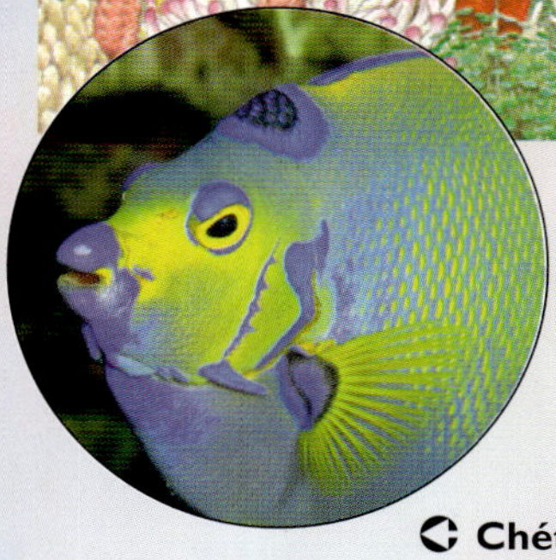

Chétodon

RÉCIF CORALLIEN
Les récifs coralliens qui prospèrent dans les mers propres et chaudes sont menacés par la pollution et le tourisme.

Crocodile

ZONES HUMIDES
Les lacs, les rivières et les marécages sont l'habitat de nombreux animaux et végétaux, chacun adapté à son environnement.

Les savanes (steppes aux arbres clairsemés) bordent les forêts tropicales. La savane africaine est particulièrement riche en flore et en faune avec ses éléphants, girafes, lions, rhinocéros et zèbres. D'autres types de steppes sont plus secs, comme les prairies d'Amérique du Nord ou du sud-est de l'Europe et d'Asie centrale.

Les plantes et animaux du désert survivent de longues périodes sans eau. Les cactus emmagasinent l'eau dans leurs tiges grasses et les chameaux passent plusieurs jours sans boire.

Les montagnes comportent diverses zones végétales et animales. Les animaux au pied sûr (yaks, bouquetins, moutons sauvages) escaladent des rochers. Les lacs, les rivières, les océans, les prairies… forment d'autres biomes.

Cactus saguaro

TOUNDRA
Pendant le court été, la toundra désolée devient une zone de reproduction pour les oiseaux migrateurs. En hiver, le sol est gelé.

Ours polaire

DÉSERTS
Après l'une de ses rares pluies, le désert peut se tapisser de fleurs.

LA POPULATION

Il y a 10 000 ans, la vie était dure sur Terre, et la plupart des gens vivaient de la chasse et de la cueillette. Mais dès que l'homme eut appris à cultiver la terre, les vivres disponibles se sont accrus, et la population du monde a augmenté avec eux.

L'ÉVOLUTION
Des êtres de type humain se sont développés sur Terre depuis 4 millions d'années, mais l'homme moderne n'est apparu que récemment.

il y a 4 à 1,5 millions d'années — **il y a 2,5 à 1,5 millions d'années** — **il y a 1,5 million à 200 000 ans** — **il y a 120 000 à 30 000 ans** — **il y a 15 000 ans à aujourd'hui**

DE TOUTES SORTES
La population mondiale est un étonnant mélange de races, langues et cultures.

Vers 8000 av. J.-C., la population mondiale n'atteignait qu'à peine 8 millions d'habitants (aujourd'hui, certaines villes à elles seules en comptent plus !), mais elle s'est accrue régulièrement pour atteindre 300 millions vers l'an 1000. Le milliard a été dépassé vers 1850 et les 2 milliards dans les années 1920.

En 1975, la population mondiale se montait à 4 milliards pour dépasser 6 milliards en 1999.

L'accroissement rapide noté au XXe siècle, appelé explosion démographique, devrait se poursuivre au XXIe siècle.

Les populations du monde sont réparties selon plusieurs critères tels que la race, la langue et la religion. Tous les hommes appartiennent à une seule espèce appelée *Homo sapiens* mais on distingue souvent trois groupes : les caucasiens (blancs), les négroïdes (noirs) et les mongoloïdes comme les Chinois ou les Japonais. La discrimination raciale a été la cause de nombreux conflits entre les peuples du monde entier.

LANGUES OFFICIELLES
Les Européens ont commencé à voyager dans le reste du monde au XIVe siècle. Plus tard, ils ont créé des colonies à l'étranger qui, une fois redevenues indépendantes, ont souvent adopté comme langue officielle la langue de l'ancienne puissance coloniale. C'est pourquoi l'anglais est aujourd'hui la langue officielle de 27 % de la population mondiale. C'est aussi la langue des affaires. Les autres langues importantes sont le chinois, l'hindi, l'espagnol, le russe et le français.

LA VIE EN VILLE
Les citadins sont confrontés à des problèmes tels que la pollution, les embouteillages et les taux de criminalité élevés. Pourtant, les villes ne cessent de croître, car leurs habitants ont souvent de meilleurs emplois et services.

Les langues et les religions divisent aussi les peuples. Les experts estiment le nombre de langues parlées dans le monde entre 3 000 et 6 500. La plus grande famille de langues est la famille indo-européenne qui comprend la plupart

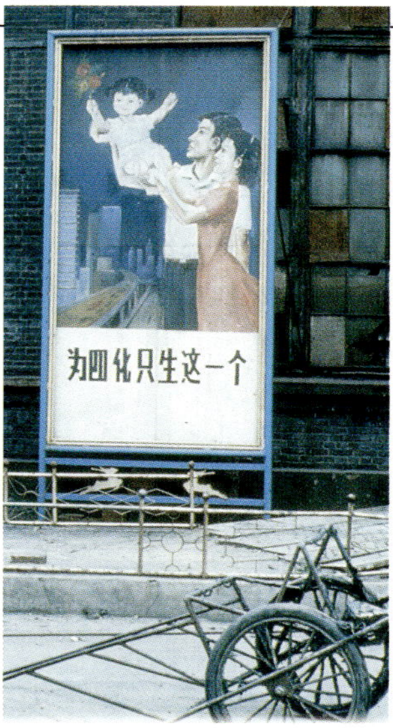

CONTRÔLE DE LA POPULATION
La Chine est le pays le plus peuplé du monde. Afin de contrôler la croissance rapide de sa population, le gouvernement encourage les familles à n'avoir qu'un seul enfant. Cependant, certains s'opposent à cette politique et veulent plusieurs fils pour prendre soin d'eux lorsqu'ils seront vieux.

des langues européennes, le persan et l'hindi. La deuxième famille est la famille sino-tibétaine qui comprend le chinois.

Les principales religions du monde sont le christianisme (environ 1,9 milliard de fidèles), l'islam (environ 1,1 milliard), l'hindouisme (780 millions) et le bouddhisme, pratiqué par 324 millions de personnes.

CROISSANCE DE LA POPULATION
En 1999, la population mondiale a dépassé 6 milliards. Elle devrait se stabiliser à 11 milliards en 2200.

À SAVOIR

LES RELIGIONS DU MONDE

CHRISTIANISME
C'est la principale religion d'Amérique, d'Europe et d'Australie. Les chrétiens croient en un seul Dieu et suivent les enseignements de Jésus-Christ.

ISLAM
Fondé en Arabie en 622 par Mahomet, l'islam est répandu en Afrique du Nord et en Asie, mais aussi en Amérique du Nord et en Europe.

HINDOUISME
Les hindous vénèrent plusieurs dieux. Leur religion, qui a 3 500 ans, est l'une des plus anciennes du monde et la principale religion d'Inde.

BOUDDHISME
Le bouddhisme s'est développé en Inde à partir des enseignements de Gautama Bouddha (« l'Éveillé »).

CONFUCIANISME ET TAOÏSME
Le confucianisme est fondé sur les enseignements de Confucius, un philosophe chinois né vers 550 av. J.-C. Le taoïsme est une autre religion chinoise basée sur les enseignements dispensés par Laozi vers 300 av. J.-C.

JUDAÏSME
C'est une très ancienne religion monothéiste, née en Asie du Sud-Ouest. Ses fidèles sont appelés juifs.

SIKHISME
Le sikhisme a été fondé en Inde vers 1400 par le gourou Nanak. Le mot *sikh* signifie disciple.

SHINTOÏSME
Le shintoïsme est la plus ancienne religion du Japon. Les shintoïstes vénèrent des forces de la nature, dont les roches et les arbres.

L'INDUSTRIE ET L'ÉCONOMIE

PAYSANS SAXONS
Il y a encore 200 ans, la plupart des gens dépendaient de l'agriculture. Aujourd'hui, elle emploie près de la moitié de la population mondiale.

EXPLOITATION MINIÈRE
Certains pays en voie de développement ont des gisements de pétrole ou de minéraux, mais seule une minorité en profite et beaucoup de gens restent pauvres.

Premier employeur du monde, l'agriculture fournit à l'homme l'essentiel de sa nourriture et des matières premières pour fabriquer divers produits. Mais son importance a diminué à mesure que l'industrie et les services ont crû. Les États-Unis sont la première nation commerciale, suivis par l'Allemagne, le Japon, la France et le Royaume-Uni.

L'exploitation minière est une industrie très importante. Elle produit des combustibles – charbon, pétrole, gaz naturel et uranium pour les centrales nucléaires –, des métaux et les matériaux destinés à l'industrie. Quand les réserves minières seront épuisées, il nous faudra peut-être exploiter d'autres planètes.

Le monde actuel est divisé entre pays développés, où nombre de gens vivent dans le luxe, et pays en développement, où la population est très pauvre.

AGRICULTURE DE SUBSISTANCE
En Afrique et en Asie, beaucoup produisent à peine de quoi nourrir leurs familles.

RÉVOLUTION INDUSTRIELLE
La révolution industrielle a commencé en Grande-Bretagne à la fin du XVIIIe siècle et a vite progressé. Aujourd'hui, l'industrie est un employeur majeur, bien que le nombre d'ouvriers ait baissé à cause de l'automatisation, entraînant une augmentation du nombre de gens employés dans les services.

À SAVOIR

PNB PAR HABITANT

Le PNB par habitant, ou produit national brut, représente la valeur totale de tous les biens et services produits par un pays en un an, divisée par le nombre d'habitants. On l'exprime généralement en dollars américains ($). Le PNB par habitant moyen dans les pays développés à revenu élevé est d'environ 23 500 $. Dans les pays en développement à revenu intermédiaire, il est de 2 500 $. Enfin, dans les pays en développement à faible revenu, il est inférieur à 400 $.

STRUCTURES DE PRODUCTION
En Inde, l'agriculture (rouge) reste plus importante que l'industrie (jaune), mais ce sont les services (bleu) qui génèrent le plus de revenus. Aux États-Unis, les services et l'industrie sont beaucoup plus importants.

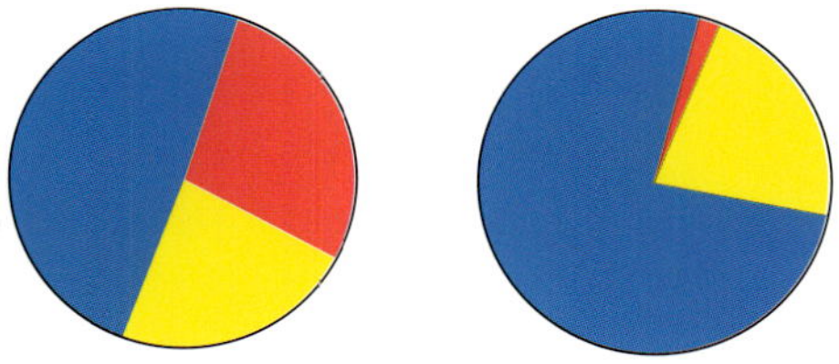

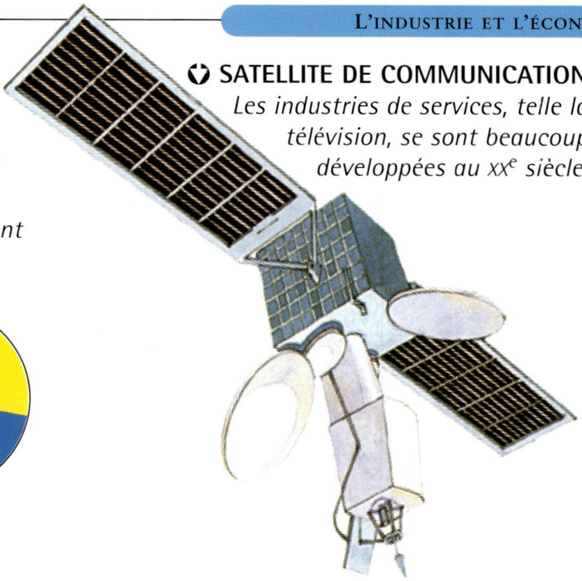

SATELLITE DE COMMUNICATION
Les industries de services, telle la télévision, se sont beaucoup développées au XXe siècle.

Les gens y vivent parfois dans des logements misérables, souvent loin de toute source d'eau. Les experts distinguent les pays en développement à revenu intermédiaire et ceux à faible revenu.

Les pays développés importent de la nourriture et des matières premières et exportent des produits manufacturés. Au contraire, les pays en développement à faible revenu possèdent peu d'industries et leurs habitants sont souvent agriculteurs, en général juste pour produire le minimum vital. Parmi les pays à faible revenu, on trouve le Mozambique (Afrique) ou le Bangladesh (Asie), dont le PNB par habitant (voir encadré) est inférieur à 500 dollars américains ($) par an – contre environ 8 000 $ par an dans un pays à revenu intermédiaire comme l'Argentine.

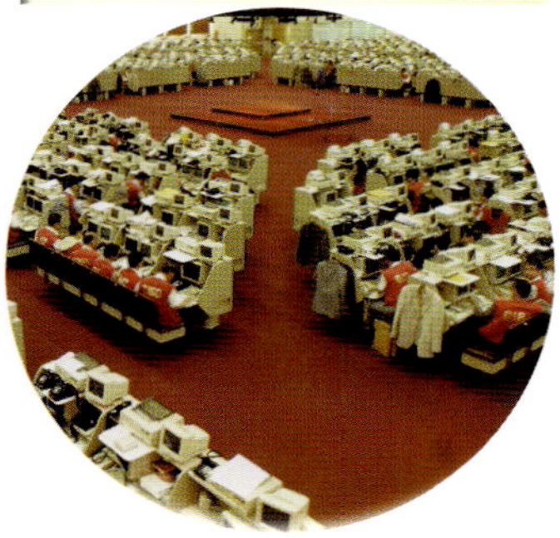

BOURSE
Les économies nationales dépendent de plus en plus les unes des autres avec le développement du commerce et des finances.

LORSQUE LES RESSOURCES SERONT ÉPUISÉES...
Biosphere est un monde artificiel créé aux États-Unis pour étudier comment l'homme peut vivre dans des environnements bien contrôlés, par exemple sur la Lune.

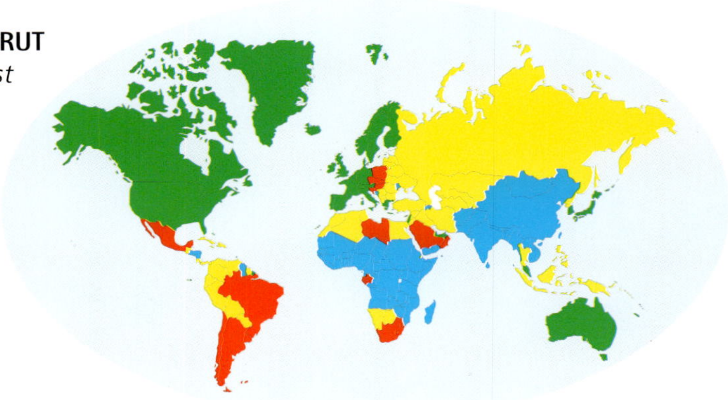

PRODUIT NATIONAL BRUT
Cette carte montre comment le monde est divisé entre pays en développement pauvres, à revenu intermédiaire, et pays riches, à revenu élevé.

L'ENVIRONNEMENT

POLLUTION DE L'EAU *Les produits chimiques rejetés dans l'eau tuent les êtres qui y vivent.*

L'exploitation des ressources naturelles en a enrichi beaucoup, surtout dans les pays développés. Mais le développement économique a aussi beaucoup nui au monde naturel. Avec l'explosion démographique, les populations ont afflué dans des zones désertes, détruisant forêts et prairies pour cultiver la terre – et entraînant l'érosion du sol et la raréfaction de la faune et de la flore. Dans certaines régions, des terres fertiles ont été transformées en déserts.

La croissance urbaine a pollué le sol, l'eau et l'air. Certains lacs et rivières ont perdu toute vie à cause des déchets industriels toxiques qui y ont été déversés ; la pollution de l'air influe sur la vie sauvage et sur la santé.

DES MONTAGNES D'ORDURES *Ces amas de déchets peuvent constituer un risque pour la santé, car ils abritent des animaux porteurs de maladie comme les rats.*

Les gaz rejetés par les usines, les centrales électriques et les voitures créent des brouillards suffocants qui recouvrent les villes. Ces gaz sont parfois dissous dans des gouttelettes d'eau et retombent sur terre sous forme de pluies acides qui tuent les arbres et les habitants des lacs. Le dioxyde de carbone, rejeté par la combustion des combustibles fossiles (charbon, pétrole et gaz naturel), est appelé gaz à effet de serre car il empêche la chaleur qui monte du sol de s'échapper dans l'espace. Donc, plus il y a de dioxyde de carbone dans l'atmosphère, plus la température de l'air augmente.

Ce phénomène modifie déjà le climat mondial : il pourrait faire fondre la glace des pôles et faire monter le niveau de la mer. Certaines îles pourraient disparaître et des plaines côtières fertiles ou fortement peuplées seraient submergées.

UN AIR NAUSÉABOND *Les gaz issus des voitures polluent l'air, créant des fumées nuisibles aux hommes et aux plantes.*

LA FIN DES FORÊTS *La destruction des forêts tropicales en Amérique du Sud, Afrique et Asie est un désastre écologique majeur.*

ÉNERGIE ÉOLIENNE
La combustion des combustibles fossiles est source de pollution. Des turbines à vent peuvent exploiter l'énergie éolienne pour produire de l'électricité « propre ».

PANNEAUX SOLAIRES
On exploite l'énergie du Soleil au moyen de panneaux solaires. Ils pourraient un jour remplacer les combustibles fossiles comme source d'énergie écologique.

Des gaz appelés chlorofluorocarbones, ou CFC, ont dégradé la couche d'ozone de la stratosphère qui nous protège des rayonnements ultraviolets du Soleil. Depuis les années 1980, les gouvernements travaillent ensemble pour réduire le rejet de CFC dans l'atmosphère et arrêter ce processus. Mais c'est sur plusieurs fronts qu'une telle action serait nécessaire pour faire cesser les dégâts sur l'environnement dus à l'activité humaine.

LE RECYCLAGE
De nombreux déchets, dont le métal, le verre ou le papier, peuvent être recyclés. Leur réutilisation réduit la quantité de déchets à stocker ou à brûler.

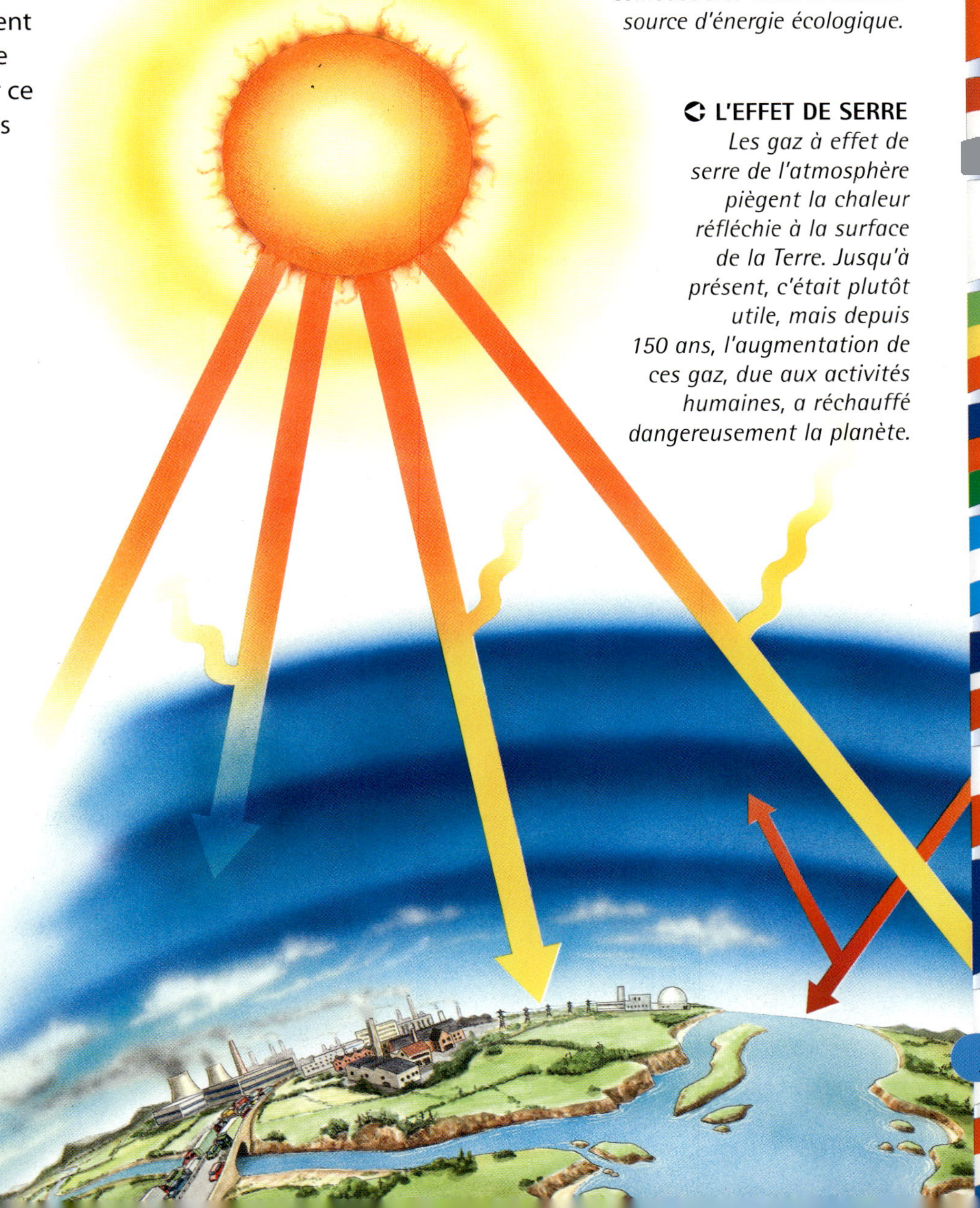

L'EFFET DE SERRE
Les gaz à effet de serre de l'atmosphère piègent la chaleur réfléchie à la surface de la Terre. Jusqu'à présent, c'était plutôt utile, mais depuis 150 ans, l'augmentation de ces gaz, due aux activités humaines, a réchauffé dangereusement la planète.

LES CHIFFRES DU MONDE

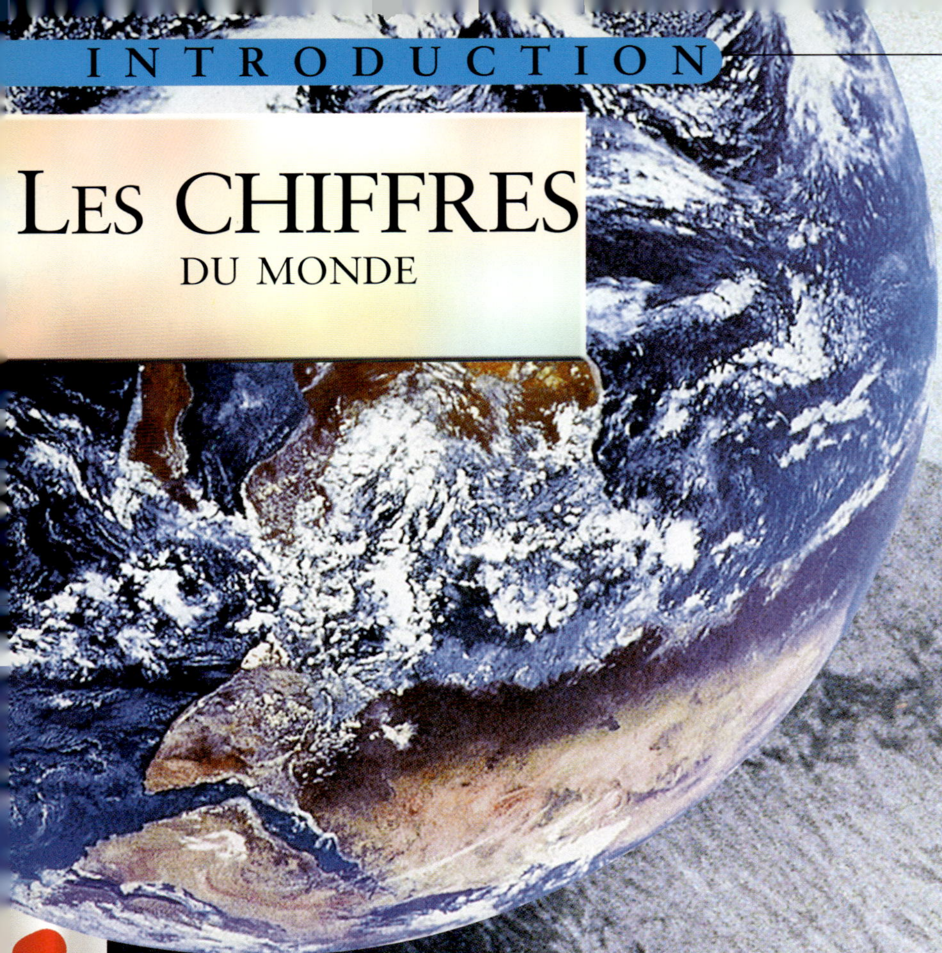

LA TERRE VUE DE L'ESPACE

À SAVOIR

LA PLANÈTE TERRE

ÂGE : environ 4,6 milliards d'années
DIAMÈTRE : 12 756 km
ÉQUATEUR : 40 075 km
MASSE : 5 980 trillions de tonnes
INCLINAISON : 23°27 par rapport à la verticale
DISTANCE DU SOLEIL : 150 millions de km
TEMPS NÉCESSAIRE POUR TOURNER SUR SON AXE : 23 heures 56 min
TEMPS NÉCESSAIRE POUR TOURNER AUTOUR DU SOLEIL : 365,25 jours
NOMBRE DE SATELLITE : 1

À SAVOIR

LES CLIMATS

PLUS HAUTE TEMPÉRATURE CONNUE : 58 °C (Libye, 1922)
PLUS BASSE TEMPÉRATURE CONNUE : – 89 °C (Antarctique, 1983)
POINT LE PLUS HUMIDE : Mawsynram, Inde (précipitations moyennes de 11 873 mm par an)
POINT LE PLUS SEC : désert d'Atacama, Chili (précipitations moyennes de 0 mm par an)
TORNADE LA PLUS VIOLENTE : 450 km/h (Texas, 1958)

TORNADE, ÉTATS-UNIS

À SAVOIR

LES PLUS HAUTES CIMES

1 Mont Everest ou Chomo Lungma, Himalaya (8 848 m)
2 K2 ou Dapsang, Himalaya (8 611 m)
3 Kanchenjunga, Himalaya (8 598 m)
4 Lhotse, Himalaya (8 545 m)
5 Makalu, Himalaya (8 515 m)
6 Yalung Kang, Himalaya (8 502 m)
7 Dhaulagiri, Himalaya (8 172 m)
8 Manaslu, Himalaya (8 156 m)
9 Cho Oyu, Himalaya (8 153 m)
10 Nanga Parbat, Himalaya (8 126 m)

MONT EVEREST

OCÉAN PACIFIQUE

DELTA DU NIL

À SAVOIR

MERS ET OCÉANS

1 Océan Pacifique : 180 000 000 km²
2 Océan Atlantique : 106 000 000 km²
3 Océan Indien : 73 429 000 km²
4 Océan glacial Arctique : 13 224 000 km²
5 Mer de Chine : 2 975 000 km²
6 Mer des Antilles : 2 754 000 km²
7 Mer Méditerranée : 2 510 000 km²
8 Mer de Béring : 2 261 000 km²
9 Mer d'Okhotsk : 1 580 000 km²
10 Golfe du Mexique : 1 544 000 km²

À SAVOIR

LES PLUS GRANDS FLEUVES

1 Nil, Afrique du Nord (6 695 km)
2 Amazone, Amérique du Sud (6 516 km)
3 Yangzi Jiang, Chine (5 980 km)
4 Mississippi-Missouri, États-Unis (5 969 km)
5 Ob-Irtych, Russie (5 570 km)
6 Ienisseï-Angara, Russie (5 540 km)
7 Huang He, Chine (5 464 km)
8 Congo, Afrique centrale (4 667 km)
9 Paraná, Amérique du Sud (4 500 km)
10 Mékong, Asie du Sud-Est (4 425 km)

À SAVOIR

UNE PLANÈTE TRÈS AGITÉE

PIRES ÉRUPTIONS VOLCANIQUES :
Thíra, Grèce (vers 1500 av. J.-C.)
Tambora, Indonésie (1815)
Krakatoa, Indonésie (1883)
PLUS HAUT VOLCAN EN ACTIVITÉ :
Ojos del Salado, Chili-Argentine (6 887 m)
PLUS VASTE VOLCAN EN ACTIVITÉ :
Mauna Loa, Hawaii, États-Unis (42 500 m³)
PLUS HAUT GEYSER : Waimangu,
Nouvelle-Zélande (460 m, 1903)
PLUS VIOLENT TREMBLEMENT DE TERRE CONNU :
Assam, Inde (9 sur l'échelle de Richter, 1950)
PLUS HAUT TSUNAMI :
Alaska, États-Unis (524 m, 1958)

VOLCAN

À SAVOIR

LES PAYSAGES DE LA TERRE

PLUS GRAND DÉSERT : Sahara, Afrique du Nord
(environ 9 269 000 km²)
PLUS GRANDE FORÊT TROPICALE :
bassin amazonien, Amérique du Sud
(environ 2 500 000 km²)
PLUS GRANDE GORGE DE RIVIÈRE :
Grand Canyon, Arizona, États-Unis
(446 km de longueur, 1 615 m de profondeur)
PLUS GRAND ENSEMBLE DE GROTTES :
Mammoth Cave, Kentucky, États-Unis
(environ 240 km)
PLUS HAUTES CHUTES D'EAU : Salto Angel,
Venezuela (979 m)

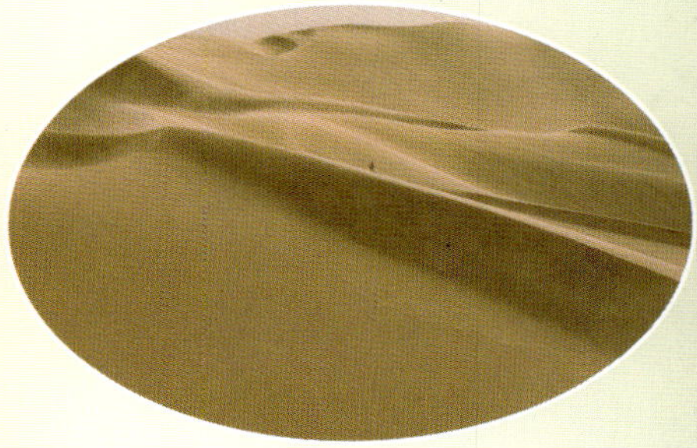

DÉSERT

LES PAYS
DU MONDE

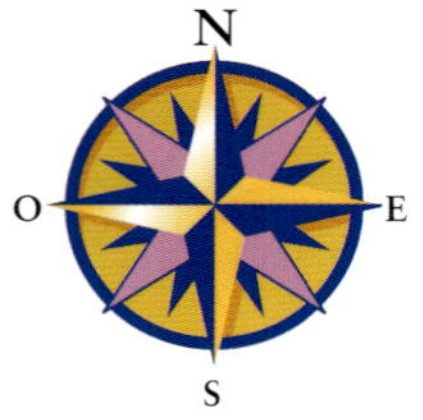

Le monde est divisé en environ 192 pays indépendants qui veillent chacun à leurs propres affaires et plus de 40 dépendances qui vivent dans une certaine mesure dans l'orbite d'un pays indépendant.

Les plus grands pays indépendants sont la Russie, le Canada, la Chine, les États-Unis et le Brésil ; les plus petits sont le Vatican, Monaco, Nauru, Tuvalu et Saint-Marin. Le nombre de pays indépendants et de dépendances change souvent. Par exemple, la province indonésienne du Timor-Oriental est devenue indépendante en 2002.

UNE ANCIENNE CARTE
Cette carte représente l'Amérique en 1587, aux premiers jours de la colonisation.

CHRONOLOGIE

CHANGEMENTS RÉCENTS :

1991 Division en 15 nations de l'Union soviétique.

1991-1992 Division de l'ex-Yougoslavie en pays séparés.

1993 Division de la Tchécoslovaquie en Républiques tchèque et slovaque ; séparation de l'Érythrée et de l'Éthiopie.

1997 Restitution de Hongkong à la Chine ; le Zaïre est rebaptisé République démocratique du Congo.

1999 Restitution de Macao, portugais, à la Chine.

2002 Indépendance du Timor-Oriental.

ISLANDE
FINLANDE
NORVÈGE
SUÈDE
ESTONIE
ÉCOSSE
LETTONIE
DANEMARK
IRLANDE
LITUANIE
RUSSIE
PAYS DE GALLES
ANGLETERRE
PAYS-BAS
BIÉLORUSSIE
BELGIQUE
ALLEMAGNE
POLOGNE
RÉP. TCHÈQUE
UKRAINE
FRANCE
SLOVAQUIE
MOLDAVIE
SUISSE
AUTRICHE
HONGRIE
SLOVÉNIE
ROUMANIE
CROATIE
BOS.-HERZ.
SERBIE-ET-MONTÉNÉGRO
PORTUGAL
ESPAGNE
ITALIE
BULGARIE
MACÉDOINE
ALBANIE
GRÈCE
MALTE
Légendes des numéros
1 LUXEMBOURG
2 LIECHTENSTEIN
3 SAINT-MARIN
4 CITÉ DU VATICAN
5 MONACO
6 ANDORRE

EUROPE

Plate-forme pétrolière, MER DU NORD

Mont Triglav, SLOVÉNIE

Campanules des bois, ÎLES BRITANNIQUES

Mont-Saint-Michel, FRANCE

Les côtes occidentales de l'Europe font face à l'océan Atlantique, qui a rongé le littoral au cours des siècles, créant chapelets d'îles, promontoires et bras de mer. Les courants océaniques réchauffent le nord-ouest du continent et lui confèrent un climat doux et humide. Les pays du sud, baignés par la Méditerranée et la mer Noire, sont chauds et secs. Quant aux frontières nord, ce sont les côtes prises dans les glaces de l'océan glacial Arctique. À l'est, enfin, la frontière continentale avec l'Asie longe l'Oural, les rives de la mer Caspienne et les montagnes du Caucase – l'Europe et l'Asie font partie de la même masse continentale.

Des millénaires d'agriculture et des siècles d'industrialisation ont complètement modifié les paysages européens. Les forêts ont été abattues et les steppes ont cédé la place aux terres agricoles. De grandes villes et des ports se sont développés, reliés par des autoroutes et des voies ferrées. La vie sauvage ne survit que dans quelques rares régions, comme les forêts du Grand Nord.

L'Union européenne (UE), qui regroupe aujourd'hui 15 États membres, vise à renforcer l'unité économique et politique du continent, notamment avec sa monnaie unique, l'euro. L'Europe est le berceau de nombreuses populations, cultures et langues, mais l'anglais, le français et l'espagnol sont aujourd'hui parlés dans de nombreuses autres régions du monde.

HÉRON CENDRÉ

SCANDINAVIE
ET ISLANDE

Avant-poste nord-ouest de l'Europe, l'Islande est sur le cercle polaire arctique. L'île volcanique est connue pour ses geysers d'eau chaude jaillissant au milieu de landes désolées.

AURORE BORÉALE
Les aurores boréales, causées par des jets de particules lumineuses du Soleil, dansent à travers le ciel nocturne des régions arctiques.

À l'est, l'océan Atlantique se prolonge par les mers de Norvège et du Nord, et s'engouffre dans les détroits venteux du Skagerrak et du Kattegat pour rejoindre la mer Baltique. Au sud, le Danemark occupe les plaines du Jutland et près de 500 îles, dont les plus grandes sont Sjaelland, la Fionie, Lolland et Falster. Au nord, la péninsule scandinave est partagée entre la Suède et la Norvège et va jusqu'au cap Nord, au-delà du cercle polaire arctique, où le Soleil brille toute la nuit en été, mais où les hivers sont longs et sombres – les régions du sud ont un climat plus tempéré. Les bouleaux et les épicéas des basses plaines montent jusque sur les flancs des montagnes escarpées formant l'épine dorsale de la région. Le paysage a été profondément marqué par d'anciens glaciers qui y ont laissé de nombreux lacs et des golfes profonds, ou fjords, qui découpent la côte norvégienne.

La Finlande occupe les terres glacées entre la Scandinavie et les régions arctiques de Russie, bordées par les golfes de Botnie et de Finlande. Piquetée de plus de 55 000 lacs, c'est le pays le plus densément boisé d'Europe.

GEYSER
Les geysers d'Islande surgissent lorsque des roches chaudes de l'intérieur de la Terre réchauffent des poches d'eau souterraines, qui s'échappent en jets.

FJORD NORVÉGIEN
Un fjord est une profonde vallée creusée par un glacier durant la période glaciaire. Quand le glacier fond et recule, la mer remonte dans la vallée.

À SAVOIR

DANEMARK
Kongeriget Danmark
SUPERFICIE : 43 094 km^2
POPULATION : 5,3 millions
CAPITALE : Copenhague
AUTRES VILLES : Århus, Odense
POINT CULMINANT : Yding Skovhøj (173 m)
LANGUE OFFICIELLE : danois
MONNAIE : couronne danoise

FINLANDE
Suomen Tasavalta – Republiken Finland
SUPERFICIE : 338 145 km^2
POPULATION : 5,1 millions
CAPITALE : Helsinki
AUTRES VILLES : Tampere, Turku
POINT CULMINANT : mont Haltia (1 324 m)
LANGUES OFFICIELLES : finnois, suédois
MONNAIE : euro

CASTOR

La Scandinavie est l'un des derniers foyers du castor européen, une espèce autrefois commune dans les régions nordiques.

LE PORT D'HELSINKI

Le superbe port naturel de la capitale finlandaise doit être dégagé des glaces en hiver.

LE SKI DE PISTE

Le ski, alpin (de piste) ou nordique (de randonnée), est très populaire en Scandinavie. On a trouvé en Suède un ski en bois qui daterait de 2500 av. J.-C.

GLOUTON

Le glouton des forêts nordiques est un prédateur féroce qui s'attaque même aux cerfs et aux oursons.

GARDE ROYALE
Un soldat monte la garde à l'extérieur du palais d'Amalienborg, à Copenhague, où vit la famille royale du Danemark.

Le mot « Scandinavie » désigne généralement trois royaumes du nord de l'Europe – Suède, Norvège et Danemark –, auxquels on ajoute parfois les républiques de Finlande et d'Islande. Tous ces pays sont des démocraties qui bénéficient d'un niveau de vie élevé. Le Danemark, la Suède et la Finlande sont membres de l'Union européenne. Le Danemark administre des territoires autonomes, dont les îles Féroé et le Groenland ; les îles arctiques Jan Mayen et l'archipel Svalbard dépendent de la Norvège.

Le développement de la Scandinavie a toujours été entravé par les hivers rigoureux et le terrain difficile à exploiter, car il est couvert en grande partie de forêts denses. La population s'est concentrée dans les régions côtières du sud, au climat plus tempéré, où se développe l'essentiel de l'agriculture, de l'industrie et du commerce – seuls 8 % du territoire finlandais conviennent à l'agriculture, et 3 % en Norvège. Le Danemark est un important producteur de porc et de produits laitiers. En Islande, île volcanique, la chaleur souterraine est exploitée pour chauffer des serres où sont cultivés des légumes et des fleurs destinés à l'exportation.

Les forêts du nord fournissent du bois pour l'industrie papetière, la construction et le mobilier.

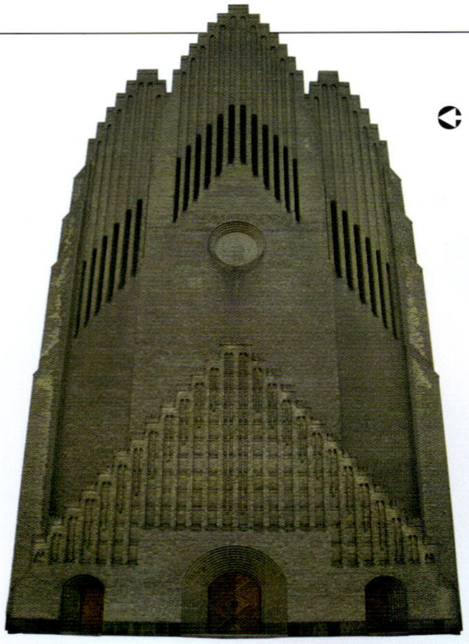

L'ÉGLISE GRUNDTVIG
Cette église danoise moderne porte le nom de Nikolai Grundtvig (1783-1872) qui a fondé l'Église évangélique luthérienne du peuple danois.

LEGOLAND, DANEMARK
Le Danemark exporte l'un des jouets les plus célèbres du monde, le Lego. Les touristes se pressent à Legoland, où plusieurs grandes villes ont été reproduites en miniature.

DU PÉTROLE DANS LA MER
Les vastes réserves de pétrole de la mer du Nord ont fait de la Norvège le premier producteur d'Europe. Le pays possède aussi une importante industrie pétrochimique et exploite le gaz naturel.

DES TURBINES À VENT
Les ingénieurs danois ont été les pionniers des turbines à vent et, aujourd'hui, les éoliennes font partie du paysage danois. Elles atteignent 60 m de haut et produisent assez d'électricité pour satisfaire les besoins locaux.

Ces pays produisent aussi des véhicules, des machines et des équipements scientifiques et électriques. La Suède possède de vastes réserves de minerai de fer et d'uranium, tandis que le Danemark et la Norvège ont profité du pétrole et du gaz naturel de la mer du Nord. Les torrents et les lacs des montagnes produisent de l'hydroélectricité, et le Danemark développe l'énergie éolienne. Enfin, la pêche fournit aux Nordiques une part importante de leur alimentation.

Reykjavík, en Islande, est la capitale la plus septentrionale du monde. Les capitales scandinaves sont toutes des ports qui se sont développés sur les routes commerciales entre la Baltique, la mer du Nord et l'Atlantique Nord.

LE BOIS
Le bois est une ressource importante pour la Norvège et la Suède. Quant à la Finlande, dont 65 % du territoire est boisé, il représente 40 % de ses exportations.

STOCKHOLM
Stockholm, la capitale suédoise, est construite sur un détroit entre le lac Mälar et la côte baltique. De nombreuses petites îles sont reliées à la ville par des ponts.

À SAVOIR

ISLANDE
Lyveldi Ísland
SUPERFICIE : 103 000 km²
POPULATION : 300 00
CAPITALE : Reykjavík
AUTRES VILLES : Kópavogur, Hafnarfjörur
POINT CULMINANT : Hvannadalshnúkur (2 119 m)
LANGUE OFFICIELLE : islandais
MONNAIE : couronne islandaise

NORVÈGE
Kongeriket Norge
SUPERFICIE : 323 877 km²
POPULATION : 4,5 millions
CAPITALE : Oslo
AUTRES VILLES : Bergen, Trondheim
POINT CULMINANT : Galdhøpiggen (2 469 m)
LANGUE OFFICIELLE : norvégien
MONNAIE : couronne norvégienne

SUÈDE
Konungariket Sverige
SUPERFICIE : 449 964 km²
POPULATION : 8,8 millions
CAPITALE : Stockholm
AUTRES VILLES : Göteborg, Malmö
POINT CULMINANT : Kebnekaise (2 111 m)
LANGUE OFFICIELLE : suédois
MONNAIE : couronne suédoise

Plusieurs peuples habitent la Scandinavie. Les Saami, ou Lapons, vivent depuis la préhistoire dans la région appelée Laponie – de la Norvège arctique à la Suède, à la Finlande et à la Russie. Leur langue est apparentée au finnois et à l'estonien. Les Saami sont traditionnellement des pasteurs nomades qui élèvent des rennes, bien que, aujourd'hui, la plupart d'entre eux vivent et travaillent en ville.

Les Finnois représentent la majorité des Finlandais. Ils parlent eux aussi leur propre langue. Leurs ancêtres sont arrivés de Russie il y a 2 000 ans. À peu près au même moment, d'autres peuples gagnaient la Scandinavie depuis l'Allemagne : ce sont les ancêtres des Suédois (dont certains vivent en Finlande), des Danois, des Norvégiens et des Islandais actuels. Le suédois, le danois, l'islandais et les deux variantes du norvégien (bokmål et nynorsk) sont des langues issues des mêmes racines germaniques.

ÉGLISE EN BOIS DEBOUT
Le christianisme a commencé à se répandre en Norvège au XIe siècle. Près de 600 églises en bois debout y ont été construites au Moyen Âge. Seules 24 ont survécu. Elles doivent leur nom à leurs montants d'angles dressés verticalement.

MEMBRE D'UNE TRIBU SAAMI
Les Saami de Suède portent encore le costume traditionnel dans certaines occasions. La superficie des pâturages arctiques a été réduite à l'époque moderne et, aujourd'hui, seul un Saami sur dix élève encore des rennes.

UN GRAND CHEF
Le roi Gustave II Adolphe de Suède (1611-1632) mourut pendant la guerre de Trente Ans, à la bataille de Lützen contre l'Espagne et le Saint Empire romain germanique.

Il y a environ 1 200 ans, les Scandinaves commencent à aller chercher fortune à l'étranger. Connus sous le nom de Vikings ou Normands, ils s'attaquent aux cités côtières des îles Britanniques et d'Europe occidentale.

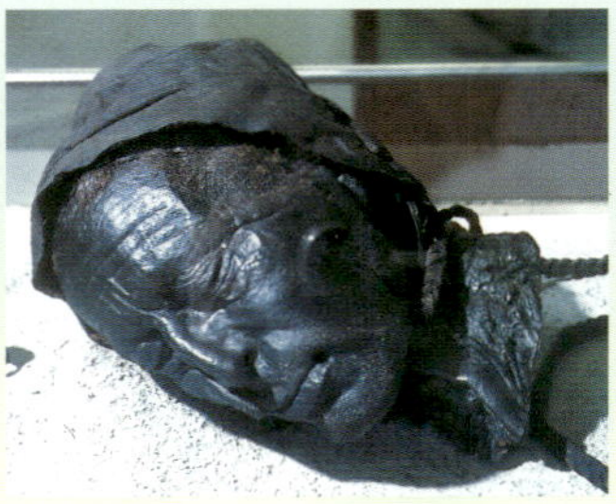

L'HOMME DE TOLLUND
Découvert à Tollund Fen, au Danemark, en 1950, l'homme de Tollund a plus de 2 000 ans. Son corps a été conservé dans une tourbière depuis l'âge du fer. La tourbe a coloré sa peau en brun.

LES RAIDS VIKINGS
Les Vikings prenaient la mer pour commercer sur les côtes d'Europe, mais aussi les dévaliser. Armés de redoutables épées de fer et de haches, ils pillaient, volaient et séquestraient.

LE JARDIN DE LA CULTURE
Le parc de loisirs de Tivoli, à Copenhague, réunit des spectacles de plein air, divers pavillons et une salle de concert. La journée, les parterres forment une véritable mer de couleurs, tandis que, la nuit, les feux d'artifice illuminent le ciel.

LA SAINTE-LUCIE
En Suède, où les hivers sont longs, on honore sainte Lucie, une sainte chrétienne associée à la lumière. Le 13 décembre, les filles s'habillent en blanc et portent une couronne de lumières électriques ou de bougies.

Ils allèrent jusqu'en Islande, au Groenland et même en Amérique ; ils fondèrent de nouveaux États en Russie et commercèrent avec les Arabes. Vers 1100, les pays scandinaves deviennent chrétiens et s'enrichissent avec le commerce du poisson, du bois et des fourrures.

En 1397, la Suède, la Norvège et le Danemark s'unissent par l'Union de Kalmar – brisée en 1523 par la Suède qui devient alors une nation puissante pour deux siècles. La Norvège a retrouvé l'indépendance en 1905 et l'Islande en 1944. Quant à la Finlande, elle a été gouvernée par la Russie entre 1809 et 1917. Depuis la fin de la Seconde Guerre mondiale, le grand Nord européen a connu la paix et une prospérité croissante sous plusieurs gouvernements libéraux. La plupart des Scandinaves sont protestants.

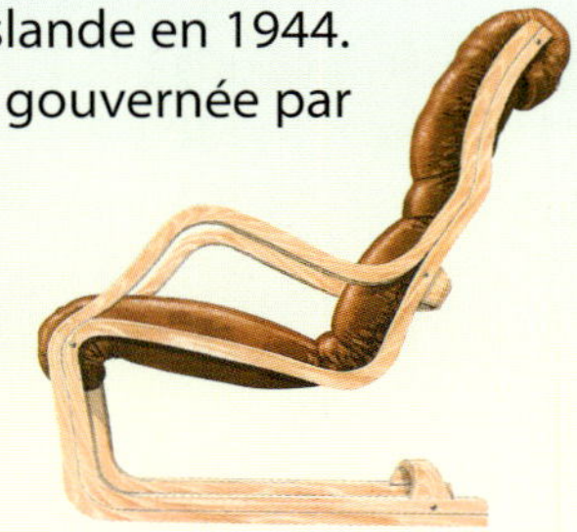

UN DESIGN ÉLÉGANT
Le design scandinave est admiré dans le monde entier pour la simplicité de ses lignes. Cette chaise d'Esko Pajamies est inspirée du célèbre créateur finlandais Alvar Aalto (1898-1976).

CHRONOLOGIE

Apr. J.-C.

v. 200	Les tribus germaniques contrôlent l'essentiel de la Scandinavie ; Finlande occupée par les Finnois.
v. 750	Époque viking (jusque v. 1100) : raids à l'étranger, commerce, colonisation.
872	Scandinavie conquise par le roi Harald à la belle chevelure de Norvège.
874	Islande occupée par les Vikings norvégiens.
930	Création en Islande de l'Althing, l'un des plus anciens parlements du monde.
982	Groenland colonisé par les Danois.
1397	Union de Kalmar réunissant la Scandinavie continentale sous l'autorité du Danemark.
1523	La Suède quitte l'Union.
1540	Finlande dominée par la Suède (jusqu'en 1809).
1618	Guerre de Trente Ans (jusqu'en 1648) : la Scandinavie soutient les protestants.
1700	Grande Guerre du Nord (jusqu'en 1721) : la Suède envahit la Russie mais est vaincue.
1809	Domination russe sur la Finlande (jusqu'en 1917).
1905	Indépendance de la Norvège.
1919	Reconnaissance de la Finlande comme une république indépendante.
1920	Indépendance de l'Islande.
1939	Seconde Guerre mondiale (jusqu'en 1945) : l'Allemagne envahit le Danemark et la Norvège ; la Suède reste neutre ; la Russie envahit la Finlande, qui s'allie à l'Allemagne en 1941.
1944	L'Islande devient une république.
1973	Entrée du Danemark dans la CEE (future UE).
1994	Suède et Finlande : vote pour l'entrée dans l'UE. Norvège : vote contre.

BENELUX
BELGIQUE, PAYS-BAS, LUXEMBOURG

Les Pays-Bas, la Belgique et le Luxembourg sont situés au nord-ouest de l'Europe, entre la France et l'Allemagne. Leur climat est doux et humide.

Les dunes des îles de la Frise occidentale et la côte de la mer du Nord bordent une plaine basse. Il y a des milliers d'années, ces terrains marécageux étaient inondés par les fleuves qui s'y déversent – le Rhin, l'Escaut et la Meuse – ainsi que par les marées. Au cours des siècles, les habitants ont donc appris à construire des digues et des barrages, et sont devenus experts en l'assèchement des terres inondées. On peut encore voir beaucoup de moulins à vent qui actionnaient autrefois les pompes de drainage, et les zones gagnées sur la mer, appelées polders, sont aujourd'hui de vastes régions cultivées, traversées par tout un réseau de canaux.

UNE VILLE FLUVIALE
Dans un coude boisé de la Sûre, au Luxembourg, la vieille ville d'Esch-sur-Sûre attire les touristes et les randonneurs.

Au sud, les plaines cèdent le pas à des landes sablonneuses et à des plateaux fertiles qui montent peu à peu jusqu'à l'Ardenne. Cette chaîne de collines boisées, dont certaines dépassent 600 m, traverse le sud-est de la Belgique, le nord du Luxembourg et l'est de la France. Le sud du Luxembourg, quant à lui, présente un paysage de champs vallonnés, bordé par la Sûre et la Moselle et traversé par l'Alzette.

MOULIN À VENT HOLLANDAIS
En longeant à vélo les canaux des Pays-Bas, on voit des moulins à vent se dresser dans les champs. Certains fonctionnent encore.

À SAVOIR

BELGIQUE
Royaume de Belgique – Koninkrijk België
SUPERFICIE : 30 519 km²
POPULATION : 10,3 millions
CAPITALE : Bruxelles
AUTRES VILLES : Anvers, Gand
POINT CULMINANT : Signal de Botrange (694 m)
LANGUES OFFICIELLES : néerlandais, français, allemand
MONNAIE : euro

LUXEMBOURG
Grand-Duché de Luxembourg
SUPERFICIE : 2 586 km²
POPULATION : 400 000
CAPITALE : Luxembourg
AUTRE VILLE : Esch-sur-Alzette
POINT CULMINANT : Buurgplatz (559 m)
LANGUES OFFICIELLES : français, allemand, luxembourgeois
MONNAIE : euro

PAYS-BAS
Koninkrijk der Nederlanden
SUPERFICIE : 34 000 km²
POPULATION : 16 millions
CAPITALE : Amsterdam
AUTRES VILLES : Rotterdam, La Haye
POINT CULMINANT : Vaalserberg (321 m)
LANGUE OFFICIELLE : néerlandais
MONNAIE : euro

CUIVRÉ DE LA POTENTILLE

HÉRON CENDRÉ

RETENIR LA MER

Avec ses 32,5 km entre la Hollande-Septentrionale et la Frise, l'Afsluitdijk est la digue la plus longue du monde. Achevée en 1935, elle a créé un immense lac, l'IJsselmeer.

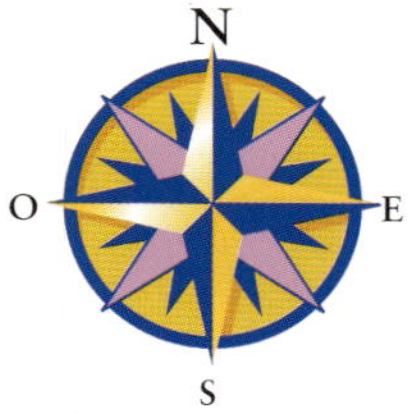

LUXEMBOURG

BELGIQUE

UN MONUMENT FUTURISTE

Symbole du progrès scientifique, l'Atomium fut construit pour l'Exposition universelle de Bruxelles en 1958.

PAYS-BAS

L'AMSTEL

Amsterdam est la capitale des Pays-Bas. La ville est construite au bord de l'Amstel qui a été canalisé pour éviter les inondations.

LA GRAND-PLACE

Au cœur de Bruxelles, la capitale belge, se trouve la Grand-Place. Les marchands de fleurs y proposent leur marchandise et, tous les deux ans, un étalage floral spécial tapisse la place de bégonias.

La Belgique, les Pays-Bas et le Luxembourg sont des régions très densément peuplées. Ils sont parfois désignés sous le nom de Benelux, une union économique que ces trois pays ont formée en 1948. En 1957, ils sont devenus membres fondateurs de la Communauté économique européenne (CEE), l'ancêtre de l'actuelle Union européenne (UE). Tous trois sont des démocraties, mais les Pays-Bas et la Belgique sont des royaumes, tandis que le Luxembourg est un grand-duché.

ILS FONDENT DANS LA BOUCHE
La Belgique est célèbre pour ses chocolats faits à la main avec le meilleur cacao.

AMPOULES
Eindhoven est un grand centre industriel du sud des Pays-Bas. La ville est dominée par Philips, une multinationale d'origine néerlandaise spécialisée dans l'électroménager et l'électronique.

Les deux provinces les plus peuplées des Pays-Bas sont la Hollande-septentrionale et la Hollande-méridionale, de sorte que le pays est souvent appelé Hollande. Sa capitale est Amsterdam, un vieux port de commerce où les hautes demeures marchandes du XVIIe siècle bordent les canaux et un centre commercial, artistique et culturel. Le gouvernement siège à La Haye.

LES TRAMS D'AMSTERDAM
Les trams d'Amsterdam filent à travers la vieille ville et sur les canaux. Ils relient, entre autres, la gare centrale, la place du Dam, la tour de la Monnaie et les boutiques de la Vijzelstraat.

Les Pays-Bas sont un pays riche qui produit des bières, des légumes et des produits laitiers – dont les célèbres fromages. Au printemps, les champs se colorent de tulipes – bulbes et fleurs coupées sont des exportations importantes.

DENTELLIÈRE BELGE
Une dentellière belge en costume manipule avec habileté ses bobines sur son coussin. Certaines villes comme Bruges sont célèbres pour leur dentelle depuis le Moyen Âge.

BRUGES
Appelée la « Venise du Nord », Bruges, dans le nord de la Belgique, possède des canaux pittoresques et une industrie touristique prospère.

LA BIÈRE BELGE

La Belgique récolte chaque année plus de 400 tonnes d'orge, essentiellement utilisé en brasserie.

LE PORT DE ROTTERDAM

Rotterdam, dans la province néerlandaise de Hollande-méridionale, a été détruite pendant la Seconde Guerre mondiale (1939-1945). Reconstruite, c'est désormais le premier port du monde.

LES TULIPES

Au printemps, lorsque les tulipes fleurissent, les champs néerlandais prennent des couleurs vives. La passion des Néerlandais pour les tulipes remonte au XVIe siècle.

Le sud industriel produit des appareils ménagers et électroménagers. Rotterdam est le premier port du monde et s'étend sur près de 100 km^2.

L'UNION EUROPÉENNE

Luxembourg abrite le Parlement et la Cour de justice de l'UE, devant lesquels on voit les drapeaux des membres.

Grand producteur textile, la Belgique est célèbre pour ses tissus depuis le Moyen Âge. Elle produit aussi de l'acier et des produits chimiques, mais les mines de charbon, elles, ne sont plus guère exploitées. La cuisine belge est surtout célèbre pour ses bières, ses chocolats et la charcuterie des Ardennes. La capitale est Bruxelles, centre administratif de l'UE.

Le minuscule Luxembourg est le siège de la Cour de justice et du Parlement européens. C'est le pays le plus riche du monde en termes de revenu par habitant. Ses ressources sont la banque et la finance, mais aussi la viticulture.

Les habitants des Pays-Bas sont pour la plupart des Néerlandais, et le néerlandais est parlé dans tout le pays, mais les Frisons, qui habitent le nord et les îles proches du littoral, ont aussi leur propre langue. Par ailleurs, beaucoup d'habitants sont originaires de pays autrefois gouvernés par la Hollande comme le Surinam ou les Indes néerlandaises (Indonésie) et d'autres régions d'Europe.

VINCENT VAN GOGH
L'artiste néerlandais Vincent Van Gogh a peint cet autoportrait après s'être coupé une oreille. Ses paysages et natures mortes affichent la même audace et la même utilisation originale des couleurs.

UNE GRANDE COURSE
L'Elfstedentocht, ou Tour des onze villes, date de 1600 environ. Longue de 200 km, c'est la plus longue course de patins à glace du monde et la plus fréquentée avec pas moins de 16 000 concurrents. La course a normalement lieu aux Pays-Bas, mais peut se dérouler ailleurs s'il fait trop chaud.

La Belgique est habitée par deux peuples : les Flamands, au nord, proches des Néerlandais par leur langue et leurs traditions, et les Wallons francophones au sud. Les affrontements entre les deux communautés à propos de la langue et de la culture ont parfois été très violents. Le français et l'allemand sont très parlés au Luxembourg avec une langue locale appelée *letzebuergesch*.

UN EMPIRE COMMERCIAL
La Compagnie hollandaise des Indes orientales a été fondée en 1602. Ses navires cinglaient vers les Indes néerlandaises (aujourd'hui l'Indonésie) pour y acheter du café, du thé et des épices et faisaient halte au cap de Bonne-Espérance afin de s'y approvisionner avant la traversée.

Cette région du nord de l'Europe aux frontières de l'Empire romain fut d'abord occupée par des peuples germaniques et celtes avant de faire partie de l'Empire franc entre 700 et 800. Au Moyen Âge, l'autorité se transmit d'une famille noble européenne à une autre et, vers 1500, lorsque les guerres de Religion déchirèrent l'Europe, les Néerlandais protestants se révoltèrent contre la domination de l'Espagne catholique. Au XVIIe siècle, les Pays-Bas étaient devenus une riche puissance maritime qui commerçait avec le Moyen-Orient. La région passa sous domination française en 1806, mais recouvra vite son indépendance.

LE GOUDA
Les fromages hollandais ronds et jaunes sont empilés et pesés à Alkmaar en Hollande-septentrionale : le reste d'une tradition toujours populaire grâce aux nombreux touristes.

MANIFESTATION POUR LES DROITS LINGUISTIQUES
Les droits linguistiques sont une question politique brûlante en Belgique. Les Flamands du nord parlent le flamand, un dialecte néerlandais, et les Wallons du sud le français.

FOUS DE FOOT
Les équipes de foot néerlandaises ont des supporters dans toute l'Europe, et l'équipe nationale est un concurrent redouté lors des Coupes du monde.

La Belgique s'est séparée des Pays-Bas en 1830 et le Luxembourg en 1867.

Depuis le Moyen Âge, la région est un centre du savoir et des arts, patrie de philosophes comme Érasme (1466-1536) ou Spinoza (1632-1677) et de peintres comme Pieter Bruegel (v. 1520-1569), Rembrandt (1606-1669), Vincent Van Gogh (1863-1890) ou Piet Mondrian (1872-1944).

ANNE FRANK
Anne Frank (1929-1945) était une jeune fille juive qui a vécu deux ans dans une annexe secrète de cette maison d'Amsterdam lorsque les Allemands occupaient les Pays-Bas. En 1944, sa famille fut découverte et déportée. Anne est morte dans un camp de concentration. Son journal émouvant de la période passée à se cacher a été publié dans plus de 50 langues.

CHRONOLOGIE

Apr. J.-C.

v. 50	Le Rhin est la frontière de l'Empire romain.
714	Domination des Francs sur la plus grande partie des Pays-Bas.
922	Domination des comtes de Hollande sur les Pays-Bas (jusqu'en 1384).
963	Le Luxembourg devient une partie du Saint Empire romain germanique.
1384	Domination bourguignonne sur le Luxembourg et les Pays-Bas (jusqu'en 1487).
1519	Les Pays-Bas deviennent une partie de l'empire Habsbourg.
1568	Guerre contre la domination espagnole aux Pays-Bas ; la Belgique reste espagnole.
1602	Création de la Compagnie hollandaise des Indes orientales.
1648	Indépendance des Pays-Bas.
1700	Belgique dominée par la France (jusqu'en 1713).
1713	Belgique dominée par l'Autriche (jusqu'en 1789).
1795	Pays-Bas dominés par la France (jusqu'en 1815).
1815	Royaume uni des Pays-Bas.
1830	La Belgique se sépare des Pays-Bas.
1867	Indépendance du Luxembourg sous l'autorité d'un monarque néerlandais.
1890	Le Luxembourg a son propre grand-duc.
1914	Première Guerre mondiale (jusqu'en 1918) : l'Allemagne envahit la Belgique ; les Pays-Bas sont neutres.
1939	Seconde Guerre mondiale (jusqu'en 1945) : l'Allemagne envahit la Belgique et les Pays-Bas.
1948	Formation du Benelux.
1957	Le Luxembourg, les Pays-Bas et la Belgique sont membres fondateurs de la CEE.

Îles Britanniques

Les îles Britanniques appartiennent à une plate-forme continentale qui s'avance du nord-ouest de l'Europe dans l'océan Atlantique. Elles comprennent près de 5 000 îles, dont deux grandes, la Grande-Bretagne et l'Irlande. Des courants océaniques chauds leur conservent un climat tempéré, et de fortes pluies s'abattent sur leur façade ouest. Les îles Britanniques comprennent le Royaume-Uni de Grande-Bretagne (Angleterre, Écosse, pays de Galles, Irlande du Nord) et la République d'Irlande.

Des collines crayeuses et des plaines argileuses composent le paysage du sud de l'Angleterre. La Tamise se jette dans la mer du Nord au sud des plaines de l'East Anglia, et la péninsule de Cornouailles s'avance vers le sud-ouest et les îles Sorlingues. Le nord est dominé par de mornes landes montant vers les Pennines et la région des lacs de Cumbria.

À l'ouest, le pays de Galles est une région de collines et de vertes vallées bordée par la mer d'Irlande. Au-delà de la frontière écossaise, on trouve des plaines fertiles, les plus hautes montagnes de l'île, des lacs appelés « lochs » et, au large de l'Écosse, les archipels des Hébrides, Shetland et Orcades.

L'Irlande est un pays de lacs, d'estuaires, de tourbières et de champs s'élevant jusqu'à de basses montagnes. À l'ouest, des falaises et des plages font face aux brisants de l'Atlantique.

À SAVOIR

ROYAUME-UNI
United Kingdom of Great Britain and Northern Irland
SUPERFICIE : 253 500 km²
POPULATION : 58,8 millions
CAPITALE : Londres
POINT CULMINANT : Ben Nevis (1 343 m)
LANGUES OFFICIELLES : anglais, gallois
MONNAIE : livre sterling

RÉPUBLIQUE D'IRLANDE
Eire
SUPERFICIE : 70 000 km²
POPULATION : 3,8 millions
CAPITALE : Dublin
AUTRES VILLES : Cork, Limerick
POINT CULMINANT : Carrauntoohill (1 041 m)
LANGUES OFFICIELLES : irlandais, anglais
MONNAIE : euro

CAMPANULES DES BOIS
Début mai, dans les îles Britanniques, des fleurs sauvages agréablement parfumées – les campanules – colorent les sous-bois.

LOCHS ET ÎLES
Ce château occupe une minuscule île au milieu du loch Linnhe, sur la côte ouest de l'Écosse, juste au sud du Ben Nevis.

LE PONT SUR LE FORTH

Le Forth coule des Grampians jusqu'au Firth of Forth, son estuaire enjambé par un pont ferroviaire ouvrant, construit vers 1880, et un pont routier suspendu, achevé en 1964.

ROYAUME-UNI

ÉCUREUIL ROUX

UN PAYS VERT ET AGRÉABLE

Un paysage onduleux de vallées et de landes caractérise le comté du Yorkshire, dans le nord de l'Angleterre.

ÉCOSSE

IRLANDE DU NORD

BLAIREAU EUROPÉEN

IRLANDE

ANGLETERRE

UN SIGNAL LUMINEUX

Les phares veillent sur les écueils et les rochers de la côte agitée du pays de Galles.

PAYS DE GALLES

UNE ROUTE DANS LA MER

Les colonnes de la Chaussée des Géants, sur la côte d'Irlande du Nord, sont formées d'une roche volcanique, le basalte.

Le Royaume-Uni réunit l'Angleterre, l'Écosse, le pays de Galles et l'Irlande du Nord sous l'autorité d'un même souverain, roi ou reine. Tous ces pays ont une longue tradition de démocratie, avec un régime de monarchie parlementaire. En 1997, le pays de Galles et l'Écosse ont voté pour disposer de leur propre parlement.

LES BIJOUX ROYAUX
Les bijoux de la Couronne – un ensemble de parures d'or et de pierres précieuses, dont la couronne royale – ont plus de 1 000 ans.

Le Royaume-Uni est membre de l'Union européenne. L'île de Man et les îles Anglo-Normandes sont des États autonomes associés.

LES TOURBIÈRES
Il y a plusieurs milliers d'années, de vastes tourbières se sont formées en Irlande. La tourbe séchée sert de combustible dans les maisons ou les centrales électriques.

La région la plus densément peuplée entoure la capitale, Londres, qui compte environ 7,3 millions d'habitants. Sur la côte sud, un tunnel ferroviaire relie l'Angleterre au nord de la France. On trouve d'autres grandes villes industrielles dans les Midlands et le nord. Les secteurs traditionnels – charbon, textile et construction navale – sont en déclin et, aujourd'hui, l'économie repose sur la finance, les services, la chimie et les télécommunications.

LES LUMIÈRES DE BLACKPOOL
Blackpool, sur la côte nord-ouest du Lancashire, au nord de l'Angleterre, est une station balnéaire très populaire, célèbre pour sa tour, ses illuminations et plusieurs parcs d'attractions.

Le pays de Galles est voué à l'élevage des moutons. La capitale, Cardiff, est située dans le sud, où des usines sous contrôle étranger produisent des composants électroniques.

DU BŒUF DE PREMIER CHOIX
L'Aberdeen-Angus est une race du nord-est de l'Écosse appréciée pour sa viande. Ses poils protègent l'animal du froid.

LIVERPOOL
Liverpool, sur la Mersey, au nord-ouest de l'Angleterre, est une ville animée. Au XIXe et au début du XXe siècle, c'était l'un des premiers ports du monde. Mais il a été fortement touché par la crise économique et par le chômage.

CHALUTIERS ÉCOSSAIS
Les bateaux rentrent au port de Mallaig pour décharger les prises du jour. Les pêcheurs écossais rapportent 65 % du poisson et des coquillages du Royaume-Uni.

L'ANGLETERRE N'EST PLUS UNE ÎLE !
Le sud de l'Angleterre et le nord de la France, séparés par la Manche depuis environ 10 000 ans, ont été reliés en 1994 par un tunnel ferroviaire qu'emprunte l'Eurostar. Ce qui permet d'aller à pied sec de Paris à Londres en deux heures et demie environ.

Si la capitale écossaise est Édimbourg, l'industrie a toujours été concentrée autour de Glasgow et de la Clyde. La principale ressource est le pétrole de la mer du Nord. Le saumon et le whisky sont des exportations importantes.

À L'HEURE DE LA TRAITE
Traite dans une ferme irlandaise. Le beurre et les fromages de la « verte Irlande » sont délicieux.

L'Irlande du Nord a pour capitale la cité industrielle de Belfast. La région a connu de longues années de conflit entre les partisans du maintien dans le Royaume-Uni et ceux de l'appartenance à la République d'Irlande. En 1998, un accord de paix a créé une assemblée d'Irlande du Nord.

LE SAUT DU SAUMON
Les saumons, venus de la mer afin de se reproduire en eau douce, remontent les fleuves d'Écosse en bondissant.

La capitale de la République d'Irlande est Dublin, sur la Liffey. Les vertes prairies irlandaises sont idéales pour l'industrie laitière, comme les côtes et rivières le sont pour la pêche. Les industries irlandaises comprennent la brasserie, la verrerie et le matériel informatique. Après un long passé de pauvreté, l'économie est en plein essor, depuis l'adhésion à l'Union européenne.

À SAVOIR

ANGLETERRE
SUPERFICIE : 130 360 km²
CAPITALE : Londres
AUTRES VILLES : Birmingham, Manchester, Liverpool

IRLANDE DU NORD
SUPERFICIE : 14 150 km²
CAPITALE : Belfast
AUTRES VILLES : Derry, Armagh

ÉCOSSE
SUPERFICIE : 78 750 km²
CAPITALE : Édimbourg
AUTRES VILLES : Glasgow, Aberdeen

PAYS DE GALLES
SUPERFICIE : 20 760 km²
CAPITALE : Cardiff
AUTRES VILLES : Swansea, Wrexham, Bangor

ÎLES AUTONOMES
Île de Man, Guernesey (et six dépendances), Jersey

UNE DÉESSE CELTE
Les Irlandais ont une longue tradition de contes, et bon nombre de leurs mythes remontent à l'époque celte. Cette statue représente la déesse cheval Epona, vénérée en Europe vers 400 av. J.-C.

LE THÉÂTRE DU GLOBE
Le premier théâtre du Globe a été construit en 1599 sur la rive sud de la Tamise, à Londres. Là, Shakespeare fit jouer pour la première fois plusieurs de ses pièces. Aujourd'hui, un nouveau Globe a été construit, presque identique au premier.

Les Anglais sont les descendants des peuples qui ont occupé le sud du Royaume-Uni au cours des siècles : Celtes , Germains – tels les Angles et les Saxons –, Vikings et Normands après le débarquement de Guillaume le Conquérant. La langue anglaise, issue de l'anglo-saxon, contient de nombreux mots venus du latin ou de l'anglo-normand. En cette langue ont été écrites de grandes œuvres littéraires, comme les pièces de William Shakespeare (1564-1616) et les poèmes de John Keats (1795-1821).

Les Gallois et les Cornouaillais descendent des Celtes britanniques, proches parents des Bretons. Environ 500 00 personnes parlent le gallois, et leur littérature remonte à près de 1 400 ans. Dans tout le pays de Galles, des festivals de musique et de poésie appelés *eisteddfodau* sont organisés, et la tradition du chant choral est importante.

Les Écossais descendent à la fois des Celtes gaéliques et britanniques, d'un peuple appelé Pictes et d'envahisseurs scandinaves. On peut encore entendre la version écossaise du gaélique dans les Highlands et les îles, mais c'est en dialecte anglo-écossais des Lowlands que le poète écossais Robert Burns (1759-1796) écrivait.

UN TEMPLE HINDOU
La Grande-Bretagne, officiellement anglicane, abrite de nombreux temples hindous et sikhs, liés au passé colonial britannique aux Indes.

LE CRICKET
Le jeu de cricket a été inventé en Angleterre vers 1700. De là, il a gagné l'Australie, la Nouvelle-Zélande, l'Inde, le Pakistan, l'Afrique du Sud et les Antilles.

FLEURS NATIONALES
Chaque nation des îles Britanniques est représentée par une fleur. On voit ici le chardon écossais (1), le trèfle irlandais (2), la jonquille galloise (3) et la rose anglaise (4).

(1)

(2)

UN ANGE IMPOSANT
Inauguré par l'artiste Antony Gormley en 1998, le très populaire Ange du Nord se dresse à 20 m dans le ciel. C'est la plus grande sculpture du pays.

FESTIVALS D'ART GALLOIS
Aux eisteddfodau, *poètes, musiciens, danseurs et acteurs concourent pour des distinctions honorifiques.*

Les Mannois, les habitants de l'île de Man – à mi-chemin entre l'Angleterre, l'Irlande, l'Écosse et le pays de Galles –, sont d'origine à la fois celte et scandinave ; les Anglo-Normands, eux, ont des racines anglaises, normandes et françaises.

Les Irlandais sont les descendants de Celtes gaéliques ainsi que d'ancêtres vikings, normands, anglais et écossais. Le gaélique irlandais est encore parlé dans certaines zones rurales. Les auteurs et poètes irlandais ont su tirer avantage de leurs deux langues.

Avec le temps, beaucoup d'autres populations se sont installées sur les îles Britanniques, contribuant à la richesse et la diversité de leur culture : Tsiganes, Italiens, Chypriotes grecs et turcs, Afro-Antillais, Chinois, Indiens, Pakistanais et Bangladeshis.

LA SEMAINE DE COWES
Cowes, sur l'île de Wight, au sud de l'Angleterre, est le cadre d'une course annuelle à la voile, la Fastnet Cup.

LES CHATS DE L'ÎLE DE MAN
Cette race à poil court, dite aussi Manx, est dépourvue de queue.

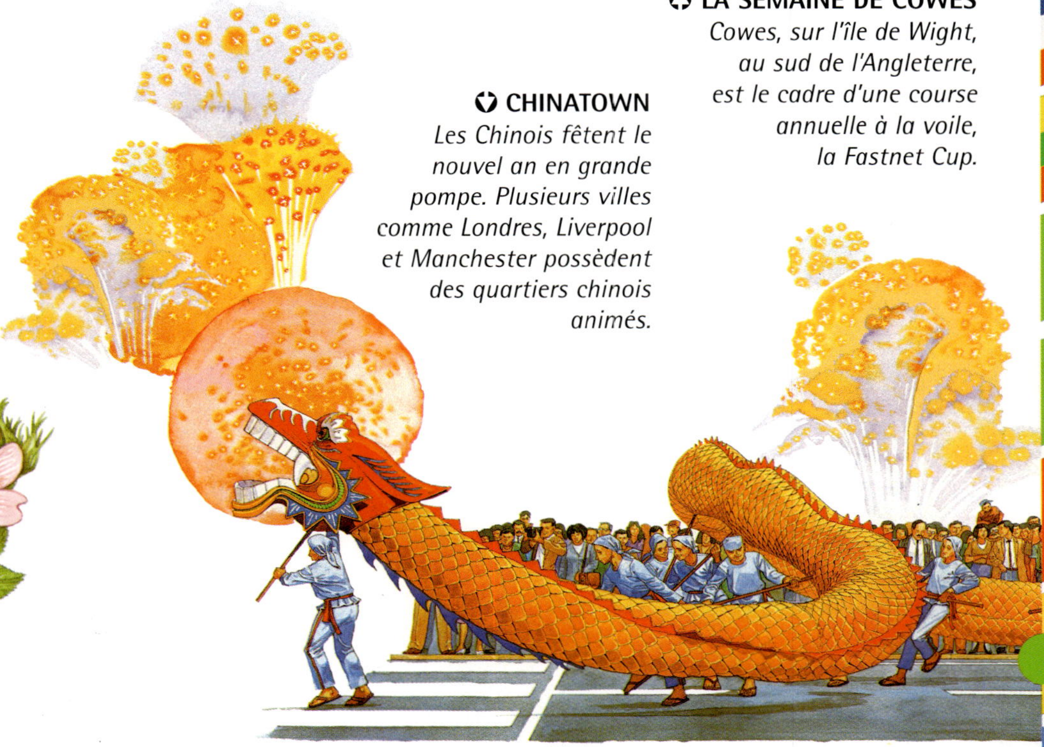

CHINATOWN
Les Chinois fêtent le nouvel an en grande pompe. Plusieurs villes comme Londres, Liverpool et Manchester possèdent des quartiers chinois animés.

(3)

(4)

Il y a 2000 ans, la Grande-Bretagne était occupée par un groupe de tribus celtes (les Bretons), l'Écosse, par les Pictes, et l'Irlande, par d'autres Celtes, les Gaëls. Les Romains envahirent l'île en 55, 54 et 43 av. J.-C., mais ils ne réussirent pas à conquérir le nord et l'Irlande. Ils restèrent près de 400 ans.

DES PIERRES LEVÉES
À Stonehenge, dans le sud de l'Angleterre, des menhirs ont été disposés en cercle entre 3200 et 2000 av. J.-C. on ne sait dans quel but.

UNE REINE GUERRIÈRE
Boudicca (ou Boadicée) était la reine de la tribu celte des Icènes. En 60, elle mena une révolte contre les envahisseurs romains de la Bretagne. Elle prit Londres, mais fut ensuite vaincue et se donna la mort.

LA TAPISSERIE DE BAYEUX
En 1066, Guillaume, duc de Normandie, vainc le roi Harold d'Angleterre près de Hastings. La conquête normande est contée en 58 scènes sur une splendide broderie, longue de 70 m, attribuée – à tort – à Mathilde, la femme du duc.

Après le départ des Romains, les Bretons furent attaqués non seulement à l'ouest par un groupe de Gaëls (les Scots), mais aussi au sud et à l'est par les Angles et les Saxons, des tribus germaniques qui fondèrent plusieurs royaumes.

Les Bretons furent repoussés au pays de Galles, en Cornouailles et en Bretagne – le pays de Galles, l'Écosse et l'Irlande devinrent des centres florissants de la civilisation celte chrétienne. La Bretagne et l'Irlande furent envahies par les Vikings, puis par les Normands, dont le royaume, fondé en Angleterre en 1066, devint très puissant et domina une partie de la France.

Le pays de Galles fut annexé par l'Angleterre vers 1500, et les royaumes écossais et anglais furent réunis en 1603. Le Royaume-Uni, majoritairement anglican, resserra alors son emprise sur l'Irlande catholique, qui rejoignit l'union en 1800.

LE CHÂTEAU D'ÉDIMBOURG
Édimbourg, la capitale de l'Écosse, a été fondée il y a plus de 5000 ans. En 1997, les Écossais ont voté pour avoir leur propre parlement, basé à Édimbourg.

À cette époque, le Royaume-Uni était la première nation industrialisée du monde et régnait sur un vaste empire allant de l'Inde à l'Afrique et à l'Australie. Les matières premières affluaient, et de nouveaux marchés s'ouvraient. Au XXe siècle, sa puissance déclina, épuisée par deux guerres mondiales. De plus, la décolonisation l'emputa de ses territoires.

UN ROI TUDOR
Henri VIII (1491-1547) était le deuxième roi Tudor d'Angleterre. Il se plaça lui-même à la tête de l'Église d'Angleterre et se maria six fois.

MORT D'UN ROI
En 1649, à l'issue de la guerre civile, le Parlement ordonne l'exécution du roi Charles Ier. La Grande-Bretagne redeviendra une monarchie en 1660, avec la restauration de Charles II sur le trône.

Le sud de l'Irlande fut État libre en 1922 et république indépendante en 1949.

Durant les années 1960, la plupart des colonies britanniques devinrent indépendantes et membres du Commonwealth. En 2000, le Royaume-Uni et la république d'Irlande s'étaient rapprochés de leurs partenaires commerciaux au sein de l'Union européenne.

LE POUVOIR AU NORD
Après près de trente ans de conflit en Irlande du Nord, un accord de paix a donné le pouvoir à une nouvelle Assemblée en 1998, comprenant des membres des partis unioniste et nationaliste. Un équilibre fragile s'est établi.

EAMON DE VALERA
Eamon De Valera (1882-1975) prend part au soulèvement de Pâques 1916 à Dublin. Il devient plus tard président de la République d'Irlande.

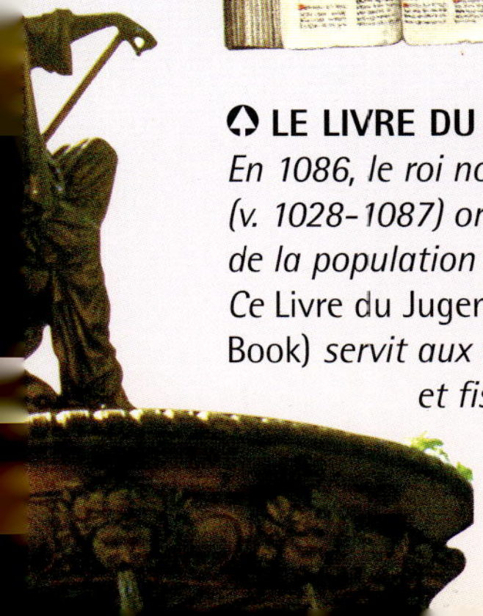

LE LIVRE DU JUGEMENT DERNIER
En 1086, le roi normand Guillaume Ier (v. 1028-1087) ordonne un recensement de la population et des terres de son pays. Ce Livre du Jugement dernier *(Domesday Book) servit aux administrations juridiques et fiscales jusqu'en 1522.*

CHRONOLOGIE

Apr. J.-C.

43	Occupation romaine de la Bretagne (jusqu'en 446).
795	Premiers raids vikings dans les îles Britanniques.
844	Kenneth MacAlpin unifie les Pictes et les Scots.
1066	Hastings. Invasion normande de l'Angleterre.
1175	Prétentions anglaises sur l'Irlande.
1284	Conquête du pays de Galles par l'Angleterre.
1338	Guerre de Cent Ans (jusqu'en 1453) entre l'Angleterre et la France.
1536	(et 1542) Actes d'union de l'Angleterre et du pays de Galles.
1603	Unification de l'Écosse et de l'Angleterre sous un monarque unique.
1649	Commonwealth républicain jusqu'en 1660.
1707	Acte d'union Angleterre-Écosse.
1776	Déclaration d'indépendance des colonies américaines.
1801	Acte d'union Grande-Bretagne-Irlande.
1914	Première Guerre mondiale (jusqu'en 1918) : contre les Empires centraux, dont l'Allemagne et l'Autriche.
1916	Soulèvement de Pâques, en Irlande.
1922	État libre d'Irlande (république en 1949).
1939	Seconde Guerre mondiale (jusqu'en 1945) : contre les pays de l'Axe (dont l'Allemagne et le Japon).
1973	Entrée du Royaume-Uni et de l'Irlande dans la CEE (future UE).
1997	Vote pour un parlement écossais d'une part, gallois d'autre part.
1998	Mise en place de l'Assemblée d'Irlande du Nord.
2003	Coalition du Royaume-Uni avec les États-Unis pour envahir l'Iraq et renverser Saddam Hussein.

FRANCE

La France est au centre de l'Europe de l'Ouest, entre la Belgique, le Luxembourg, la Suisse, l'Italie, l'Allemagne et l'Espagne. Au nord, elle est bordée par les plages, les falaises calcaires de la Manche et les promontoires rocheux de Bretagne. Au sud-ouest, des forêts de pins et des dunes font face à l'océan Atlantique. Au sud, des collines brûlées par le soleil descendent vers la Méditerranée.

Les sommets enneigés des Pyrénées forment une haute barrière à la frontière espagnole. Les Alpes, à cheval sur les frontières italienne et suisse, culminent au mont Blanc à 4810 m. Plus au nord, on trouve les versants boisés du Jura, des Vosges et des Ardennes.

Le nord de la France se compose de plaines vallonnées, cultivées et traversées par les méandres de la Seine. La Loire, le plus long fleuve de France, coule sur 1 020 km des Cévennes au sud de la côte bretonne. Les roches volcaniques du Massif central dominent le centre du pays, à l'ouest de la vallée du Rhône – qui coule vers le sud et forme un delta en créant la région humide de la Camargue. La Corse fait aussi partie du territoire français. C'est une île montagneuse avec des oliveraies, des vignes et un maquis sauvage.

Monaco est une petite ville-État méditerranéenne entourée par la France et formée en partie de terrains gagnés sur la mer.

LA CITÉ DES ARTISTES
À Paris, le quartier de Montmartre est célèbre pour ses artistes de rues.

À SAVOIR

FRANCE
République française
SUPERFICIE : 549 000 km²
POPULATION : 60 millions
CAPITALE : Paris
AUTRES VILLES : Marseille, Lyon
POINT CULMINANT : mont Blanc (4 810 m)
LANGUE OFFICIELLE : français
MONNAIE : euro

MONACO
Principauté de Monaco
SUPERFICIE : 2 km²
POPULATION : 34 000
CAPITALE : Monaco
LANGUE OFFICIELLE : français
MONNAIE : euro

UN PORTEUR D'EAU
L'aqueduc du pont du Gard, dans le sud de la France, fut construit par les Romains il y a 2 000 ans, pour amener de l'eau à Nîmes.

L'ÎLE DES MOINES
Le Mont-Saint-Michel est relié à la côte normande par une digue. L'îlot rocheux est couronné par une abbaye bénédictine fortifiée par des remparts et fondée en 966.

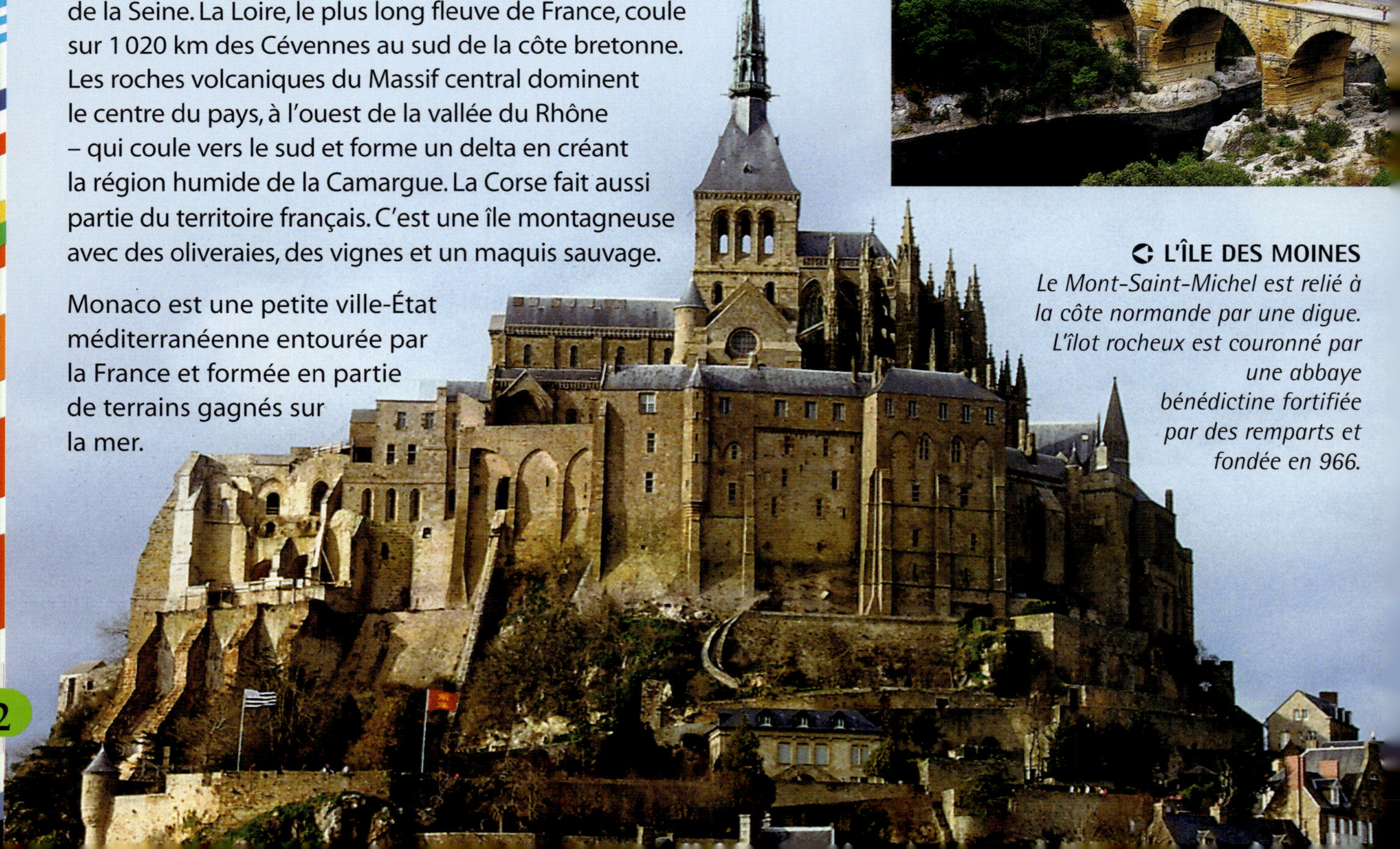

ESTEREL, MIDI DE LA FRANCE
La Méditerranée borde la côte sud de la France. Le soleil et l'eau bleue si tentante en font une destination touristique très populaire.

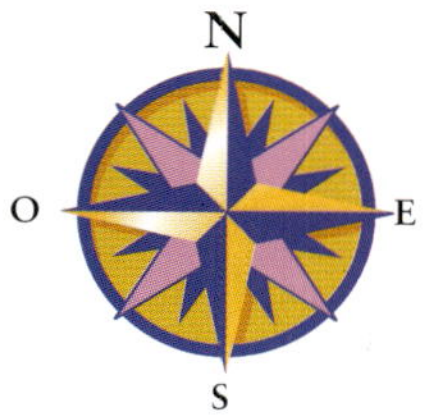

UN PIC ENNEIGÉ
Le mont Blanc est le plus haut sommet d'Europe de l'Ouest. Dans les années 1960, un tunnel routier de 12 km y a été creusé.

SANGLIER

UN INSECTIVORE
La huppe, avec sa superbe crête, vit dans le sud de l'Europe. Son bec recourbé est parfait pour extraire les insectes de l'écorce des arbres.

FRANCE

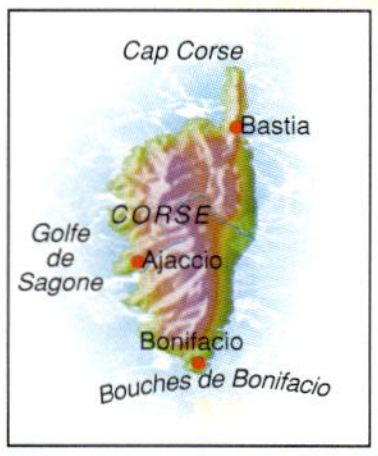

MONACO

LE GRAND LUXE
Monaco, l'un des plus petits pays du monde, attire des visiteurs très fortunés. Le port de sa capitale, Monaco, est encombré par les yachts luxueux du monde entier.

CHÂTEAU DE CHENONCEAU
L'élégant château de Chenonceau dispose d'une aile qui forme un pont sur le Cher.

La France est une république démocratique et un membre fondateur de l'Union européenne. C'est l'un des pays les plus riches du monde. Il jouit d'une certaine influence internationale par l'intermédiaire de ses anciennes colonies.

LA CAPITALE DE LA MODE
Mannequin pendant un défilé Chanel, à Paris. Chanel a été fondé par la grande couturière française Coco Chanel (1883-1971).

CHAMPAGNE

TOURNESOLS
Dans les champs du sud de la France, de larges tournesols mûrissent au soleil. Leurs graines sont récoltées et pressées pour en extraire de l'huile.

La capitale, Paris, est une métropole de plus de 9 millions d'habitants située sur la Seine. La deuxième ville est Marseille, un grand port de la Méditerranée. Le pays est divisé en vingt-deux régions.

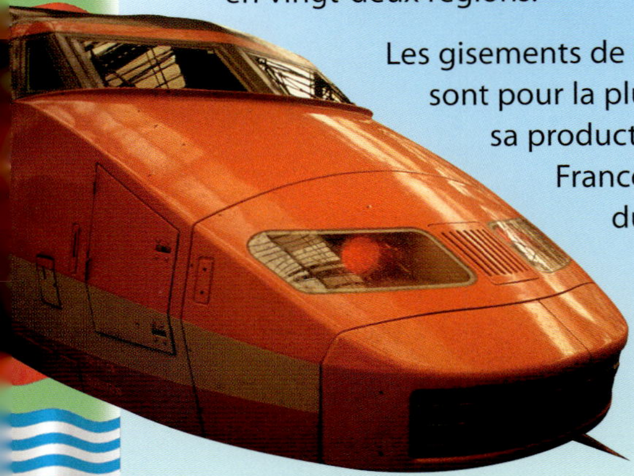

Les gisements de houille du nord sont pour la plupart épuisés. Pour sa production d'électricité, la France dépend fortement du nucléaire et de l'hydroélectricité. Elle exploite également des sources d'énergie alternatives comme le soleil et les marées.

Les usines produisent des produits chimiques, des avions, des voitures et des trains à grande vitesse. La France est traditionnellement un pays agricole mais peu de ses habitants travaillent encore dans ce secteur. La Normandie produit des pommes et des produits laitiers.

TRAIN À GRANDE VITESSE
Le TGV (train à grande vitesse) est une prouesse des ingénieurs français. Il peut atteindre la vitesse de 300 km/h.

DU BON VIN
La région de Bordeaux produit des vins rouges parmi les meilleurs du monde. De nombreux vignobles dépendent d'une demeure ancestrale, ou château, qui donne son nom au vin.

La grande diversité des climats permet toutes sortes de cultures, du blé et du maïs au riz.

Les coteaux de Provence fournissent des fleurs à l'industrie du parfum, surtout de la lavande. La Loire, la Bourgogne et la Champagne sont renommées pour leurs vins de qualité. Les forêts couvrent une grande partie du pays et les flottes de pêche sont importantes dans l'ouest.

La cuisine française est souvent considérée comme l'une des meilleures au monde – le français est la langue de la cuisine par excellence. Les podiums parisiens représentent l'objectif suprême dans la carrière d'un mannequin. Les touristes sont également une source de richesses, qu'ils visitent les stations de ski des Alpes, les châteaux de la Loire ou les plages et ports de plaisance du sud.

Monaco a beau être un petit pays, ses lois fiscales y attirent de nombreux résidents fortunés. C'est un centre de la finance, du tourisme et des jeux d'argent grâce au casino de Monte Carlo.

GAVÉES
Le foie gras est obtenu à partir du foie d'oies ou de canards engraissés à grand renfort de grain. En France, chaque région a sa propre recette.

FROMAGES À PÂTE MOLLE

BARRER LES MARÉES
La France est un grand exportateur d'électricité. La majeure partie est produite dans les centrales nucléaires, mais les Français ont aussi essayé des méthodes « plus vertes », comme à Saint-Malo, où cette énorme barrière sur la Rance utilise la force des marées.

POMMES
En Normandie, l'agriculture est pratiquée à petite échelle et centrée sur les produits laitiers et les pommes pour la production de cidre et de calvados.

DES VOITURES RAPIDES
La course automobile est une source de revenus importante pour Monaco. Chaque année lors du Grand Prix, les voitures défilent dans les rues étroites.

VERS LE FUTUR
Au Futuroscope, parc à thème et centre high-tech près de Poitiers, des architectes ont imaginé des projets audacieux pour le XXIe siècle.

Les Français sont les descendants de plusieurs peuples, dont les plus importants sont les Gaulois, un ancien groupe de tribus celtes, et les Francs, germaniques. La langue française vient en grande partie du latin, la langue de l'Empire romain. On distingua longtemps au nord la langue d'oïl, au sud la langue d'oc. Jusqu'à la fin du XIXe siècle, les provinciaux parlaient des langues locales pour l'usage quotidien et familial.

Depuis le Moyen Âge, le français est célébré par les poètes, auteurs dramatiques, conteurs et philosophes. La France est la patrie de très grands écrivains, de peintres, réalisateurs de cinéma et de compositeurs.

LE PÈRE DE LA COMÉDIE
Jean-Baptiste Poquelin (1622-1673), connu sous le nom de Molière, a écrit beaucoup de pièces pour le roi Louis XIV.

SIÈCLE DES LUMIÈRES
Au XVIIIe siècle, la France fut un brillant foyer d'érudition. Denis Diderot (1713-1784) publia une encyclopédie en 28 volumes qui devait rassembler l'ensemble du savoir de son temps.

Des dramaturges comme Corneille (1606-1684), Molière (1622-1673) et Racine (1639-1699), des peintres tels Monet (1840-1926) et Degas (1834-1917) et des compositeurs comme Debussy (1862-1918) sont admirés dans le monde entier.

Les Basques et les Catalans ont préservé chacun leurs propres langue et traditions ; ils habitent le pays Basque et la Catalogne, à cheval sur la frontière espagnole. Les Corses, eux aussi, pratiquent leur propre langue, et, le long des frontières de l'est, on entend parler allemand ou italien.

Les Bretons descendent des Celtes britanniques qui ont occupé la région il y a 1 500 ans. Leur langue ressemble au gallois et au cornouaillais.

LE SACRÉ-CŒUR
La basilique du Sacré-Cœur et ses dômes blancs dominent Paris. La France, majoritairement catholique par tradition, s'affirme laïque dans ses institutions depuis le début du XXe siècle.

PLUS HAUT, PLUS LOIN
Les frères Montgolfier, Joseph et Jacques, ont été des pionniers de la montgolfière vers 1780.

UN JEU DE BOULES
La pétanque est un jeu populaire dans toute la France ; la plupart des villes ont une place réservée à ce loisir. Les joueurs doivent lancer leurs boules le plus près possible d'une autre, toute petite.

LA BELLE ÉPOQUE
Vers 1890, Paris avait la réputation d'être une ville de plaisirs, de danses folles comme le cancan, de jolies filles, d'artistes et de poètes.

Les Normands sont les lointains descendants des envahisseurs vikings (scandinaves) qui ont occupé la région du nord de la France appelée Normandie.

Parmi les populations d'origine étrangère (10 %), on trouve des immigrés espagnols, italiens, polonais, africains, chinois, tsiganes, etc. Les Nord-Africains, originaires d'anciennes colonies françaises, représentent 6 % de la population ; beaucoup sont musulmans. 88 % des Français sont de culture catholique.

Il y a cent ans, la France était une nation essentiellement rurale. Aujourd'hui, les trois quarts de la population vivent dans les villes, laissant de nombreuses zones rurales désertes ou consacrées aux résidences secondaires et au tourisme.

LE TOUR DE FRANCE
Chaque année, la France est le cadre de la plus célèbre course cycliste du monde, le Tour de France. Le parcours, épuisant, couvre plus de 4 000 km et dure trois semaines.

LA PRÉPARATION MILITAIRE
Depuis la loi de 1997, le service national obligatoire n'existe plus : il a été remplacé par un service volontaire d'une durée de un à cinq ans.

UN PALAIS VOUÉ À L'ART
Le musée du Louvre, à Paris, abrite l'une des plus grandes collections d'art du monde. Dans les années 1980, une pyramide de verre et d'acier a été érigée à l'entrée du musée.

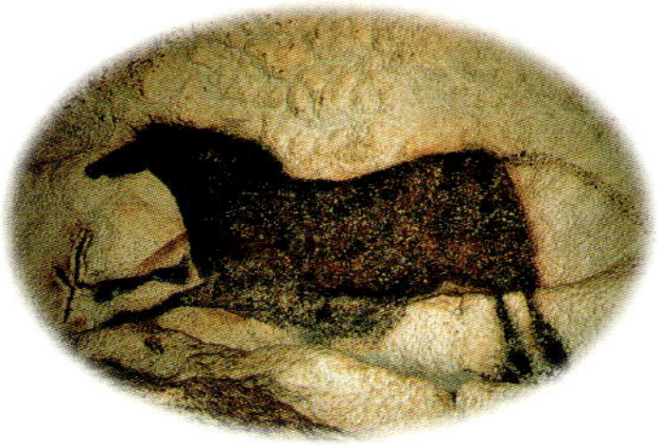

LA PÉRIODE GLACIAIRE
La grotte de Lascaux est peinte d'environ 600 animaux que côtoyaient les hommes préhistoriques : bisons, cerfs et chevaux.

La France est habitée depuis la préhistoire – les peintures découvertes dans la grotte de Lascaux datent de 15000 av. J.-C. Les anciens Grecs fondèrent le port de Phocée (Marseille) vers 600 av. J.-C., alors que la majeure partie du pays était peuplée par un groupe de tribus celtes, les Gaulois.

Les Gaulois furent soumis par les Romains entre 58 et 48 av. J.-C., et le latin se répandit dans tout le pays. Attaqué par les tribus germaniques d'outre-Rhin, l'Empire romain s'effondra en 476, laissant le pouvoir aux mains des Francs, qui ont donné leur nom au pays.

DES ALIGNEMENTS
À Carnac, sur la côte bretonne, plus de 3000 monuments de pierre forment des allées et des cercles. Ils ont été érigés à l'âge de pierre.

DANS LA BATAILLE
Les féroces armées franques vainquirent les Romains, les Gaulois et les Wisigoths. En 540, elles contrôlaient la majeure partie de la Gaule.

Les Francs repoussèrent les tentatives d'invasions par les Maures (Berbères et Arabes musulmans) et fondèrent un grand empire sous Charlemagne (768-814). Les Vikings prirent le contrôle de la Normandie en 911, mais les rois français n'en devinrent pas moins très puissants. Ils combattirent leurs voisins, surtout les Anglais, et étendirent les frontières de leur royaume – malgré de nombreuses et sanglantes guerres de religion. Du Moyen Âge à la mort de Louis XIV, le Roi-Soleil, en 1715, la France fut l'un des grands centres de la civilisation européenne.

QU'ON LEUR COUPE LA TÊTE !
En 1789, les Français, las de payer des impôts exorbitants, se soulèvent. Pendant la Terreur qui a suivi la Révolution, plus de 17000 aristocrates furent guillotinés.

BRÛLÉE SUR LE BÛCHER
Jeanne d'Arc mena les Français à la bataille durant la guerre de Cent Ans. La faisant passer pour une sorcière, les Anglais la brûlèrent en 1431.

LA FRANCE MÉDIÉVALE
Au Moyen Âge, la société était organisée sur le principe de la féodalité. Les chevaliers, les prêtres et les paysans formaient trois ordres essentiels.

LOUIS XIV (1638-1715)
Le Roi-Soleil gouverna la France pendant 72 ans et porta la puissance française à son apogée. Il construisit le superbe château de Versailles, près de Paris.

L'EMPEREUR
Après ses débuts révolutionnaires, Napoléon Bonaparte (1769-1821) devint le plus puissant souverain d'Europe. C'était un conquérant et un grand législateur.

La France se construit un vaste empire outre-mer, mais les injustices provoquent la Révolution, en 1789. Des rêves de liberté et d'égalité surgira un général corse, Napoléon Bonaparte, qui se proclame empereur en 1804. Il mène de brillantes campagnes militaires de l'Espagne à la Russie et à l'Égypte, mais est vaincu par les forces britanniques et prussiennes à Waterloo, en 1815.

La France connaît alors une série d'invasions allemandes – en 1870, en 1914 et en 1940. Après la Seconde Guerre mondiale, elle perd la majeure partie de son empire colonial, mais favorise l'union économique et politique en Europe occidentale.

NOUS NE LES OUBLIERONS PAS
Aujourd'hui encore, les cimetières du nord de la France sont plantés de coquelicots en souvenir des millions de soldats, alliés et allemands, qui y moururent dans les tranchées pendant la Première Guerre mondiale.

LE GÉNÉRAL DE GAULLE
Charles de Gaulle (1890-1970) dirigea la résistance française à l'occupation nazie durant la Seconde Guerre mondiale.

CHRONOLOGIE

Apr. J.-C.

560	Le royaume franc occupe presque toute la France.
911	Occupation de la région aujourd'hui appelée Normandie par les Vikings.
1297	La dynastie Grimaldi règne sur Monaco.
1337	Guerre de Cent Ans contre l'Angleterre (jusqu'en 1453).
1491	Union de la France et de la Bretagne.
1638	Naissance de Louis XIV ; la France devient une grande puissance européenne.
1789	Début de la Révolution française.
1804	Napoléon Bonaparte est couronné empereur.
1815	Défaite de Napoléon à Waterloo.
1848	La France redevient une république.
1852	La France redevient un empire avec Napoléon III.
1870	Défaite de la France face à la Prusse. Révolte de la Commune de Paris. Troisième République.
1914	Première Guerre mondiale contre l'Allemagne (jusqu'en 1918).
1939	Seconde Guerre mondiale contre l'Allemagne (jusqu'en 1945) : la France est occupée en 1940 ; libération en 1944.
1957	La France devient un membre fondateur de la CEE (future UE).
1958	Charles de Gaulle président de la république jusqu'en 1969.
1968	Révoltes d'étudiants et d'ouvriers.
1981	François Mitterrand élu président de la République
1995	Jacques Chirac élu président de la République.

ALLEMAGNE

À SAVOIR

ALLEMAGNE
Bundesrepublik Deutschland
SUPERFICIE : 356 980 km^2
POPULATION : 82,3 millions
CAPITALE : Berlin
AUTRES VILLES : Hambourg, Munich, Cologne
POINT CULMINANT : Zugspitze (2 963 m)
LANGUE OFFICIELLE : allemand
MONNAIE : euro

L'Allemagne est un pays de contrastes. Célèbre pour ses cités animées et ses régions industrielles, elle possède aussi des paysages parmi les plus extraordinaires d'Europe – lacs, vallées escarpées, vastes forêts et montagnes enneigées.

Le nord, vaste plaine traversée par la Weser et l'Elbe, occupe les côtes venteuses de la mer du Nord et de la Baltique, reliées par le canal de Kiel qui coupe le Schleswig-Holstein à la frontière danoise. Au centre du pays se dressent les montagnes du Harz et du Jura souabe qui descendent progressivement jusqu'à des landes sablonneuses et de plates terres cultivées – débuts de la grande plaine qui s'étend jusqu'en Russie. Les frontières orientales de l'Allemagne suivent les rivières Oder et Neisse. Le sud-ouest est couvert des arbres de la Forêt-Noire, le sud-est de la forêt de Bohême. Le Rhin, fleuve très fréquenté, serpente vers le nord à partir de la frontière française, reçoit le Main à Mayence et la Moselle à Coblence et traverse des vallées abruptes couvertes de vignes. À l'extrême sud enfin, les plus hauts sommets allemands, les Alpes bavaroises, sont un prolongement des Alpes et forment une barrière naturelle entre l'Allemagne et ses voisins du sud.

Le climat varie beaucoup selon les régions : il est le plus souvent doux à l'ouest avec des hivers rigoureux dans les Alpes et les plaines du nord-est.

EN PISTE
Le ski alpin ou de randonnée est un passe-temps hivernal très populaire en Allemagne. Les stations de sports d'hiver attirent des touristes de toute l'Europe.

LE LONG DU RHIN
Le Rhin prend sa source dans les Alpes suisses. Fleuve le plus fréquenté d'Europe, il se dirige vers le nord-ouest, traversant l'Allemagne et les Pays-Bas. On le voit ici en contrebas de la cité viticole de Bacharach.

LES COULEURS DE LA NATURE

Nommée d'après ses sombres conifères, la Forêt-Noire abrite aussi des feuillus qui assurent un spectacle très coloré en automne.

EDELWEISS

ALLEMAGNE

LE RAISIN BLANC

Certains des meilleurs vins allemands sont issus des raisins blancs cultivés sur les rives ensoleillées du Rhin.

KAFFEE UND KUCHEN

Les gâteaux sont un plaisir spécifique des cafés dans toute l'Allemagne. L'un des grands favoris est le gâteau appelé forêt-noire.

UN AMI FIDÈLE

Le berger allemand est courageux et loyal : c'est donc la race idéale pour la police. Originaire d'Allemagne, on le trouve aujourd'hui dans le monde entier.

TROUPEAUX ALPINS

Au printemps, quand la neige fond, les vaches sont menées paître dans les pelouses alpines. Elles retournent dans les vallées à l'automne.

EAU DE COLOGNE

L'Allemagne est une république démocratique fédérale où les États *(Länder)* ont beaucoup de pouvoirs. Jusqu'en 1871, elle était composée de multiples petits États, et elle a de nouveau été divisée entre 1949 et 1990.

L'Allemagne, première puissance économique d'Europe, fut un membre fondateur de la CEE. Elle produit de l'électroménager (Bosch), des instruments d'optique, des produits chimiques et pharmaceutiques (Bayer), des voitures (Volkswagen, Mercedes, BMW)… Les régions allemandes sont renommées pour leurs bières, leurs vins blancs et leur charcuterie.

L'Allemagne doit importer l'essentiel de son alimentation. La plupart des entreprises agricoles sont de petite taille et exploitées à temps partiel. La croissance industrielle du XIXe siècle a été stimulée par l'exploitation des mines de charbon dans la Ruhr, mais ces réserves sont aujourd'hui presque épuisées, et l'Allemagne dépend, pour son énergie, des importations de pétrole et de gaz.

RANGÉES DE BETTERAVES
La betterave à sucre est une culture très importante dans cette partie de l'Europe. Traditionnellement, les fermes sont des exploitations familiales, petites dans le sud de l'Allemagne et très grandes dans l'est.

COSTUMES MÉDIÉVAUX
Dans le Bade-Wurtemberg, une fête en costumes médiévaux célèbre l'histoire de la région. Au Moyen Âge, l'Allemagne était composée d'une multitude de petits États.

LE FRUIT DE LA VIGNE
Les premiers vignobles furent plantés en Allemagne par les Romains. Les principales zones viticoles se trouvent dans le sud-ouest et dans les vallées du Rhin et de la Moselle.

LOUP GRIS D'EUROPE
Autrefois considéré comme disparu dans la plupart des pays d'Europe centrale, le loup gris d'Europe fait son retour en Allemagne, qu'il rejoint depuis la Pologne en traversant l'Oder et la Neisse.

ANTINUCLÉAIRE
Des manifestants protestent contre le transport de déchets nucléaires. Entre 1970 et 1990, le parti des Verts a beaucoup gagné en popularité et placé les questions environnementales sur le devant de la scène politique.

DISQUES COMPACTS
L'Allemagne est un grand exportateur de CD, systèmes audio de haute qualité, radios et appareils électroménagers, dont les réfrigérateurs.

LA FÊTE DE LA BIÈRE
En octobre, la fête de la bière se tient à Munich, capitale de la Bavière. Dans cette région, on porte encore les costumes régionaux – pour les femmes, un corselet lacé, des manches bouffantes et une jupe large décorée de rubans.

Le pays dispose d'un bon réseau de voies ferrées et d'autoroutes dont la construction a commencé dès les années 1930. Le Rhin et un vaste réseau de canaux sont empruntés par les péniches à une plus grande échelle que partout en Europe.

Les grandes villes sont Hambourg, Munich, Cologne et Francfort-sur-le-Main, centre bancaire et commercial international. De nombreux travailleurs étrangers sont venus chercher du travail en Allemagne, bien que l'économie ait souffert du coût élevé de la réunification et de la modernisation des industries de l'ex-Allemagne de l'Est (RDA) dans les années 1990. Après l'effondrement du communisme en RDA, Berlin a supplanté Bonn et retrouvé son statut de la capitale.

LA VOLKSWAGEN
En allemand, Volkswagen *signifie «voiture du peuple». Fondée en 1936 pour construire des voitures bon marché et solides, l'entreprise connaît un succès mondial depuis 1960. L'usine de Wolfsburg est la plus grande du monde.*

LES PROTESTANTS
Martin Luther (1483-1546) était un moine allemand qui condamnait la corruption de l'Église catholique romaine. Il écrivit une nouvelle traduction de la Bible et mena la réforme protestante.

OBERAMMERGAU
En 1633, une terrible peste frappa ce village de Bavière. Les survivants firent vœu de remercier Dieu en montant une pièce sur les souffrances du Christ. Elle est encore jouée tous les dix ans.

Pendant une grande partie de l'histoire du pays, la langue fut le seul élément d'unification de la culture allemande – la culture de toutes les régions parlant allemand, dont l'Autriche.

L'allemand standard, appelé *Hochdeutsch,* est parlé dans toute l'Allemagne, mais il existe de nombreux dialectes régionaux très différents, sans compter les langues des ouvriers du sud de l'Europe et de la Turquie qui sont venus s'installer dans les villes allemandes depuis quarante ans. Le nord du pays est un bastion du protestantisme, tandis que le sud est majoritairement catholique. Les fêtes et coutumes traditionnelles sont encore nombreuses à l'heure actuelle : le carnaval, notamment, est fidèlement célébré de Cologne jusqu'en Bavière et en Autriche.

L'Allemagne possède un long passé culturel qui remonte à bien avant l'émergence d'un État allemand unique. Elle est la patrie d'Albrecht Dürer (1471-1528), l'un des plus grands peintres de la Renaissance en Europe. Sans jamais égaler l'art français ou italien, les peintres allemands ont produit des œuvres d'un individualisme marquant, tel le peintre romantique du XIXe siècle Caspar David Friedrich et les expressionnistes du XXe siècle, comme Max Beckmann.

COSTUMES FOLKLORIQUES
Ces danseurs portent le costume traditionnel de Bavière : Lederhosen *(short de cuir) pour l'homme et une robe appelée* dirndl *pour la femme.*

L'OBSERVATION DE LA VIE
Les dessins d'Albrecht Dürer se distinguent par la finesse de leurs détails. Né en 1471, Dürer produisit des centaines de peintures et gravures.

UN PEU D'ALLEMAND

Bonjour	*Guten Tag*
Au revoir	*Auf Wiedersehen*
Merci	*Danke*
S'il vous plaît	*Bitte*
Oui	*Ja*
Non	*Nein*
École	*Schule*
Enfants	*Kinder*

KARL MARX

Né à Trèves en 1818, Marx montra l'influence de l'économie sur l'histoire et appela les travailleurs à prendre le pouvoir. Ses idées inspirèrent les communistes bien après sa mort en 1883.

L'Allemagne est surtout connue pour sa musique et les nombreux grands compositeurs qui y sont nés : Bach, Haendel, Beethoven, Mendelssohn, Schumann, Brahms, Wagner, Richard Strauss. Les orchestres, chefs d'orchestre, instrumentistes et chanteurs allemands bénéficient d'une renommée internationale.

L'Allemagne est aussi la patrie de grands écrivains et de penseurs comme Kant (1724-1804), Goethe (1749-1832) et Schiller (1759-1805). Au XIXe siècle, de nouvelles technologies et de nouvelles idées politiques y virent le jour – le fondateur du communisme, Karl Marx, était allemand, ainsi que les pionniers du moteur automobile, Karl Benz et Gottfried Daimler, ou encore Wilhelm Röntgen qui découvrit les rayons X en 1895 et Robert Koch, qui fit d'importantes découvertes sur les relations entre bactéries et maladies.

UN PIONNIER DE L'IMPRIMERIE

Johannes Gutenberg fut un pionnier de l'imprimerie en caractères mobiles. Né à Mayence en 1400, il construisit à Strasbourg la première presse typographique, peut-être dès 1439.

L'architecture allemande va des splendides cathédrales médiévales de Cologne et d'Ulm aux innovations de l'école du Bauhaus, fondée en 1919 par Walter Gropius et dont l'influence a largement dépassé les frontières du pays.

LE JEUNE MOZART

La culture allemande a fleuri au-delà des frontières de l'Allemagne. Le compositeur Mozart, né à Salzbourg (Autriche) en 1756, parlait allemand. Au XVIIIe siècle, l'Autriche impériale – et la riche vie artistique de Vienne, où Mozart était musicien de cour – commence à reculer devant la Prusse, la puissance militaire émergeante des États allemands.

GUERRE DE TRENTE ANS
En 1618, un conflit éclate entre les protestants de Bohême et leurs souverains autrichiens, catholiques. Il prend vite l'ampleur d'une guerre de religion, les famines et les nombreuses atrocités se répandant dans presque toute l'Europe. La paix fut conclue par les traités de Westphalie (1648) qui reconnaissaient les droits des protestants en Allemagne.

OTTO VON BISMARCK
Bismarck était un puissant homme d'État prussien qui provoqua la guerre franco-prussienne et unifia l'Allemagne en 1871.

La région fut d'abord habitée par des tribus celtes, chassées vers 550 av. J.-C. par des peuples germaniques venus du nord et de l'est. Les Romains ne purent conquérir qu'une partie du pays, où ils fondèrent des villes comme Cologne. La puissance de Rome fut brisée par les Germains en 476.

L'Allemagne fit partie de l'empire franc de Charlemagne (742-814), puis, de 962 à 1806, du Saint Empire romain germanique qui englobait une grande partie de l'Europe centrale – mosaïque de petits États sous la domination des Habsbourg d'Autriche.

Vers 1500, certaines régions adoptèrent le protestantisme, suivant les enseignements d'un moine nommé Martin Luther. De sanglantes guerres de religion suivirent – la guerre de Trente Ans (1618-1648) ravagea presque tout le pays.

Au XVIIIe siècle, le pouvoir se déplace vers le nord lorsque la Prusse met sur pied une grande armée moderne. En 1871, le roi de Prusse Guillaume Ier est empereur d'une Allemagne unifiée.

Pendant la Première Guerre mondiale (1914-1918), l'Allemagne et l'Autriche subissent une écrasante défaite. L'Allemagne devient ensuite une république, mais communistes et nationaux-socialistes (nazis) ne cessent pas pour autant leurs combats de rue – jusqu'à l'arrivée au pouvoir des nazis vers 1930.

ADOLF HITLER
Rempli d'amertume par la défaite allemande de 1918, Hitler prôna une politique violente et raciste. Il devint chef du parti nazi et dictateur de l'Allemagne, qu'il entraîna dans la guerre en 1939. Il a mis l'Europe à feu et à sang, terrorisé les populations et entrepris le génocide des Juifs et des Tsiganes.

RÉVOLTES À BERLIN
1848 fut l'année des révolutions en Europe, et Berlin, l'un des principaux centres de troubles. On vit des soldats prussiens attaquer des femmes et des enfants qui demandaient des réformes et l'unification de l'Allemagne.

MONOPLAN FOKKER E1

BOMBARDEMENT SUR DRESDE

Alors que la Seconde Guerre mondiale touchait à sa fin, les villes allemandes étaient bombardées par les Alliés pour pousser le pays à la capitulation. De même que Londres avait été dévastée par les bombardements nazis, Dresde subit des raids aériens qui firent 130 000 morts, un immense incendie achevant la destruction de la ville.

Au cours de la Seconde Guerre mondiale, les nazis annexèrent l'Autriche et envahirent également une grande partie de l'Europe. Leur chef, un dictateur raciste nommé Adolf Hitler (1889-1945), ordonna le meurtre de millions de Juifs. L'Allemagne fut finalement vaincue par les Alliés.

Elle fut alors coupée en deux, une république fédérale (RFA) à l'ouest, soutenue par les États-Unis et l'Europe occidentale, et une république démocratique (RDA) communiste à l'est, soutenue par les Russes. L'Allemagne ne fut réunifiée qu'en 1990.

LA CHUTE DU MUR

Après la Seconde Guerre mondiale, l'Allemagne vaincue fut coupée en deux. En 1961, les Allemands de l'Est érigèrent un mur pour isoler Berlin-Est de Berlin-Ouest, et des soldats tiraient sur tous ceux qui tentaient de passer à l'ouest. Le mur ne tomba qu'en 1989.

CHRONOLOGIE

Apr. J.-C.

1282 Montée de la dynastie des Habsbourg en Autriche.

1517 Luther lance la réforme protestante.

1618 Guerre de Trente Ans (jusqu'en 1648).

1740 Guerre de la Succession d'Autriche (jusqu'en 1748).

1806 Défaite de la Prusse face à la France de Napoléon, à Iéna.

1834 Union de la Prusse et des petits États allemands.

1848 Révolution en Allemagne ; échec.

1870 Victoire de la Prusse sur la France.

1871 Guillaume Ier de Prusse est empereur de l'Allemagne unifiée.

1914 Première Guerre mondiale (jusqu'en 1918) : défaite des empires centraux (Allemagne, Autriche-Hongrie).

1919 Proclamation de la République de Weimar après l'abdication de l'empereur.

1933 Hitler devient chancelier d'Allemagne.

1938 Annexion de l'Autriche par l'Allemagne.

1939 Seconde Guerre mondiale (jusqu'en 1945) : les pays de l'Axe (Allemagne, Italie et leurs alliés) envahissent presque toute l'Europe ; victoire des Alliés.

1949 L'Allemagne est divisée en République fédérale (à l'ouest, capitaliste) et République démocratique (à l'est, communiste).

1957 La République fédérale d'Allemagne devient un membre fondateur de la CEE (future UE).

1961 Séparation de Berlin-Est et Berlin-Ouest par un mur (jusqu'en 1989).

1990 Réunification allemande après l'effondrement du régime communiste en Allemagne de l'Est ; Berlin redevient capitale.

PÉNINSULE IBÉRIQUE

La péninsule Ibérique est comme un bloc d'Europe continentale qui s'avancerait vers l'Atlantique. Elle est séparée de l'Afrique par le détroit de Gibraltar, et ses côtes orientales et méridionales sont baignées par la Méditerranée.

La péninsule est très montagneuse. Les Pyrénées enneigées forment la frontière avec la France ; les monts Cantabriques, qui culminent au *picos de Europa* (2 648 m), sont parallèles à la côte nord et, dans le sud, la sierra Nevada longe la Costa del Sol. Au centre, la Meseta est un immense plateau brûlé par le soleil. Plusieurs grands fleuves prennent leur source dans les montagnes, tels l'Èbre, le Guadalquivir, le Douro, le Tage et le Guadiana.

LES PYRÉNÉES
La « jeune » chaîne des Pyrénées s'étire au soleil du Midi entre les golfes de Gascogne et du Lion sur 440 km. De nombreux torrents jaillissent des sommets, qui culminent à 3 404 m d'altitude.

LES OLIVERAIES
Les oliviers prospèrent sous le climat aride du sud-ouest de l'Espagne et du Portugal. Les olives, pressées, donnent une huile de grande qualité.

L'Espagne occupe la majeure partie de la péninsule, et le Portugal s'étire à l'ouest, face à l'Atlantique. Andorre est un petit État des hautes Pyrénées, et Gibraltar, une minuscule enclave britannique, est un rocher abrupt (anciennes Colonnes d'Hercule) qui veille sur l'entrée de la Méditerranée. L'Espagne englobe les îles Baléares, en Méditerranée, les îles Canaries (géographiquement en Afrique) et deux ports (Ceuta et Melilla) sur la côte du Maroc. Le Portugal possède Madère et les Açores.

Si les régions septentrionales sont humides et verdoyantes, le centre de la péninsule est chaud et sec, parfois presque désertique.

À SAVOIR

ANDORRE
Principat d'Andorra
SUPERFICIE : 465 km²
POPULATION : 65 800
CAPITALE : Andorre-la-Vieille
POINT CULMINANT : Coma Pedrosa (2 946 m)
LANGUE OFFICIELLE : catalan
MONNAIE : euro

PORTUGAL
República Portuguesa
SUPERFICIE : 91 982 km²
POPULATION : 10,3 millions
CAPITALE : Lisbonne
AUTRES VILLES : Porto, Setúbal
POINT CULMINANT : Estrela (1 991 m)
LANGUE OFFICIELLE : portugais
MONNAIE : euro

ESPAGNE
Reino de España
SUPERFICIE : 505 992 km²
POPULATION : 40 millions
CAPITALE : Madrid
POINT CULMINANT : Pico de Teide (îles Canaries, 3 718 m)
LANGUE OFFICIELLE : espagnol
MONNAIE : euro

GIBRALTAR
Territoire britannique

MAGOT
Les Anglais aiment à dire qu'ils quitteront Gibraltar lorsque les singes, qui y sont nombreux, partiront.

LA RÉCOLTE D'AGRUMES
Au printemps, Séville s'emplit du doux parfum des fleurs d'oranger. Les oranges amères se dégustent en marmelade.

RONDA
L'Andalouse Ronda, une ancienne cité romaine, est coupée en deux par un profond canyon (le Tajo) creusé par un río et qu'enjambe un très vieux pont de pierre.

Andorre

Portugal

Espagne

Gibraltar

LYNX PARDEL

ÂNES

CIGOGNES BLANCHES

GIBRALTAR
On voit la côte africaine depuis les 426 m du rocher de Gibraltar, une possession britannique.

LA PÊCHE
La pêche est une activité traditionnelle des côtes espagnoles et portugaises. Ces dernières années, des conflits ont éclaté avec les flottes d'autres pays de l'Union européenne à propos des quotas de pêche.

BARCELONE
Cette sculpture dorée éblouit les passants à Barcelone, capitale de la région espagnole de Catalogne et centre culturel et artistique renommé.

Les pays ibériques sont aujourd'hui des démocraties, mais le Portugal et l'Espagne ont connu la dictature jusqu'aux années 1970, et Andorre n'est pleinement démocratique que depuis 1993. L'Espagne est à présent une monarchie parlementaire, et le Portugal est une république. Tous deux sont membres de l'Union européenne depuis 1986 – le niveau de vie, autrefois souvent très bas, en a été rehaussé.

Le climat chaud permet une grande variété de cultures, tels les orangers, citronniers, oliviers, melons et tournesols – sans oublier les chênes-lièges du Portugal et la vigne qui donne le xérès, le porto et autres bons vins. Les flottes de pêche rapportent surtout des sardines, du thon, des anchois et de la morue. Les plats traditionnels de ces régions comprennent des saucisses épicées, la paella (riz cuit avec des fruits de mer, du poulet, des légumes et de l'ail) et de délicieux amuse-gueules : les *tapas*.

La péninsule, riche en fer, charbon et cuivre, a développé des industries automobiles et textiles.

LE VIN DE PORTO
La ville de Porto, sur le Douro, a donné son nom au porto, ce vin portugais fort, sombre et sucré, qui vieillit dans des fûts de chêne et se boit hors des repas.

POLICE MONTÉE
Parade d'un corps de police espagnole à cheval. L'Espagne compte trois forces de police aux responsabilités différentes : la Guardia Civil, la police municipale et la police nationale.

LA CORDERIE
L'Espagne produit une grande quantité de fibres – coton, lin, chanvre et alfa – qui sont utilisées pour la fabrication de cordes, fils, tissus, textiles et papier.

DES FORÊTS POUR LE LIÈGE
Les chênes-lièges ont une écorce épaisse récoltée pour fabriquer notamment des bouchons en liège. Cette industrie traditionnelle est menacée par l'essor du plastique.

SUR LA PLAGE
Le tourisme a enrichi l'Espagne mais a eu un impact énorme sur l'environnement. Les hôtels s'alignent le long du littoral méditerranéen, et même les régions isolées sont envahies par les campings.

Le tourisme est une industrie majeure, et les Européens du Nord se pressent sur les plages de la Costa del Sol espagnole, de l'Algarve portugais, des îles Canaries et de Majorque (la plus grande des îles Baléares).

Un tiers des Portugais et plus de trois quarts des Espagnols habitent dans les villes, dont beaucoup possèdent des centres historiques aux imposants palais et cathédrales, souvent entourés par des banlieues industrielles. La capitale de l'Espagne, Madrid, est située au centre du pays, sur la chaude Meseta. La deuxième ville du pays, Barcelone, cité catalane, est un centre culturel et commercial très animé. Quant à Lisbonne, la capitale du Portugal, c'est un port de mer et une ville dynamique, sur la large embouchure du Tage.

PAELLA

NAVIGATEUR INTRÉPIDE
Ce groupe sculté honore Vasco de Gama (v. 1460-1524), pionnier de la navigation portugaise qui découvrit une nouvelle route vers l'est en contournant la pointe sud de l'Afrique.

L'INDUSTRIE ESPAGNOLE
L'Espagne est l'un des premiers producteurs européens de voitures : grâce aux usines de Madrid, de Barcelone, de Valence et de Saragosse, c'est la première exportation du pays.

La langue espagnole est aussi appelée castillan, car elle est issue de l'ancien royaume de Castille. Comme le portugais au Brésil, elle est parlée bien loin du territoire national, en Amérique latine, en raison d'une vaste expansion coloniale dans le passé. De nombreux autres dialectes et langues sont utilisés dans la péninsule Ibérique et ses îles.

Les Basques, un peuple très ancien au passé de marins qui vit au nord-est de la péninsule et en France, parlent l'euskara, une langue qui n'est apparentée à aucune autre. Les Galiciens, au nord-ouest, revendiquent des ancêtres celtes, et leur langue est proche du portugais. La Catalogne, centrée autour de Barcelone mais s'étendant aussi en Andorre et en France, possède sa propre langue, le catalan. Les Gitans (Tsiganes) ont influencé la danse et la musique d'Andalousie. Enfin, certains Canariens sont des descendants des Guanches, apparentés aux Berbères d'Afrique du Nord.

LA CORRIDA
Cette ancestrale tradition hispanique, qui voit un homme et un taureau s'affronter jusqu'à la mort, passionne les aficionados.

LES CÉRAMIQUES
La péninsule Ibérique est connue pour ses carreaux de céramique, qui embellissent la Plaza de España à Séville, construite en 1929 pour une exposition.

Les frontières nationales de la péninsule Ibérique ne correspondent pas à celles des peuples et des cultures. Les Basques, notamment, continuent de réclamer leur indépendance, ce qui a entraîné la délégation de certains pouvoirs du gouvernement central, sans faire cesser la violente campagne séparatiste au pays Basque.

La péninsule Ibérique possède un riche passé culturel. Citons le plus grand des poètes portugais, Camões (1524-1580), et Cervantès (1547-1616), auteur du classique espagnol *Don Quichotte,* sans oublier les peintres Vélasquez (1599-1660) et Goya (1746-1828) et l'architecte catalan Gaudí (1852-1926).

UNE ARCHITECTURE DE CONTES DE FÉES
L'exemple le plus connu du style d'architecture surréaliste d'Antonio Gaudí est l'église de la Sagrada Familia, à Barcelone. Il y a travaillé de 1884 jusqu'à sa mort, en 1926.

L'ALHAMBRA
Ce palais royal construit par les souverains maures de Grenade entre 1000 et 1400 est un témoignage éblouissant de l'art de vivre arabe à l'époque où l'Andalousie s'appelait al-Andalus

À COUP DE TOMATES ÉCRASÉES

La ville de Buñol, dans la province de Valence, dans l'est de l'Espagne, organise en août une fête originale : la Tomatina, au cours de laquelle les gens se bombardent de tomates !

La région est très catholique, et la vie quotidienne marquée par les fêtes où des statues de la Vierge et de saints sont portées dans les rues. D'autres fêtes célèbrent des batailles passées, sans oublier les foires, les courses de chevaux et les corridas. Le costume traditionnel est encore porté à ces occasions et, parmi les musiques folkloriques, dominent le flamenco passionné d'Andalousie et les chants nostalgiques du fado portugais.

L'ART À BILBAO

L'extérieur en titane du nouveau musée Guggenheim d'art moderne de Bilbao, au pays Basque, évoque des vagues déferlantes. Les collections présentent des œuvres du peintre d'origine espagnole Pablo Picasso (1881-1973).

LES JUPES TOURNOIENT

flamenco, passionné, se danse accompagné de guitare, parfois avec des castagnettes. Il vient des environs de Séville et de Cadix.

UNE FOI VIVANTE ET VOYANTE

La péninsule Ibérique est profondément catholique, et presque chaque village vénère un saint patron. Avant Pâques, la Semaine sainte est marquée par de nombreuses fêtes (fiestas) et processions.

À Altamira, dans le nord de l'Espagne, des peintures rupestres datant de 12000 av. J.-C. ont été découvertes. Plusieurs peuples ont occupé successivement la région, parmi lesquels les Ibères d'Afrique du Nord et les Celtes d'Europe, qui donnèrent les Celtibères, suivis par les Phéniciens, les Grecs, les Carthaginois et les Romains. De 200 av. J.-C. à 475, l'Espagne fit partie de l'Empire romain – ce qui explique que l'espagnol et le portugais soient deux langues issues du latin.

PEINTURES RUPESTRES
Les hommes préhistoriques d'Altamira peignirent les taureaux, sangliers et bisons qu'ils chassaient. Pour la couleur, ils utilisaient de l'ocre du sol et de la suie.

LE VRAI CID
Rodrigo Diaz, né à Burgos vers 1043, fut un soldat chrétien qui combattit surtout contre les Maures, mais parfois aussi pour eux. Il prit Valence en 1094 et devint célèbre sous le nom d'El Cid (de l'arabe sidi, *« seigneur »).*

Les envahisseurs suivants furent germaniques, surtout Vandales et Wisigoths. À partir de 711, les armées d'invasion maures – Berbères et Arabes – d'Afrique du Nord les repoussèrent à l'extrême nord du pays. Les régions gouvernées par les califes de Cordoue et de Grenade reçurent le nom arabe d'*al-Andalus* (devenu Andalousie), et de belles cités aux splendides palais et mosquées furent construites. Mais, du nord, les armées chrétiennes avaient entrepris une reconquête qui s'acheva en 1492 par la prise de Grenade.

En 1512, l'Espagne était unifiée, dominant aussi le Portugal de 1586 à 1646. Les deux pays menèrent l'exploration et la colonisation européennes des Amériques et commercèrent avec l'Afrique et l'Extrême-Orient. Pillant, combattant et commerçant dans le monde entier, ils devinrent riches et puissants.

Cependant, les guerres affaiblirent les deux pays et, vers 1800, leurs colonies américaines leur échappèrent.

Entre 1936 et 1939, l'Espagne fut déchirée par une guerre civile. Le dictateur fasciste Franco (1892-1975) gouverna jusqu'en 1975, date à laquelle l'Espagne redevint un royaume.

Le Portugal, lui aussi, connut la dictature, de 1926 à 1976. Après la « révolution des œillets », il abandonna ses dernières colonies africaines (Mozambique, Angola). La péninsule put alors réintéger le « concert des nations » et adhérer à l'Europe.

PHILIPPE II
Né en 1527, Philippe II fut l'un des rois d'Espagne les plus puissants. Il a marqué son époque, le « Siècle d'or ».

LE REBELLE
Vers 1800, l'Espagne perd son empire d'Amérique du Sud. L'Argentin José de San Martín (1778-1850) participe à la libération de son pays, du Chili et du Pérou.

DÉMOCRATIE AU PORTUGAL
Après bien des années de dictature, notamment avec Salazar (1933-1968), le Portugal a renoué avec la démocratie en 1976.

LISBONNE, 1755
Au XVIIIe siècle, la capitale portugaise était une cité prospère. En 1755, elle fut détruite par un terrible tremblement de terre, qui causa la mort de 10 000 personnes, de multiples inondations et incendies.

FERNAND DE MAGELLAN
Ce navigateur portugais au service de l'Espagne mit la voile pour les Amériques en 1519. Il fit route jusqu'au Pacifique mais fut tué aux Philippines en 1521. Son navire revint en Espagne après avoir fait pour la première fois le tour du monde.

LE DICTATEUR FRANCO
En 1936, Francisco Franco attaque le gouvernement espagnol. Après trois ans de guerre civile et aidé par l'Allemagne nazie, il arrive au pouvoir en 1939.

CHRONOLOGIE

Apr. J.-C.

264	Invasions germaniques.
711	Première invasion maure.
1085	Prise de Tolède par les chrétiens.
1086	Deuxième invasion maure (almoravide).
1143	Indépendance du royaume de Portugal.
1147	Troisième invasion maure (almohade).
1212	Défaite des Maures à Las Navas de Tolosa.
1278	Confirmation du statut d'Andorre.
1440	Expansion portugaise à l'étranger.
1479	Unification des royaumes de Castille et d'Aragon.
1492	Chute de Grenade, prise par les Rois Catholiques, Isabelle et Ferdinand ; découverte de l'Amérique par Christophe Colomb.
1516	Charles Quint (de la dynastie autrichienne des Habsbourg) devient roi d'Espagne.
1586	Domination espagnole sur le Portugal (jusqu'en 1646).
1701	Guerre de la Succession d'Espagne (jusqu'en 1713).
1713	Gibraltar devient britannique.
1807	Début de l'occupation française sur la péninsule Ibérique (jusqu'en 1814).
1919	Conflit avec les anarchistes à Barcelone.
1926	Dictature au Portugal (jusqu'en 1976).
1936	Guerre d'Espagne (jusqu'en 1939 et l'arrivée au pouvoir du dictateur Franco).
1975	L'Espagne devient une monarchie parlementaire.
1982	Les Basques réclament leur indépendance.
1986	Entrée de l'Espagne et du Portugal dans la CEE (future UE).

ITALIE,
SUISSE, AUTRICHE

Les Alpes sont les plus hautes montagnes d'Europe. Située à leur extrémité occidentale, la Suisse est un pays de lacs, de forêts, de prairies d'altitude et de sommets glacés. À l'est, on trouve le minuscule État du Liechtenstein. Quant aux hautes cimes autrichiennes, elles s'abaissent jusqu'aux plaines fertiles du Danube. Vers le sud, la péninsule italienne a la silhouette d'une botte qui se découpe dans la Méditerranée.

Dans le nord de l'Italie, les montagnes descendent jusqu'à une plaine basse traversée par le fleuve Pô. Une mosaïque de villes historiques et de campagnes cultivées depuis l'Antiquité mène jusqu'à la lagune de Venise. Ce sont aussi des plaines qui longent la frontière slovène, à l'est des Dolomites. L'arc des Apennins forme une « épine dorsale » qui marque la péninsule de ses pentes fertiles couvertes de vignes. Au sud, on trouve des plaines sèches et des collines broussailleuses. Les tremblements de terre et une certaine activité volcanique sont relativement fréquents.

La plupart des îles sont petites, comme Elbe, Ischia, Capri et les îles Lipari, et deux sont grandes, la Sardaigne et la Sicile. Entre la Sicile et l'Afrique se trouve Malte.

VENISE LA SÉRÉNISSIME
Venise est construite sur une lagune et traversée par des canaux. On ne peut s'y déplacer qu'à pied, en bateau-taxi ou en vaporetto.

PAYSAGE DE TOSCANE
En Toscane, des cités médiévales perchées dominent des plaines fertiles et des collines vallonnées. C'est un des plus beaux paysages qui soient au monde.

À SAVOIR

ITALIE
Repubblica Italiana
SUPERFICIE : 301 268 km^2
POPULATION : 57,4 millions
CAPITALE : Rome
AUTRES VILLES : Milan, Naples, Turin
POINT CULMINANT : mont Blanc (4 810 m)
LANGUE OFFICIELLE : italien
MONNAIE : euro

MALTE
Repubblika ta' Malta
SUPERFICIE : 316 km^2
POPULATION : 392 000
CAPITALE : La Valette
LANGUES OFFICIELLES : maltais, anglais
MONNAIE : livre maltaise

SAINT-MARIN
Repubblica di San Marino
SUPERFICIE : 61 km^2
POPULATION : 27 000
CAPITALE : Saint-Marin
LANGUE OFFICIELLE : italien
MONNAIE : euro

VATICAN
Stato della Città del Vaticano
SUPERFICIE : 0,44 km^2
POPULATION : 700
CAPITALE : Vatican
LANGUES OFFICIELLES : italien, latin
MONNAIE : euro

AUTRICHE
Republik Österreich
SUPERFICIE : 83 859 km^2
POPULATION : 8,1 millions
CAPITALE : Vienne
AUTRES VILLES : Graz, Linz, Salzbourg
POINT CULMINANT : Grossglockner (3 796 m)
LANGUE OFFICIELLE : allemand
MONNAIE : euro

LIECHTENSTEIN
Fürstentum Liechtenstein
SUPERFICIE : 160 km^2
POPULATION : 33 000
CAPITALE : Vaduz
POINT CULMINANT : Graupitz (2 599 m)
LANGUE OFFICIELLE : allemand
MONNAIE : franc suisse

LIECHTENSTEIN

AUTRICHE

SUISSE

VATICAN

MALTE

AU BORD DE LA MER
Les maisons du village de pêcheurs de Positano, sur la côte d'Amalfi, s'accrochent à un versant escarpé.

RÉSIDENCE ROYALE
Ce château est le domicile du prince de Liechtenstein dont il domine la capitale, Vaduz. Certaines parties du château datent de 1500.

SAINT-MARIN

ITALIE

LA CAPITALE MALTAISE
Depuis le XVIe siècle, les voyageurs qui entrent dans le port naturel de La Valette admirent le dôme de la cathédrale.

LE TYROL AUTRICHIEN
La province du Tyrol, dans l'ouest autrichien, est une région de riches pâturages montagneux, enfouis en hiver sous une épaisse couverture neigeuse.

CHALETS *Les chalets typiques des montagnes européennes offrent une bonne protection contre le froid grâce à l'emploi du bois, souvent marié à la pierre en partie basse.*

La Suisse est un pays neutre. La Croix-Rouge et l'Organisation mondiale de la santé y ont toutes les deux leur siège. La richesse helvétique vient des banques internationales, du tourisme et de la fabrication d'outils, de produits chimiques et de fromages. Le Liechtenstein voisin est une principauté démocratique. Il partage avec la Suisse sa monnaie et est aussi un centre bancaire et de sports d'hiver. L'Autriche est une république démocratique. Ses montagnes lui fournissent du bois et de l'hydroélectricité. Vienne, la capitale, est l'une des grandes cités historiques et culturelles d'Europe. Quant à la république italienne, elle occupe la péninsule, la Sardaigne et la Sicile. Sa capitale est Rome, sur le Tibre. L'Italie est un pays démocratique. Le traité de Rome, signé en 1957, a fondé la Communauté économique européenne (devenue aujourd'hui l'Union européenne).

UNE VILLE À LA MODE *Milan est la capitale italienne de la mode. Parmi ses grandes maisons figurent Gucci, Prada, Armani et Valentino.*

La partie la plus riche et la plus industrialisée d'Italie est le nord, relié au reste de l'Europe par des tunnels ferroviaires et routiers sous les Alpes. Le sud reste pauvre. Avec le temps, beaucoup de travailleurs italiens ont émigré vers l'Europe du Nord, les États-Unis, l'Argentine et l'Australie.

Près de 70 % des Italiens habitent aujourd'hui en ville, mais l'agriculture n'en reste pas moins importante.

RÉGATE À VENISE *En septembre, Venise commémore son histoire par une série de régates costumées. Gondoles, barges dorées et bateaux de course à rames emplissent alors le Grand Canal.*

À SAVOIR

SUISSE
Eidgenossenschaft Schweiz
– Confédération suisse –
Confederazione Svizzera
SUPERFICIE : 41 284 km²
POPULATION : 7,1 millions
CAPITALE : Berne
AUTRES VILLES : Zurich, Genève
POINT CULMINANT : Mont Rose (4 634 m)
LANGUES OFFICIELLES : allemand, français, italien
MONNAIE : franc suisse

L'OR SUISSE
Des lingots d'or s'empilent dans une banque de Zurich.

LE RADOUB
Sur les docks de Malte, autrefois voués à l'entretien de la marine britannique, tous les navires sont réparés.

On cultive le blé, le riz, le maïs, les oliviers et les tomates. Les vignobles de Toscane produisent des vins célèbres – l'Italie est le premier producteur de vin du monde. La cuisine, fondée sur les pâtes, le risotto, la polenta, la charcuterie ou les pizzas, est parmi les plus appréciées au monde.

L'Italie, qui possède peu de ressources minérales, a développé nombre d'industries prospères, comme le plastique, le textile, la mode, la maroquinerie, l'automobile, l'électroménager et l'informatique. Le tourisme date d'environ 500 ans et doit son succès aux sports d'hiver, aux plages ensoleillées, aux cités antiques, médiévales et Renaissance, ainsi qu'à des trésors artistiques d'une splendeur inégalée.

La république de Saint-Marin, dans les Apennins, est indépendante depuis 1631 et attire de nombreux touristes. Le Vatican, le plus petit État du monde, est enclos dans la ville de Rome et a pour souverain le pape, chef de l'Église catholique romaine. Ses musées ajoutent à la gloire de Rome.

Malte est située sur les anciennes voies de navigation qui traversent la Méditerranée. Cette république démocratique dépend du tourisme et des réparations navales.

LA PIZZA PARFAITE
Une pizza peut être garnie de sauce tomate, de fromage et de légumes, de poisson ou de fruits de mer.

LA NAISSANCE DU WEB
Au Laboratoire européen de physique des particules (CERN), en Suisse, un chercheur teste des aimants pour un nouvel accélérateur. L'une des applications secondaires de la recherche a été le Web et Internet.

LE PAPE POLONAIS
Jean-Paul II a été élu pape en 1978. Il était le premier non-Italien à occuper cette charge depuis 450 ans.

SAINT NICOLAS
Le 6 décembre, on fête le saint chrétien Nicolas. Dans la région suisse de Lucerne, ce jour est marqué par une procession de lanternes et des distributions de cadeaux.

Environ 65 % des Suisses parlent un dialecte régional allemand, 18 % parlent français, et, dans le sud, on peut entendre parler l'italien ainsi qu'une langue appelée romanche. Le pays est conservateur et fier de ses traditions. Genève est l'un des lieux de naissance de la religion protestante.

Le Liechtenstein est majoritairement catholique et germanophone ; la plupart de ses habitants vivent dans la capitale, Vaduz. L'Autriche est elle aussi germanophone. Ses campagnes sont parsemées de châteaux, d'églises catholiques et de monastères. Les villes possèdent une vieille tradition artistique, théâtrale et musicale – Wolfgang Amadeus Mozart (1756-1791) et Johann Strauss (1825-1899) étaient autrichiens.

L'italien, issu du latin de l'ancien Empire romain, est parlé dans toute l'Italie. Le dialecte sarde est considéré comme le plus proche du latin d'origine. Tout au nord, on trouve quelques locuteurs français, allemands et slovènes, et, dans les Dolomites, on peut entendre une langue appelée ladin (proche du romanche).

DES CHEVAUX PRODIGES
L'École espagnole d'équitation de Vienne rappelle l'époque des Habsbourg en faisant réaliser des exercices d'élégance en musique à des chevaux lipizzans blancs.

Les Italiens descendent de peuples très divers, occupants et envahisseurs, parmi lesquels les anciennes tribus italiennes, les Étrusques, les Grecs, les Romains, les Celtes, les Goths, les Vandales, les Lombards, les Sardes et les Normands. Aujourd'hui, l'identité italienne se définit plus par rapport à la ville ou à la région que par rapport aux ancêtres.

AUTRICHE CATHOLIQUE
Il y a 300 ans environ, la ferveur du catholicisme autrichien a inspiré des architectes qui ont érigé de superbes églises et monastères dans un style très orné appelé baroque.

PAVAROTTI
L'italien est la langue de l'opéra. Luciano Pavarotti a ouvert la musique classique à un large public en formant le groupe des « Trois ténors » avec Placido Domingo et José Carreras.

SAINT FRANÇOIS D'ASSISE (v. 1181-1226) *En 1205, il renonce à sa fortune pour se faire moine et travailler avec les pauvres. Il prêche l'amour de toutes les créatures et fonde l'ordre des Franciscains. (Frères mineurs), puis, avec sa disciple Claire d'Assise, celui des clarisses.*

DANTE ALIGHIERI
Né en 1265, le grand poète italien exposa sa vision du paradis et de l'enfer dans La Divine comédie.

La vie traditionnelle italienne reste très influencée par l'Église catholique et la famille. De nombreuses fêtes colorées ont lieu en l'honneur de saints ou de la Semaine sainte.

L'Italie a sans doute contribué plus que tout autre pays à la civilisation européenne. La Rome antique, très influencée par la Grèce ancienne, était un centre littéraire, artistique et philosophique autant que juridique et technique. Plus tard, les villes-États italiennes ont donné naissance à de grands poètes comme Dante (1265-1321), artistes comme Michel-Ange (1475-1564) et Léonard de Vinci (1452-1519), ou compositeurs comme Monteverdi (1567-1643) – l'opéra est encore très populaire et suscite la même passion que le football.

La vie à Malte a été fortement influencée par les traditions italiennes et par la mer. Les Maltais descendent des divers peuples qui, à un moment ou l'autre, sont passés par leurs îles – Grecs, Phéniciens, Arabes, Normands, Anglais et bien sûr Italiens.

LA MAGIE DU FOOTBALL
Les clubs de football italiens attirent les joueurs du monde entier. Le Brésilien Ronaldo entre ici en jeu pour l'Inter de Milan.

LA CROIX DE MALTE
La croix de Malte est l'insigne des chevaliers de Saint-Jean, ordre religieux guerrier basé à Malte de 1530 à 1798.

LE CARNAVAL
De tous les carnavals du monde, celui qui a lieu à Venise avant le carême est le plus élégant. Les gens se déguisent (beaucoup avec des costumes du XVIIIe siècle) et défilent dans la ville. À l'origine, le carnaval durait deux mois !

ART CELTE
Cette figurine à la roue a été trouvée à Hochdorf, en Autriche, Elle date de 500 av. J.-C. environ.

Au Moyen Âge, l'Autriche faisait partie du Saint Empire romain germanique. Elle devint une grande puissance sous le règne des Habsbourg, à partir de 1282, et son influence s'étendit jusqu'en Europe centrale. Vers 1800, après les guerres napoléoniennes, le pouvoir autrichien s'affaiblit et le pays devint une république en 1918.

MARIE-THÉRÈSE
Née en 1717, Marie-Thérèse fut l'un des monarques les plus avisés d'Autriche. Elle mourut en 1780.

La Suisse fut fondée aux XIIIe et XIVe siècles par l'unification de cantons désireux de se débarrasser de la domination autrichienne. Elle est restée neutre pendant toutes les guerres, depuis 1815. Le Liechtenstein est né en 1719 avec l'achat par un prince autrichien de deux minuscules États (Vaduz et Schellenberg) du Saint Empire. Il est devenu une principauté indépendante en 1866.

En Italie, la légende veut que Rome ait été fondée en 753 av. J.-C. À cette date, les Étrusques régnaient sur le centre du pays, et des colonies grecques s'étaient installées dans le sud. Les Romains renversèrent le pouvoir étrusque en 509 av. J.-C., puis conquirent le reste de l'Italie et triomphèrent de leur puissant rival, Carthage, sur la côte d'Afrique du Nord, fondant un vaste empire qui allait de l'Espagne à la Syrie. Vers 476, la moitié ouest de cet empire, dont l'Italie, fut occupée par des envahisseurs germaniques.

L'Italie resta divisée pendant 1 400 ans et subit les invasions des Lombards et des Byzantins. Les Normands se taillèrent des royaumes dans le sud, tandis que le nord était dominé par les empereurs germaniques. La ville de Rome, cependant, siège de l'Église catholique romaine, conserva sa puissance comme centre du monde chrétien.

DANS L'ARÈNE
Les Romains aimaient les spectacles cruels. Dans des arènes comme le Colisée, à Rome, dont les ruines sont encore debout, la foule assistait à des combats à mort entre gladiateurs (esclaves entraînés ou prisonniers de guerre). Des esclaves étaient opposés à des animaux sauvages – et des cris d'approbation s'élevaient si l'un d'entre eux était lacéré.

PIÈCES ROMAINES
Bien avant la monnaie unique européenne, toute l'Europe utilisait déjà les mêmes pièces – celles de l'Empire romain.

LA COLONNE TRAJANE
Achevé en 113, ce monument de marbre retrace les triomphes de l'empereur romain Trajan (53-117).

SALZBOURG
La cité autrichienne de Salzbourg est dominée par le château médiéval et la cathédrale, construite entre 1614 et 1688.

CATHERINE DE MÉDICIS
La puissante famille des Médicis gouverna Florence, puis la Toscane, entre 1400 et 1700 environ. Catherine de Médicis (1519-1589) épousa Henri II, le roi de France.

Plusieurs républiques se développèrent dans le nord, au Moyen Âge, et devinrent des centres commerciaux. Florence vit fleurir les arts et les sciences pendant l'époque brillante appelée Renaissance.

L'Italie connut les dominations française, espagnole et autrichienne. Au XIXe siècle grandit le mouvement d'unification mené par Giuseppe Garibaldi (1807-1882). En 1871 seulement, l'Italie fut un pays unifié.

L'Italie soutint les Alliés pendant la Première Guerre mondiale, puis tomba sous l'autorité d'un dictateur fasciste, Benito Mussolini. Il s'allia avec l'Allemagne durant la Seconde Guerre mondiale et fut vaincu en 1945 par les Alliés, après des combats sanglants.

Après la guerre, l'Italie fut reconstruite. Elle connaît un fort déséquilibre de développement entre nord et sud, et subit les méfaits de la Mafia.

LA MAFIA JUGÉE
Les chefs de la Mafia, organisation criminelle basée en Sicile, ont été longtemps protégés par des policiers et des politiciens corrompus.

GARIBALDI
En 1860, Garibaldi entame, avec ses 1 000 « chemises rouges », une campagne militaire pour unifier l'Italie. Il céda le royaume des Deux-Siciles à Victor-Emmanuel, qui devint peu après roi de l'Italie unifiée.

CHRONOLOGIE

Apr. J.-C.

117 Extension maximale de l'Empire romain.

568 Invasion lombarde dans le nord de l'Italie.

917 Prise de la Sicile par les Arabes.

1090 Invasion normande à Malte et en Sicile.

1291 Trois cantons mettent en commun leurs moyens de défense pour fonder la Confédération suisse.

1450 Apogée de la Renaissance.

1494 Invasion française en Italie.

1530 Les chevaliers de Saint-Jean (Malte) combattent les Turcs.

1631 Indépendance de Saint-Marin.

1719 Indépendance du Liechtenstein.

1798 Prise de Malte par la France.

1800 Royaume français d'Italie (jusqu'en 1815); prise de Malte par la Grande-Bretagne.

1848 Échec de la révolution pour mettre fin à la domination autrichienne.

1859 L'Autriche perd l'essentiel de ses possessions italiennes.

1860 Libération de la Sicile par les patriotes de Garibaldi.

1861 Unification de l'Italie.

1915 L'Italie rejoint les Alliés dans la Première Guerre mondiale (jusqu'en 1918).

1922 Mussolini, le Duce, prend le pouvoir en Italie.

1938 Annexion de l'Autriche par l'Allemagne.

1940 L'Italie entre dans la Seconde Guerre mondiale au côté de l'Allemagne ; Mussolini est abattu par des résistants en 1945.

1957 Traité de Rome. L'Italie est membre fondateur de la CEE (future UE).

1964 Indépendance de Malte.

1971 Les femmes obtiennent le droit de vote en Suisse.

1995 Entrée de l'Autriche dans l'UE.

EUROPE CENTRALE ET MER BALTIQUE

Le nord de l'Europe centrale est baigné par la mer Baltique. Le littoral offre un paysage de dunes, de marais, de landes et de forêts. L'Estonie et la Lettonie sont situées sur les golfes de Finlande et de Riga, tandis que le littoral de la Lituanie se prolonge au sud par Kaliningrad, une enclave russe. Après la baie de Gdansk, la côte baltique se poursuit vers l'ouest et l'Allemagne.

La majeure partie de l'Europe centrale, loin de la mer, a un climat continental, chaud et ensoleillé l'été, et aux hivers longs et froids. La Pologne forme une immense plaine qui s'étend jusqu'en Biélorussie et en Russie. Certaines régions sont très boisées et trouées de lacs ; d'autres, cultivées ou industrialisées. Dans le sud du pays, le terrain monte vers les montagnes des frontières tchèque et slovaque.

Les montagnes des Sudètes longent la frontière nord de la République tchèque et, au sud-est, la forêt de Bohême franchit la frontière allemande. Les campagnes tchèques se composent de collines boisées et de champs vallonnés, drainés par la Vltava, l'Elbe et la Morava. La Slovaquie est plus montagneuse, et les Tatras y descendent jusqu'aux plaines fertiles des rives du Danube. Le nord de la Hongrie est un pays de collines ; le sud-est forme une vaste plaine au riche sol noir, idéal pour l'agriculture.

PRIENAI, LITUANIE
Deux Lituaniens sur trois sont des citadins. Les ruraux cultivent des pommes de terre, des betteraves ou du seigle, et élèvent des porcs et des poulets.

BUDAPEST
Le splendide Parlement est au centre de la capitale hongroise, qui enjambe le Danube.

À SAVOIR

RÉP. TCHÈQUE
Ceská Republika
SUPERFICIE : 78 864 km²
POPULATION : 10,3 millions
CAPITALE : Prague
AUTRES VILLES : Brno, Ostrava
POINT CULMINANT : Snezka (1 602 m)
LANGUE OFFICIELLE : tchèque
MONNAIE : couronne

ESTONIE
Eesti Vabariik
SUPERFICIE : 45 100 km²
POPULATION : 1,5 million
CAPITALE : Tallinn
AUTRES VILLES : Tartu, Kohtla-Järve
POINT CULMINANT : Munamagi (318 m)
LANGUE OFFICIELLE : estonien
MONNAIE : couronne estonienne

HONGRIE
Magyar Köztársaság
SUPERFICIE : 93 032 km²
POPULATION : 10,2 millions
CAPITALE : Budapest
AUTRES VILLES : Debrecen, Miskolc
POINT CULMINANT : Mont Kékes (1 015 m)
LANGUE OFFICIELLE : hongrois
MONNAIE : forint

LETTONIE
Latvija – Latvijas Republika
SUPERFICIE : 64 600 km²
POPULATION : 2,5 millions
CAPITALE : Riga
AUTRES VILLES : Jelgava, Daugavpils
POINT CULMINANT : Gaizina (311 m)
LANGUE OFFICIELLE : letton
MONNAIE : lats

LE LAC BALATON
Le plus grand lac d'Europe centrale, au sud-ouest de Budapest, dans la région viticole de Hongrie, est entouré de vergers et de fermes. En hiver, ses eaux peu profondes gèlent.

LITUANIE

ESTONIE

LETTONIE

POLOGNE

RÉPUBLIQUE TCHÈQUE

ROCHER VERTIGINEUX
Le Pravicky Cone, un rocher érodé en pilier, se dresse dans le nord de la Bohême, région montagneuse de la République tchèque.

HONGRIE

SLOVAQUIE

LA BOHÊME
À l'ouest de la République tchèque, la Bohême est une région boisée que traverse l'Elbe. Villes et villages sont anciens et pleins de charme.

DANS LES TATRAS
Les montagnes qui séparent la Pologne de la Slovaquie sont le domaine du chamois des Tatras (à droite) et du souslik d'Europe.

De 1940 à 1989, les États baltes ont fait partie de l'Union soviétique, et l'Europe centrale a été dirigée par des gouvernements communistes pro-soviétiques. Aujourd'hui, la région s'est libérée de l'influence russe, les élections sont pluripartites, et l'économie est liée à l'Union européenne. Tous les pays sont des républiques. Jusqu'en 1993, la République tchèque et la Slovaquie ne formaient qu'un seul État, la Tchécoslovaquie.

Les États baltes manquent de ressources minérales et doivent importer pour soutenir leur industrie – chimie, textile et machines. Les forêts fournissent du bois pour la fabrication de papier et d'allumettes, mais nombre d'usines sont vieilles. L'agriculture se limite aux cultures de base et à l'élevage de porc.

La Pologne possède des réserves de charbon, soufre, cuivre, argent, plomb, sel et gaz naturel. La construction navale est l'une des premières industries de la côte balte, et le pays produit aussi des véhicules, des machines et des chaussures. Outre le blé et le seigle, la principale culture est la pomme de terre.

Quand la Tchécoslovaquie s'est divisée, les industries – verre et sidérurgie – étaient pour la plupart du côté tchèque, de sorte que la Slovaquie dépend plus de l'agriculture. La Hongrie a des réserves de bauxite, charbon et gaz, et son industrie est vouée aux produits chimiques, aux plastiques, à l'aluminium, aux véhicules et à l'lectroménager. Ses vergers fournissent des fruits.

LE GOÛT DU PAPRIKA
Le fruit rouge d'une plante de type poivron est séché et moulu pour obtenir du paprika, une épice poivrée utilisée dans des plats comme le goulache hongrois.

DES CULTURES DE BASE
En Europe centrale, les cultures de base pour l'alimentation quotidienne sont le blé et le seigle, pour faire du pain, et les pommes de terre.

EN MARCHE
Ces soldats lituaniens défilent le jour anniversaire de l'indépendance, acquise en 1991.

VISITER L'EUROPE CENTRALE
Le tourisme se développe vite en Pologne, en Hongrie et en République tchèque. Ici, des visiteurs admirent une chute d'eau à Souteska, dans le nord de la Bohême.

LE VIEUX PRAGUE
La capitale tchèque est riche de beaux bâtiments anciens datant des XIVe et XVe siècles, lorsque la ville était le centre du royaume de Bohême, ainsi que de l'époque baroque.

L'ÉLEVAGE
L'élevage porcin est très répandu en Lituanie et en Estonie, où le jambon constitue une exportation majeure, au même titre que les produits laitiers bovins.

DES CERISES
Les vergers hongrois produisent de bonnes cerises, idéales pour le clafoutis et la confiture.

DES ŒUFS FRAIS
Dans les villages, les familles profitent d'œufs de poules élevées en plein air.

À SAVOIR

LITUANIE
Lietuva, Lietuvos Respublika
SUPERFICIE : 65 200 km²
POPULATION : 3,7 millions
CAPITALE : Vilnius
AUTRES VILLES : Kaunas, Klaipeda
POINT CULMINANT : Juozapines (292 m)
LANGUE OFFICIELLE : lituanien
MONNAIE : litas

POLOGNE
Rzeczpospolita Polska
SUPERFICIE : 323 250 km²
POPULATION : 38,6 millions
CAPITALE : Varsovie
AUTRES VILLES : Lódz, Cracovie, Wroclaw
POINT CULMINANT : mont Rysy (2 499 m)
LANGUE OFFICIELLE : polonais
MONNAIE : zloty

SLOVAQUIE
Slovenská Republika
SUPERFICIE : 49 012 km²
POPULATION : 5,4 millions
CAPITALE : Bratislava
AUTRE VILLE : Kosice
POINT CULMINANT : Gerlachovsky (2 656 m)
LANGUE OFFICIELLE : slovaque
MONNAIE : couronne

L'Europe centrale est célèbre pour sa cuisine comme le goulache hongrois (ragoût de viande à la crème aigre, aux oignons et au paprika) et les *pierogi* polonais (chaussons fourrés aux champignons et à la viande). Côté boissons, on a le choix entre les vodkas polonaises, les bières tchèques et les vins hongrois.

Le tourisme est en plein essor. Parmi les principaux centres d'intérêt, citons les vieilles villes de Cracovie, de Prague et de Budapest, les monts Tatras et les stations thermales tchèques.

VILLES D'EAUX HONGROISES
Les sources chaudes de Miskolc, dans le nord de la Hongrie, peuvent atteindre 30 °C. Riche en minéraux, cette eau est réputée guérir de nombreux maux.

CONSTRUCTION NAVALE
Réparation et construction navales sont des industries traditionnelles de la côte balte, surtout dans le port polonais de Gdánsk (l'ancien Dantzig).

PRÊTS POUR LA FÊTE
En Pologne, on porte les habits traditionnels pour les fêtes. De couleurs vives, les costumes folkloriques d'Europe centrale arborent de belles broderies.

TOUJOURS SUR LA ROUTE
Les roulottes peintes traditionnelles des Rom (Tsiganes) sont aujourd'hui rares. En Europe centrale, seuls 10 % des Rom sont encore nomades.

À l'est de la mer Baltique vivent les Estoniens, les Lettons et les Lituaniens, qui ont chacun leur propre langue. L'estonien est apparenté au finnois et au hongrois. Pendant les années de domination soviétique, de nombreux Russes, Ukrainiens et Biélorusses sont aussi venus s'installer ici.

Les Polonais, les Tchèques et les Slovaques sont des Slaves qui parlent des langues très proches. Les Magyars, qui ont envahi le sud de l'Europe centrale il y a 1 200 ans, représentent environ 90 % de la population hongroise totale, avec de petits groupes d'Allemands et de Tchèques, de Serbes, de Croates et de Roumains.

CORDES PINCÉES
La cithare, instrument de la musique folklorique d'Europe centrale, a une caisse de résonance plate, et ses cordes sont pincées avec les doigts ou un plectre.

MARIE CURIE
Marie Sklodowska (1867-1934), physicienne française d'origine polonaise, prix Nobel de physique et de chimie, a fait des recherches sur la radioactivité et isolé le polonium et le radium.

UNE THÉORIE NOUVELLE
L'astronome polonais Nicolas Copernic (1473-1543) élabora une théorie révolutionnaire pour son époque : c'est le Soleil, et non la Terre, qui est au centre de notre univers.

DES CAVALIERS-NÉS
L'équitation, qui faisait déjà partie de la vie des Magyars avant qu'ils ne s'installent en Hongrie, reste de nos jours une tradition vivante.

CATHOLIQUE POLOGNE
Les églises font partie intégrante des paysages polonais depuis 966, date à laquelle le pays est devenu chrétien. Environ 95 % des Polonais sont catholiques.

L'Europe centrale possède aussi une importante population rom (tsigane), qui souffre du racisme depuis longtemps. Les juifs, quant à eux, souvent victimes de pogroms, ont été exterminés dans les camps de la mort lorsque la région était sous le joug nazi, durant la Seconde Guerre mondiale.

L'Europe centrale est surtout chrétienne, et l'Église catholique romaine est puissante en Pologne. Le monastère de Jasna Góra, à Czestochowa, attire des pèlerins qui viennent adorer une icône (ou image sainte) : la Vierge noire.

La région a beaucoup contribué à la culture européenne. Le compositeur Frédéric Chopin (1810-1849) était polonais, et Antonín Dvorák (1841-1904), tchèque. Tout l'art musical classique a été influencé par les musiques et danses folkloriques d'Europe centrale.

COQUILLES D'ŒUFS PEINTES
Les coquilles d'œufs peintes à la main s'exposent à Budapest. Cette ancienne tradition de Pâques en Europe centrale et orientale est devenue un art populaire.

NATIONALITÉ MIXTE
Pharmacie décorée de céramique, à Sopron. Cette ville-frontière, autrichienne après la Première Guerre mondiale, vota pour le retour en Hongrie en 1924.

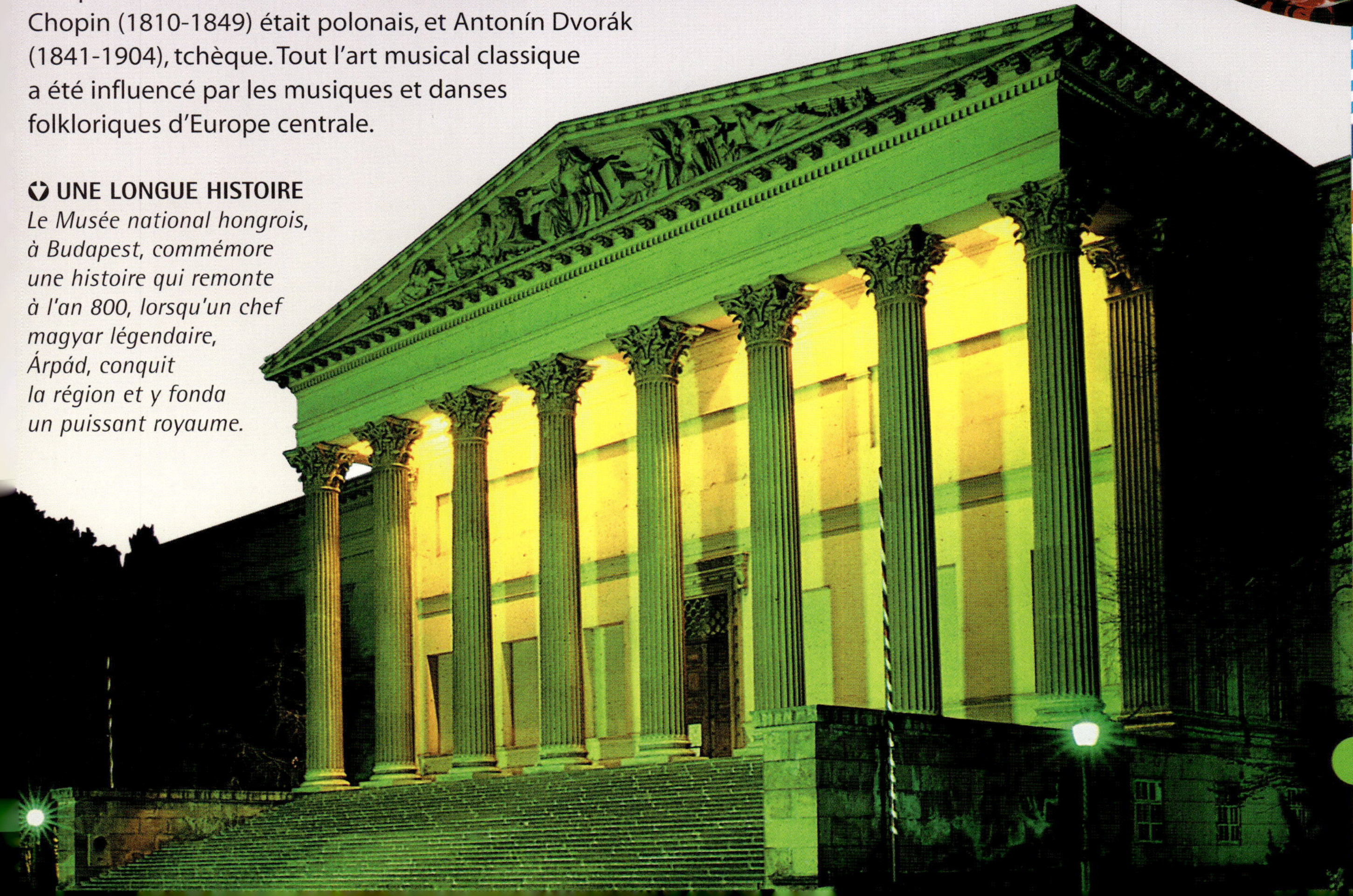

UNE LONGUE HISTOIRE
Le Musée national hongrois, à Budapest, commémore une histoire qui remonte à l'an 800, lorsqu'un chef magyar légendaire, Árpád, conquit la région et y fonda un puissant royaume.

CONTRE LE PRINTEMPS DE PRAGUE, EN 1968
Après une tentative de réforme politique du gouvernement tchèque, les chars soviétiques marchent sur la Tchécoslovaquie.

Les plaines entre l'ouest et l'est de l'Europe, difficiles à défendre, n'ont cessé d'être envahies d'un côté comme de l'autre – la Pologne a vu ses frontières changer plus souvent que n'importe quel autre pays et ses populations déplacées.

UNE FORTERESSE
La cité de Kaunas, en Lituanie, s'est équipée de solides défenses au cours de sa longue histoire guerrière.

Il y a 2 700 ans, les Celtes étaient prospères dans les régions tchèques et slovaques, et dans une partie de la Hongrie. Ils furent supplantés par des tribus germaniques, puis par les peuples slaves, qui finirent par contrôler la majeure partie de l'Europe centrale, de la Baltique au Danube. Vers 800, les plaines de Hongrie furent envahies par les Magyars, de féroces guerriers à cheval venus de l'est.

Au Moyen Âge se développèrent les royaumes de Pologne (réunie à la Lituanie en 1382), de Bohême (avec pour capitale Prague) et de Hongrie. Ils subirent à l'est les attaques des Tatars et des Turcs, et, à l'ouest, jusqu'en Pologne et autour de la Baltique, celles des Chevaliers teutoniques, venus d'Allemagne.

PAR LA FENÊTRE
Un attentat perpétré à Prague en 1618 marqua le début de la guerre de Trente Ans : les envoyés de l'empereur catholique furent jetés par la fenêtre par les nobles bohémiens qui étaient protestants et avaient choisi d'être plutôt gouvernés par un prince allemand protestant. Deux ans plus tard, les forces catholiques écrasèrent les Bohémiens à la bataille de la Montagne-Blanche.

LES MAGYARS
Vers 800, des hordes de guerriers nomades, les Magyars, surgirent de Russie à travers l'Oural et conquirent les plaines de Hongrie.

L'Empire autrichien s'étendant vers l'est engloba la Bohême au XVIe et la Hongrie au XVIIIe siècle. La Pologne et les États baltes furent envahis par les grandes puissances d'alors – la Suède, la Russie, l'Autriche et la Prusse.

Après la Première Guerre mondiale, les nations d'Europe centrale redevinrent indépendantes, mais l'invasion allemande de la Seconde Guerre mondiale allait apporter terreur et destructions dans la région. L'Europe centrale fut finalement libérée par l'action conjuguée des partisans et de l'armée soviétique.

Les gouvernements communistes d'après-guerre étaient tous contrôlés par l'Union soviétique. Seul l'effondrement de celle-ci, en 1991, allait marquer l'ouverture d'une nouvelle ère en Europe centrale ainsi que dans les États baltes.

LES TRAVAILLEURS UNIS
En 1980, un syndicat appelé Solidarité fut fondé en Pologne. Il défia l'autorité du gouvernement communiste par une série de grèves aux chantiers navals de Gdánsk. Le chef de Solidarité, Lech Walesa, devint président de Pologne en 1990.

LA SLOVAQUIE INDÉPENDANTE
Ce monument, à Bankska Bystrica, célèbre l'indépendance slovaque, obtenue alors que le pays faisait partie de la Tchécoslovaquie.

DE GARDE
Un soldat monte la garde devant le château de Prague, qui fut le cœur du puissant royaume médiéval de Bohême.

CHRONOLOGIE

Apr. J.-C.

500	Occupation slave de l'Europe centrale.
800	Occupation magyare de la Hongrie.
1237	Invasions tatares (jusqu'en 1242).
1569	Association de la Pologne, la Prusse, la Lituanie et la Livonie (Lettonie).
1618	Guerre de Trente Ans.
1648	Occupation de territoires polonais par la Russie et la Suède.
1699	Domination autrichienne sur la Hongrie.
1772	Partage de la Pologne entre la Russie, l'Autriche et la Prusse.
1848	Révolte en Hongrie contre la domination autrichienne.
1914	Première Guerre mondiale (jusqu'en 1918) : l'Allemagne et l'Autriche envahissent la Pologne.
1918	Indépendance de la Lituanie, la Pologne, la Hongrie et la Tchécoslovaquie.
1920	Indépendance de la Lettonie.
1921	Indépendance de l'Estonie.
1939	Seconde Guerre mondiale (jusqu'en 1945) : l'Union soviétique annexe les États baltes en 1940 ; l'Allemagne envahit l'Europe centrale et la Baltique ; les juifs sont exterminés ; l'Union soviétique repousse les forces allemandes.
1948	Prise du pouvoir par les communistes en Europe centrale.
1956	Soulèvement anti-soviétique en Hongrie.
1968	Les réformes tchèques sont écrasées par l'Union soviétique.
1990	Élections démocratiques en Europe centrale.
1991	Reconnaissance de l'indépendance des États baltes.
1993	Séparation des États tchèque et slovaque.

PÉNINSULE BALKANIQUE

La péninsule balkanique s'avance dans la Méditerranée depuis l'Europe centrale et orientale. Large au nord, entre les îles de l'Adriatique et le delta marécageux du Danube, sur la mer Noire, elle se rétrécit ensuite entre les mers Ionienne et Égée, où elle se brise en formant des promontoires déchiquetés et les archipels grecs.

TORTUE D'HERMANN

La seule grande plaine est au nord, et le reste de la région est montagneux : Carpates, Alpes de Transylvanie, Alpes Dinariques, Balkans, Rhodope et Pinde. La plus vaste des îles grecques, la Crète, est dominée par le mont Ida (2 456 m).

Les hivers peuvent être froids et neigeux dans le nord, mais sont plus doux dans le sud. Les étés sont chauds et secs, souvent torrides en Grèce. Les forêts du nord font place au sud à des rochers couverts de broussailles et à des oliveraies. Les pays balkaniques occupent une zone de tremblements de terre très active.

Les pays balkaniques possèdent de vastes zones isolées, forestières et montagneuses, où vivent des loups, des ours bruns et des sangliers. Les régions plus chaudes abritent des serpents et des lézards. Mais beaucoup d'espèces rares sont aujourd'hui menacées d'extinction, au fur et à mesure que les forêts sont abattues et que les stations touristiques sont construites.

MONT TRIGLAV

Le pic slovène du Triglav, spectaculaire, se dresse à 2 863 m. Il fait partie des Alpes Juliennes, à la frontière autrichienne, à 65 km au nord-ouest de la capitale slovène, Ljubljana.

À SAVOIR

ALBANIE
Republika e Shqipërisë
SUPERFICIE : 28 748 km^2
POPULATION : 3 millions
CAPITALE : Tirana
AUTRES VILLES : Durrës, Shkodër, Elbasan
POINT CULMINANT : Korab (2 751 m)
LANGUE OFFICIELLE : albanais
MONNAIE : lek

BOSNIE-HERZÉGOVINE
Republika Bosnia e Hercegovina
SUPERFICIE : 51 129 km^2
POPULATION : 4 millions
CAPITALE : Sarajevo
AUTRES VILLES : Banja Luka, Mostar
POINT CULMINANT : Maglic (2 386 m)
LANGUE OFFICIELLE : serbo-croate
MONNAIE : marka

BULGARIE
Republika Bulgaria
SUPERFICIE : 110 912 km^2
POPULATION : 8 millions
CAPITALE : Sofia
AUTRES VILLES : Plovdiv, Varna, Burgas
POINT CULMINANT : Musala (2 925 m)
LANGUE OFFICIELLE : bulgare
MONNAIE : lev

CROATIE
Republika Hrvatska
SUPERFICIE : 56 500 km^2
POPULATION : 4,4 millions
CAPITALE : Zagreb
AUTRES VILLES : Split, Rijeka
POINT CULMINANT : Troglav (1 913 m)
LANGUE OFFICIELLE : serbo-croate
MONNAIE : kuna

GRÈCE
Elliniki Dimokratia
SUPERFICIE : 131 957 km^2
POPULATION : 10,9 millions
CAPITALE : Athènes
AUTRES VILLES : Thessalonique, Larissa
POINT CULMINANT : mont Olympe (2 917 m)
LANGUE OFFICIELLE : grec
MONNAIE : euro

TRAVAILLEURS SLOVÈNES
La Slovénie a échappé au pire pendant les conflits des dernières années. Elle espère beaucoup de son adhésion à l'Union européenne.

CROATIE

PÉLICANS
Les pélicans frisés blancs se reproduisent dans les pays balkaniques.

SLOVÉNIE

BOSNIE-HERZÉGOVINE

ALBANIE

ROUMANIE

LES MÉTÉORES
Dans les Météores, en Grèce continentale, des piliers rocheux se dressent jusqu'à 550 m. Beaucoup sont surmontés d'un monastère. Les plus anciens édifices datent des années 1100.

BULGARIE

MACÉDOINE

GRÈCE

SERBIE-ET-MONTÉNÉGRO

L'EST DE L'ADRIATIQUE
Le superbe littoral dalmate a attiré beaucoup de visiteurs dans les années 1970 et 1980. À partir de 1990, la guerre entre Croates et Serbes y a fait des ravages.

UNE CAPITALE
Bucarest, sur les rives de la Dîmbovita, est devenue la capitale de la Valachie en 1698, puis de la Roumanie en 1861.

CROATES CONTRE SERBES
Un vieux Croate tresse un panier en rotin. Entre 1991 et 1995, la Croatie a combattu les Serbes en Yougoslavie et en Bosnie – beaucoup de Serbes qui vivaient en Croatie ont fui le pays.

Au début des années 1990, une terrible guerre civile éclata lorsque la Fédération de Yougoslavie communiste se divisa en plusieurs pays. Aujourd'hui, la région est découpée en Slovénie, Croatie, Bosnie-Herzégovine, Serbie-et-Monténégro et Macédoine. La Slovénie fut ensuite acceptée par l'Union européenne.

En Roumanie, la population renversa le dictateur communiste Nicolae Ceausescu (1918-1989) en 1989. L'autorité communiste s'effondra en Bulgarie en 1990 et en Albanie en 1992.

De nombreux peuples habitent la péninsule balkanique : Serbes, Croates, Slovènes, Monténégrins, Roumains, Bulgares, Turcs, Rom (Tsiganes), Albanais et Grecs. L'histoire politique de la région est très troublée, notamment à cause de l'indifférence et des divisions subies au cours des siècles de domination des empires autrichien et ottoman (turc).

LA SOUDEUSE
Les industries métallurgiques serbes sont basées à Pancevo, Kragujevac et Niö. La capitale, Belgrade, est un centre de mécanique lourde et légère. La production a continué malgré le conflit politique et les guerres des années 1990.

À SAVOIR

MACÉDOINE
(ancienne République yougoslave de Macédoine)
Republika Makedonija
SUPERFICIE : 25 713 km²
POPULATION : 2 millions
CAPITALE : Skopje
AUTRES VILLES : Bitola, Prilep
POINT CULMINANT : Korab (2 751 m)
LANGUE OFFICIELLE : macédonien
MONNAIE : dinar

ROUMANIE
România
SUPERFICIE : 238 391 km²
POPULATION : 22,4 millions
CAPITALE : Bucarest
AUTRES VILLES : Brasov, Constantza
POINT CULMINANT : Moldoveanu (2 543 m)
LANGUE OFFICIELLE : roumain
MONNAIE : leu

SLOVÉNIE
Republika Slovenija
SUPERFICIE : 20 256 km²
POPULATION : 2 millions
CAPITALE : Ljubljana
AUTRES VILLES : Maribor, Jesenice
POINT CULMINANT : Triglav (2 863 m)
LANGUE OFFICIELLE : slovène
MONNAIE : tolar

SERBIE-ET-MONTÉNÉGRO
Savezna Republika Jugoslavija
SUPERFICIE : 102 173 km²
POPULATION : 10,6 millions
CAPITALE : Belgrade
AUTRES VILLES : Novi Sad, Niö
POINT CULMINANT : Daravica (2 656 m)
LANGUE OFFICIELLE : serbo-croate
MONNAIE : dinar

MOISSONS OCÉANIQUES
Les calmars et les poulpes sont très présents dans la cuisine grecque. On les sert dans les restaurants et les bars de la côte, pendant les mois d'été.

DES PÉTALES À VENDRE
L'essence de rose est une production importante du district bulgare de Kazanlak, voué à la production de parfums.

La Grèce a connu bien des difficultés, dont une période de dictature militaire entre 1967 et 1973 et un long conflit avec son voisin de l'est, la Turquie, et la nouvelle république slave de Macédoine, à sa frontière nord.

La crise politique des années 1990 a perturbé l'économie des pays balkaniques. La Grèce, membre de l'Union européenne depuis 1981, est l'un des rares pays à avoir pu se développer en paix.

Le climat convient à la culture des fruits, tels les citrons et les olives dans le sud, les prunes dans le nord, les pastèques, le maïs, les tournesols, le tabac… La Bulgarie cultive des roses pour la parfumerie. Les Balkans produisent aussi du fer et de l'acier, des produits chimiques, des machines, des textiles, des vêtements et des chaussures. Le tourisme est la principale ressource en Grèce, qui offre aux visiteurs des sites antiques, des eaux bleues, des plages insulaires et de jolis villages blancs. Mais les troubles récents ont perturbé le tourisme, naguère prospère sur la côte et les îles croates.

LA PASTÈQUE
La chair fraîche et juteuse d'un melon d'eau grec, ou karpouzi, constitue un rafraîchissement idéal.

DÉFENDRE LA GRÈCE
L'uniforme des gardes nationaux grecs, les evzones, comprend un bonnet, un kilt et des jambières blanches. Il est issu du costume des troupes montagnardes qui combattirent la Turquie dans les années 1820.

LE BATTAGE DU GRAIN
Des femmes slovènes battent le grain. Les habitants des pays balkaniques travaillent souvent dans l'agriculture, et les machines sont rares dans ces petites fermes familiales.

UNE ÎLE VOLCANIQUE
L'île grecque de Santorin, ou Théra, au nord de la Crète, attire des milliers de touristes chaque année. Il y a 3 500 ans, elle fut le cadre de l'une des plus importantes éruptions volcaniques de l'histoire.

L'histoire des pays balkaniques est marquée par les brillantes civilisations qui se sont développées sur l'île de Crète entre 2500 et 1400 av. J.-C., puis en Grèce continentale et sur les autres îles à partir de 1000 av. J.-C. Les cités-États de la Grèce antique ont donné naissance à de grands dramaturges et poètes, sculpteurs, athlètes, soldats, commerçants, mathématiciens et penseurs. La démocratie – le gouvernement par une assemblée plutôt que par un roi ou un dictateur – fut testée pour la première fois à Athènes au Ve siècle avant notre ère. La culture et les idées grecques se répandirent dans toute la Méditerranée au fur et à mesure que de nouvelles colonies étaient fondées.

LE MASQUE DE MYCÈNES
Ce masque funéraire en or vient de Mycènes, une ville fortifiée du sud de la Grèce qui fut le centre de la civilisation mycénienne entre 1900 et 1100 av. J.-C.

En 338 av. J.-C., la Macédoine conquiert la Grèce, et un jeune roi, Alexandre, fonde un vaste empire de l'Égypte à l'Inde – empire qui s'effondre après sa mort. En 146 av. J.-C., la Grèce devient une partie de l'Empire romain, qui domine bientôt toute la région méditerranéenne.

La partie orientale de l'Empire romain survécut à la partie occidentale et devint l'Empire byzantin, dont la capitale était Constantinople (aujourd'hui Istanbul), centre du christianisme orthodoxe d'Orient.

LE CHÂTEAU DE DRACULA
La légende de Dracula est fondée sur la vie de Vlad IV, qui fit régner la terreur sur la Roumanie (1455-1462) et empalait ses victimes sur des pieux affûtés.

ALEXANDRE LE GRAND
En moins de quinze ans, Alexandre (356-323 av. J.-C.) conquit un empire entre la Grèce et l'Inde, et fonda près de 40 villes qui portent son nom, dont Alexandrie d'Égypte.

LES SAUTEURS DE TAUREAUX
Une peinture murale de Cnossos, en Crète, montre des acrobates sautant par-dessus des taureaux. Cnossos, il y a 3 500 ans, était la capitale de la civilisation minoenne.

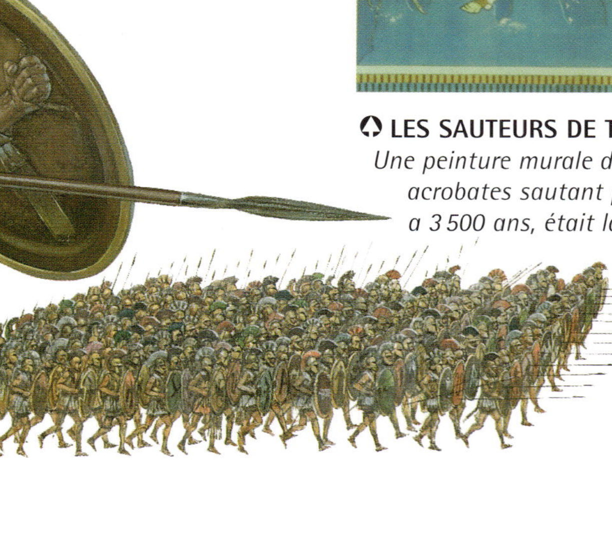

LES ARMÉES GRECQUES
La Grèce ne fut unifiée qu'en 338 av. J.-C., mais, quand ses armées allièrent leurs forces, elles vainquirent l'Empire perse. À Sparte, l'entraînement militaire des garçons était dur et débutait dès l'enfance.

UN GRAND PENSEUR
Socrate fut un grand philosophe de la Grèce antique. Il fut contraint au suicide, en 399 av. J.-C., pour avoir encouragé la population à réfléchir au bien et au mal, et à manquer de respect envers les dieux.

UN JOUR FATIDIQUE
L'assassinat à Sarajevo, en Bosnie, de l'archiduc François-Ferdinand d'Autriche et de sa femme, le 28 juin 1914, servit de prétexte pour déclencher la Première Guerre mondiale.

L'Empire byzantin tomba après une invasion turque en 1453, et la majeure partie de la péninsule balkanique resta turque pendant plus de 400 ans, sauf le nord-ouest, contrôlé par l'Autriche-Hongrie. La Première Guerre mondiale éclata après l'assassinat à Sarajevo de l'héritier du trône d'Autriche par un nationaliste serbe.

La Seconde Guerre mondiale vit les Balkans envahis par l'Italie et l'Allemagne. Après la guerre, des années de guérilla virent s'affronter communistes et monarchistes. Si les communistes ne prirent pas le pouvoir en Grèce, ils y parvinrent dans le nord des Balkans. Les régimes communistes s'effondrèrent entre 1980 et 1990.

LA CATHÉDRALE DE SOFIA
Nombre de Bulgares adhèrent à l'Église orthodoxe d'Orient. Le dôme de la cathédrale, à Sofia, témoigne de l'influence de l'Empire byzantin.

SLOBODAN MILOSEVIC
Le nationaliste serbe Milosevic parvint au pouvoir en 1989. Il mena de terribles campagnes contre les Bosniaques musulmans et les Albanais du Kosovo.

LE PARTHÉNON
À Athènes, l'Acropole est surmontée du Parthénon, magnifique temple dédié à Athéna, la déesse de la cité. Il fut achevé en 438 av. J.-C.

CHRONOLOGIE

Apr. J.-C.	
330	Division de l'Empire romain : Constantinople devient le centre de l'Empire byzantin.
500	Invasions slaves dans les pays balkaniques (jusqu'à la fin du VIIe siècle).
680	Invasion des Bulgares en Bulgarie.
1396	Invasion turque en Bulgarie.
1453	Les Turcs envahissent Constantinople et les pays balkaniques.
1821	Guerre de l'indépendance grecque (jusqu'en 1830).
1908	Indépendance de la Bulgarie.
1912	Les Guerres balkaniques (jusqu'en 1913) repoussent les Turcs d'Europe ; indépendance de l'Albanie.
1914	Première Guerre mondiale : la Turquie s'allie à l'Allemagne et à l'Autriche ; la Grèce rejoint les Alliés en 1917.
1918	Formation de la Yougoslavie.
1939	Seconde Guerre mondiale (jusqu'en 1945) : l'Italie envahit l'Albanie en 1940 ; la Grèce est envahie par l'Italie, l'Allemagne et la Bulgarie.
1946	Prise de pouvoir des gouvernements communistes dans les pays balkaniques ; défaite des communistes grecs lors de la guerre civile (jusqu'en 1949).
1967	Coup d'État militaire en Grèce.
1975	La Grèce devient une république démocratique.
1981	Entrée de la Grèce dans la CEE (future UE).
1989	Révolution en Roumanie.
1990	Chute des gouvernements communistes dans les pays balkaniques (jusqu'en 1991) ; division de la Yougoslavie ; persécutions ethniques.
2001	Jugement du dirigeant yougoslave Slobodan Milosevic pour crimes de guerre.

ELECTRA GLIDE,
HARLEY DAVIDSON, 1988

AMÉRIQUE

Disneyworld, ÉTATS-UNIS

Lac Moraine, CANADA

Forêt amazonienne, BRÉSIL

Temple toltèque, MEXIQUE

Entre les océans Pacifique et Atlantique, l'Amérique du Nord et l'Amérique du Sud sont reliées par l'Amérique centrale qui se rétrécit jusqu'à l'isthme de Panamá, coupé en deux par le canal de Panamá. La tropicale Amérique centrale est bordée à l'est par la mer des Antilles, elle-même ceinturée par les Grandes et les Petites Antilles.

L'Amérique du Nord est dominée par les montagnes Rocheuses qui parcourent le continent du nord au sud. Tout au nord, la toundra gelée cède la place à la forêt tandis que le sud est occupé par les prairies – steppes vallonnées aujourd'hui cultivées ou pâturées qui font partie de la grande plaine drainée par le système Mississippi-Missouri. Au sud des États-Unis et en Amérique centrale, on trouve des canyons rocheux, des régions humides et brumeuses, des volcans et des déserts.

En Amérique du Sud, la puissante chaîne des Andes fait pendant aux Rocheuses. À l'est, un labyrinthe de cours d'eau se jette dans l'Amazone, entourée de la plus grande forêt tropicale du monde. Les steppes sud-américaines se partagent entre les llanos du Venezuela et les pampas d'Argentine, des plateaux venteux et des déserts côtiers. Le continent se termine par l'île désolée de la Terre de Feu qui s'avance vers l'Antarctique comme une griffe.

VOILIER

CANADA

BŒUF MUSQUÉ

Le Canada est en surface le deuxième pays du monde. Ses îles sont éparpillées dans l'Arctique comme les morceaux d'un puzzle géant, entre les mers de Beaufort et du Labrador. Dans le nord, de vastes étendues sont couvertes de toundra au sol gelé en permanence – pendant le court été, les bassins de neige fondue attirent insectes et oiseaux migrateurs.

La majeure partie du Canada continental est occupée par une large ceinture forestière et des lacs glacés. Un bloc de roches anciennes, le Bouclier canadien, borde la baie d'Hudson. À l'ouest, les monts Mackenzie, les Rocheuses et la chaîne Côtière descendent jusqu'au littoral vert et humide de la Colombie-Britannique.

La frontière sud avec les États-Unis traverse la région des prairies et des grands lacs. Le Saint-Laurent et sa Voie maritime relient le lac Ontario à l'océan Atlantique, où le chaud Gulf Stream rencontre le froid courant du Labrador, embrumant les eaux de Terre-Neuve, des provinces maritimes du Canada et des petites îles françaises de Saint-Pierre-et-Miquelon.

C'EST L'HEURE DU BAIN !
L'orignal peut mesurer 2,30 m au garrot. On le voit ici dans le parc naturel de Pukaskawa, en Ontario, sur la rive nord du lac Supérieur.

À SAVOIR

CANADA
SUPERFICIE : 9 970 610 km^2
POPULATION : 31 millions
CAPITALE : Ottawa
AUTRES VILLES : Toronto, Montréal, Vancouver
POINT CULMINANT : mont Logan (5 951 m)
LANGUES OFFICIELLES : anglais, français
MONNAIE : dollar canadien

SAINT-PIERRE-ET-MIQUELON
Collectivité territoriale française
SUPERFICIE : 241 km^2
POPULATION : 6 500
CAPITALE : Saint-Pierre
LANGUE OFFICIELLE : français
MONNAIE : euro

CHUTES TAKKAKAW
Ces chutes, dont le nom signifie « Merveilleux », tombent d'une hauteur de 254 m dans le parc naturel Yoho, en Colombie-Britannique.

LA FAUNE DE LA TOUNDRA

La toundra arctique est peuplée d'oiseaux, tel le lagopède, et de caribous, les rennes d'Amérique du Nord.

DANS LES ROCHEUSES

Le lac Moraine se trouve dans le parc national de Banff, en Alberta. Il doit sa couleur bleu vif à un limon appelé « farine glaciaire ».

CANADA

LE SOL DE LA TOUNDRA

Un pingo est un monticule de terre autour d'un noyau de glace. Lorsque la glace fond, le pingo s'écroule.

CASTOR

Les castors sont nombreux près des lacs canadiens. Ils se servent de leurs dents pour abattre les arbres et couper du bois.

LUTTE ANTI-INCENDIES
Un hélicoptère intervient contre un feu de forêt. Les forêts de conifères du Canada couvrent une large ceinture au centre et au nord du pays, de la Colombie-Britannique au plateau Laurentien.

L'ÉPOQUE DES BÛCHERONS
Il y a cent ans, les bûcherons des forêts canadiennes ne disposaient guère de moyens mécaniques et menaient une dure vie de camp.

Le climat rude du nord y a limité la population : 77 % des Canadiens sont des citadins, et les grandes villes sont toutes dans le sud, là où le climat est plus doux et les transports plus faciles. La capitale est Ottawa, mais les grands centres économiques sont Toronto et Montréal, des villes beaucoup plus grandes.

Le Canada est une nation indépendante dont le chef de l'État est le gouverneur général, représentant le souverain britannique. Le pays est organisé en une fédération de provinces et de territoires. En 1994, le Canada a été l'un des membres fondateurs de l'Accord de libre-échange nord-américain (ALENA), qui a renforcé les liens économiques avec les États-Unis et le Mexique.

À LA RECHERCHE DE MORUE
Le Grand Banc de Terre-Neuve est composé d'eaux peu profondes. Il a attiré les flottes de pêche du monde entier durant cinq cents ans, mais, depuis quelques années, les réserves de morue baissent.

Les prairies canadiennes fournissent du blé au monde entier et servent de pâturages. Les forêts procurent du bois aux scieries. Le pays a aussi des réserves de pétrole, de gaz naturel, de cuivre, d'or, de minerai de fer et de nickel, et les multiples lacs et rivières fournissent de l'énergie hydroélectrique. Les usines produisent des voitures, du papier, de l'acier et des produits chimiques.

Les produits alimentaires comprennent le sirop d'érable, les pommes, le fromage et la bière. Jusque récemment, Terre-Neuve disposait d'immenses ressources de pêche.

JUSQU'AU CIEL
Avec plus de 553 m, la tour CN de Toronto est l'une des plus hautes du monde. Sa plate-forme d'observation est à 440 m au-dessus du sol.

LES BÛCHERONS D'AUJOURD'HUI
Le Canada possède 453 millions d'hectares de forêt et est le premier exportateur du monde de produits forestiers parmi lesquels le bois, la pâte à papier et le papier.

PLATE-FORME PÉTROLIÈRE, ALBERTA
Plus de 90 % des réserves canadiennes de pétrole et de gaz naturel se trouvent dans la province d'Alberta, notamment à Lloydminster, Fort McMurray ou ici, à Cold Lake.

Cependant, la surpêche a entraîné une diminution des réserves et l'interdiction de la pêche au chalut jusqu'à leur reconstitution.

Comme les États-Unis, le Canada est un creuset de peuples et de cultures. Depuis trente ans, la politique s'est concentrée dans la province du Québec où un grand nombre de francophones souhaitent se séparer définitivement du reste du pays. Les Canadiens anglophones, eux, s'ils partagent beaucoup des intérêts de leurs voisins américains, tiennent à leur propre mode de vie.

À MONTRÉAL
Montréal, capitale du Québec, est la principale ville du Canada francophone et un centre commercial et artistique. Les enseignes y sont souvent en français.

TECHNOLOGIE SPATIALE
L'industrie aérospatiale canadienne a construit ce dispositif télémanipulateur (Canadarm) destiné aux navettes spatiales américaines.

LIGNE D'HORIZON DE TORONTO
Avec ses quelque 5 millions d'habitants, Toronto est la plus grande ville du Canada. C'est aussi un centre d'affaires ainsi que de communications.

L'ÉRABLE À SUCRE
Le sirop d'érable est obtenu en faisant bouillir la sève des érables. Il a été inventé par les populations indigènes de la vallée du Saint-Laurent et est très apprécié au Canada et aux États-Unis, où on le mange avec des crêpes et des gaufres.

COURSE DE CHARIOTS BÂCHÉS
Cette course a lieu lors du rodéo le plus difficile d'Amérique du Nord, le Calgary Stampede, qui célèbre les talents des cow-boys à la mi-juillet, chaque année depuis 1912.

TRAÎNEAU À CHIENS
Sur les terres arctiques, les chiens sont utilisés pour tirer des traîneaux. Les courses de traîneaux sont très populaires.

Les premiers Canadiens arrivèrent de Sibérie par le « pont de terre » du détroit de Béring, au cours de la dernière période glaciaire. Leurs descendants sont les « nations » indiennes actuelles – Mohawks, Micmacs, Innus (Montagnais), Cris, Dénés et Kwakiutls.

Ils furent suivis par plusieurs vagues de chasseurs – ancêtres des Inuits –, qui fondèrent des colonies dans l'Arctique canadien et au Groenland. Leurs descendants sont aujourd'hui beaucoup moins nombreux que les immigrants plus tardifs – sauf au Groenland. Ils ont mené un long combat pour obtenir des droits sur leurs terres, et une immense région très peu peuplée, le Nunavut, est devenue territoire inuit en 1999.

Les Vikings furent les premiers Européens arrivés au Canada, il y a environ mille ans, mais ils n'y restèrent pas – peut-être en raison de l'hostilité des autochtones.

INUITS QUÉBÉCOIS, 1904
Il y a cent ans, la chasse fournissait aux Inuits de la viande, du cuir et des fourrures, des os comme aiguilles et outils, et des boyaux en guise de fil à coudre.

LA CANADIAN PACIFIC
Ce chemin de fer a été le premier du Canada à traverser le continent. Achevé en 1885, il reliait Montréal à Port Moody (Vancouver).

LA POLICE MONTÉE
La police montée du nord-ouest, avec ses vestes rouges et ses chapeaux, fut fondée en 1873 pour dompter le « Far West ». En 1920, elle devint une force nationale, la gendarmerie royale canadienne.

Les premiers explorateurs anglais et français arrivèrent vers 1500 – les Français le long du Saint-Laurent, les Britanniques dans la baie d'Hudson. Au XVIIIe siècle, des rivalités commerciales déclenchèrent une guerre entre les deux nations. Les Anglais l'emportèrent et, après 1770, les colons pro-britanniques affluèrent au Canada depuis les États-Unis, nouvellement indépendants.

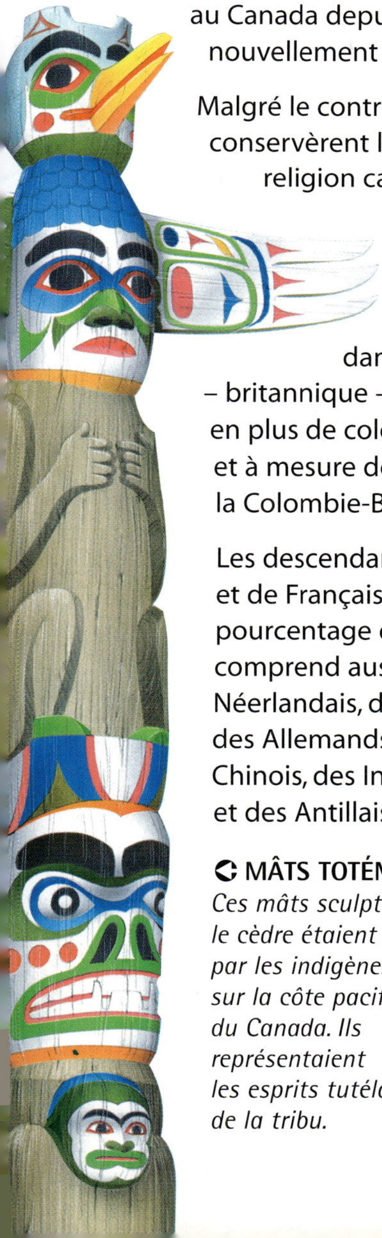

Malgré le contrôle anglais, les Français conservèrent leur langue et leur religion catholique. En 1867, le Québec, l'Ontario, la Nouvelle-Écosse et le Nouveau-Brunswick étaient regroupés dans le Dominion – britannique – du Canada, et de plus en plus de colons s'y installèrent au fur et à mesure de son extension vers la Colombie-Britannique.

Les descendants de Britanniques et de Français représentent un fort pourcentage de la population, qui comprend aussi des Ukrainiens, des Néerlandais, des Russes, des Polonais, des Allemands, des Italiens, des Chinois, des Indiens, des Vietnamiens et des Antillais.

MÂTS TOTÉMIQUES
Ces mâts sculptés dans le cèdre étaient érigés par les indigènes sur la côte pacifique du Canada. Ils représentaient les esprits tutélaires de la tribu.

MONSTRUEUSE BOUILLIE
Des coursiers métalliques aux gros pneus pavoisent à Calgary, en Alberta, dans une sorte de rodéo à moteur.

CHAMPIONS
Le hockey sur glace a été inventé au Canada vers 1850. C'est aujourd'hui le sport le plus populaire du pays.

BAL DE NEIGE
Le Winterlude, qui se tient à Ottawa en février, propose des sculptures de glace ou de neige et du patinage sur le canal Rideau.

TRAVERSER L'ARCTIQUE
Les véhicules équipés de skis, telle la motoneige, sont le principal moyen de transport des Inuits et des autres populations du Grand Nord.

CHRONOLOGIE

Apr. J.-C.

1497 Découverte de Terre-Neuve par Jean Cabot.

1534 Jacques Cartier remonte le Saint-Laurent.

1608 Fondation de Québec par Samuel de Champlain.

1642 Fondation de Montréal.

1670 Création de la Compagnie de la baie d'Hudson.

1713 Les Britanniques s'emparent de Terre-Neuve.

1759 Défaite des Français devant les Anglais à Québec.

1763 Le Canada devient une colonie britannique.

1840 Acte d'union regroupant le Haut- et le Bas-Canada.

1867 Dominion du Canada : Ontario, Québec, Nouvelle-Écosse, Nouveau-Brunswick.

1870 Le Manitoba, la Colombie-Britannique et l'île du Prince-Édouard rejoignent le Canada.

1896 Ruée vers l'or du Klondike (jusqu'en 1898).

1905 L'Alberta et la Saskatchewan rejoignent le Canada.

1914 Première Guerre mondiale (jusqu'en 1918) : le Canada se joint aux Alliés.

1939 Seconde Guerre mondiale (jusqu'en 1945) : le Canada se joint aux Alliés.

1949 Terre-Neuve rejoint le Canada.

1959 Ouverture de la Voie maritime du Saint-Laurent.

1968 Les séparatistes exigent la libération du Québec.

1994 Adhésion du Canada à l'Accord de libre-échange nord-américain (ALENA).

1995 Référendum au Québec et rejet du séparatisme.

1999 Création d'un territoire autonome pour les Inuits (Nunavut).

États-Unis

MAÏS

À SAVOIR

ÉTATS-UNIS
United States of America (USA)
SUPERFICIE : 9 363 520 km^2
POPULATION : 286 millions
CAPITALE : Washington
AUTRES VILLES : New York, Los Angeles, Chicago
POINT CULMINANT : mont McKinley (6 194 m)
LANGUE OFFICIELLE : anglais
MONNAIE : dollar américain

BERMUDES
Territoire britannique d'outre-mer
SUPERFICIE : 53 km^2
POPULATION : 74 000
CAPITALE : Hamilton
LANGUE OFFICIELLE : anglais
MONNAIE : dollar des Bermudes

AIGLE D'AMÉRIQUE

Les États-Unis occupent toute la partie médiane de l'Amérique du Nord. La colonie britannique des Bermudes, située à 1 120 km au sud-est de l'État de New York, dans l'océan Atlantique Nord, est constituée d'un groupe de 150 petites îles.

L'essentiel du territoire des États-Unis est situé entre les frontières canadienne (au nord) et mexicaine (au sud). Il est bordé à l'est par l'Atlantique Nord et, à l'ouest, par le Pacifique Nord. Le paysage, grandiose, y est d'une incroyable diversité, avec de longues routes coupant en ligne droite déserts, montagnes, champs et forêts, et reliant les grandes villes de l'est à celles de l'ouest.

Loin au nord-ouest, séparé du cœur des États-Unis par le Canada, se trouve l'Alaska, le plus grand État, couvert par les vastes étendues du désert arctique. Ses îles sont peuplées de grizzlis, et ses eaux, de bancs de baleines.

TAMIA

Loin à l'ouest, dans l'océan Pacifique, les îles Hawaii sont un autre État éloigné du territoire proprement dit des États-Unis. Les touristes viennent y profiter de la douceur du climat et admirer les volcans spectaculaires.

Les États-Unis sont le quatrième pays du monde par la superficie, après la Fédération de Russie, le Canada et la Chine.

STATUE DE LA LIBERTÉ
Cette statue de 92 m domine le port de New York. Cadeau des Français, elle a été inaugurée en 1886.

MONUMENT AUX CACTUS, ORGAN PIPE
Dans cette partie de l'Arizona, les températures peuvent atteindre 41 °C. Ces cactus qui portent des fleurs roses en été bordent la route d'Ajo.

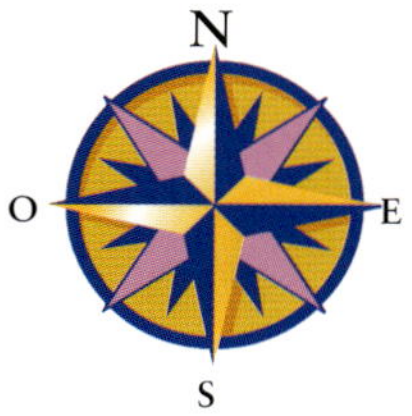

UNE ESPÈCE RARE

Le lamantin vit le long des côtes de Floride.

LE PLUS GRAND ÉTAT

L'Alaska présente des rivages embrumés, des îles, de hautes montagnes, des glaciers et des déserts enneigés.

BRYCE CANYON

Dans ce parc de l'Utah, les roches roses, orangées ou caramel ont été érodées par le vent, l'eau et la glace en fantastiques pinacles.

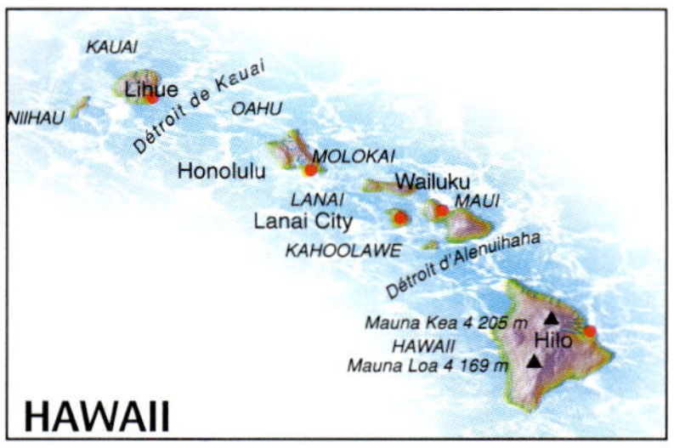

BERMUDES

ÉTATS-UNIS

CHUTES DU NIAGARA

Entre le Canada et les États-Unis, ces chutes ne sont pas qu'une attraction touristique, mais aussi une source d'énergie hydroélectrique.

LES EVERGLADES
Vaste région humide du sud de la Floride, les Everglades abritent notamment des alligators, des escargots géants et des aigrettes.

Le nord-est des États-Unis est une région tempérée de vertes vallées fluviales, de forêts et de côtes rocheuses. La plaine littorale, étroite au nord, s'élargit au sud de la baie de Chesapeake, où elle est bordée de longues plages et s'élève jusqu'aux Appalaches, composées des montagnes Vertes, Blanches, Bleues et des monts Allegheny. Au sud-est, la péninsule de Floride se prolonge en un chapelet de petites îles appelées Keys – dont le calme vole parfois en éclats sous l'effet de violents ouragans.

MARAUDEUR NOCTURNE
Le raton laveur à la queue rayée fouille les poubelles la nuit.

UNE CASCADE À PIC
Des cascades dévalent les falaises de Yosemite Valley, en Californie, comme ici la partie supérieure des chutes de Yosemite, les deuxièmes plus hautes du monde avec 739 m.

TORNADES
Ces trombes de vent déchaînées sont fréquentes dans la Prairie. Elles peuvent tourner à 500 km/h et aspirent tout sur leur passage.

ALERTE INCENDIE
À Bryce Canyon, dans l'Utah, un avis met en garde contre les feux qui ravagent souvent les vastes forêts américaines.

Au sud des Grands Lacs s'étend une vaste plaine drainée par le Missouri et le Mississippi – qui se jette dans le golfe du Mexique par un delta boueux. Des plaines cultivées s'étendent vers l'ouest – zone dangereuse où soufflent des trombes de vents (tornades) dévastatrices. Les prairies américaines, autrefois une mer d'herbe s'étalant jusqu'aux Badlands, au pied des Rocheuses, sont aujourd'hui semées de champs bariolés, de fermes et de ranchs.

Après les sommets massifs des Rocheuses, on trouve des lacs salés éblouissants et des roches usées par le vent en formes étranges. Le Colorado a creusé les plus impressionnantes gorges du monde, le Grand Canyon, et les déserts du sud-ouest brillent sous la chaleur.

UNE COULÉE DE LAVE
Ces coulées lentes de volcans hawaiiens sont appelées pahoehoe.

Tout à l'ouest, les chaînes côtières des Cascades et de la sierra Nevada font barrière aux vents océaniques chargés de pluie – que reçoit leur versant ouest et qui rend les forêts fraîches, humides et vertes. Le nord de la Californie bénéficie d'un climat printanier lorsqu'il n'est pas enseveli sous le brouillard, le sud est plus chaud et sec.

L'Alaska s'avance dans les régions arctiques et se compose de déserts, de côtes gelées et de sommets parmi les plus hauts des Amériques.

Les 126 îles hawaiiennes sont les sommets d'une chaîne de hauts volcans sous-marins.

LE GRAND CANYON
En Arizona, le Colorado a creusé les plus grandes gorges du monde qui plongent jusqu'à 1,5 km.

LES ROCHEUSES DU COLORADO
On entre dans le parc national des montagnes Rocheuses par la ville d'Estes Park, sur la rivière Thompson, dans le Colorado. La chaîne des Rocheuses est l'épine dorsale du continent nord-américain.

COULEURS D'AUTOMNE
Dans les forêts tempérées de Nouvelle-Angleterre – l'extrême nord-est des États-Unis –, les feuilles des arbres prennent en automne de merveilleux tons rouges, orange et bruns avant de tomber.

OTARIES
Gracieuses dans l'eau, pataudes sur terre, les otaries peuplent les îles au large de la Californie. Les mâles sont parfois beaucoup plus grands qu'un homme – jusqu'à 3 m.

LE GOLDEN GATE
Le pont du Golden Gate, ouvert en 1937, est l'emblème le plus connu de la Californie. Il enjambe un détroit qui relie la baie de San Francisco et le Pacifique.

MARAIS D'OKEFENOKEE
Refuge de la vie sauvage à la frontière de la Géorgie et de la Floride, c'est un labyrinthe de cours d'eau, de marais et d'îles. Les cyprès chauves y sont drapés de mousse espagnole.

Depuis 75 ans, les États-Unis sont la nation la plus puissante du monde et l'une des plus riches.

C'est une république démocratique qui fonctionne selon un système fédéral : les États peuvent faire leurs propres lois. À la tête de l'État, le président est élu pour quatre ans.

Outre les 50 États, les États-Unis administrent divers territoires du Pacifique et de la mer des Antilles.

Les États-Unis sont l'un des premiers producteurs d'agroalimentaire : ils cultivent le blé, le soja, le maïs, les agrumes et les légumes. Les côtes et les fleuves sont très poissonneux. Milwaukee est célèbre pour ses bières, le Kentucky pour son bourbon et la Californie pour ses vins.

Les États-Unis possèdent d'importantes richesses minières – pétrole et gaz naturel au Texas, dans le golfe du Mexique et en Alaska, première production mondiale de charbon, réserves d'or, d'uranium, de cuivre et de minerai de fer. Les lacs et les fleuves produisent de l'énergie hydroélectrique, l'exploitation des forêts, du bois – notamment dans le nord-ouest.

LES GRATTE-CIEL
Les premières tours d'habitation ont été construites à Chicago et à New York. Plus connu sous le nom de Fer à repasser, l'immeuble Fuller de 20 étages a été érigé en 1901 à New York.

UNE ALIMENTATION 100 % AMÉRICAINE
Outre les hamburgers et les hot dogs, les États-Unis ont apporté au monde le Coca-Cola, les céréales de petit déjeuner et le jus d'orange de Floride.

UNE STAR D'HOLLYWOOD
À Hollywood, des étoiles sont encastrées dans le trottoir en l'honneur des grands noms du cinéma. Walt Disney (1901-1966) y est salué comme le créateur de Mickey.

AVANT LE 11 SEPTEMBRE 2001
On voit ici la ligne d'horizon de New York avant le 11 septembre 2001. À cette date, les tours jumelles du World Trade Center (à droite) ont été détruites par une attaque terroriste.

ELECTRA GLIDE, HARLEY DAVIDSON, 1988

DISNEYWORLD
Ce célèbre parc a ouvert en 1971 en Floride – le deuxième du genre imaginé par le pionnier du film d'animation, Walt Disney. Il attire chaque année des milliers de visiteurs du monde entier.

LE PÉTROLE DU TEXAS
Le Texas a bâti sa fortune sur le bétail, le coton et le pétrole, dont les États-Unis sont aujourd'hui le deuxième producteur mondial.

Les usines américaines produisent une grande variété de biens d'équipement, textiles et d'habillement. La Californie est le centre mondial de l'informatique, de l'industrie cinématographique et télévisuelle. Les États-Unis sont le premier producteur d'avions et d'engins spatiaux. Des voitures sont fabriquées à Detroit.

Les services comme la banque, la finance et l'assurance sont aujourd'hui plus importants que la production industrielle pour l'économie américaine – la Bourse de New York, à Wall Street, est le centre du monde financier. En 1994, les États-Unis et leurs voisins canadien et mexicain ont mis en place l'Accord de libre-échange nord-américain (ALENA).

Malgré leur immense puissance économique, les États-Unis connaissent des problèmes, notamment la compétition de pays où les coûts de production sont moins élevés.

ACHETER, ACHETER, ACHETER
Acheter et vendre sans cesse est une habitude américaine. Les galeries marchandes sont une invention des États-Unis.

CENTRE SPATIAL KENNEDY
Cap Canaveral, en Floride, est la base de lancement des missions spatiales américaines. La navette a effectué ses premiers vols en 1981. Depuis, deux ont eu des accidents, en 1986 et en 2003.

CYBER-SUCCÈS
La révolution informatique des années 1980 et 1990 a démarré dans la « Silicon Valley », en Californie.

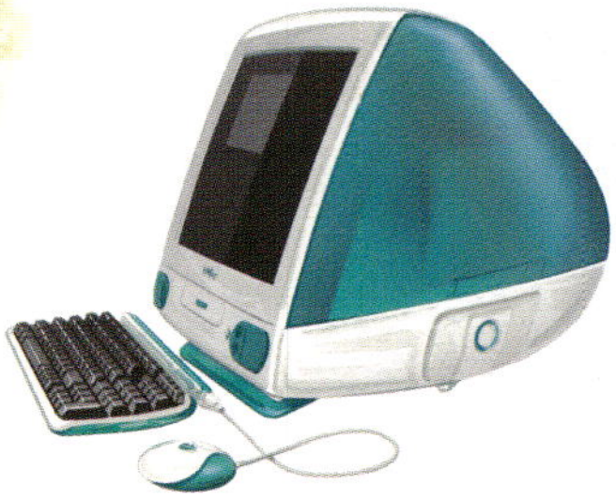

BIOSPHERE 2
Cette base a été installée dans le désert de l'Arizona. À l'intérieur, les habitats terrestres ont été recréés en miniature à titre d'exercice pour de futures bases sur d'autres planètes ou la Lune.

MONT RUSHMORE
Achevées en 1941, ces effigies géantes représentent quatre présidents des États-Unis : Washington, Jefferson, Roosevelt et Lincoln.

LE BASE-BALL
Le base-ball est l'un des sports les plus populaires des États-Unis. On y joue depuis les années 1840.

CHINATOWN
Depuis 1800, la population d'origine chinoise est très importante. Dans le quartier de Chinatown à New York, les enseignes sont en chinois et les magasins vendent de la nourriture asiatique.

Les trois quarts des Américains sont des citadins. Les Hispano-Américains et les Afro-Américains sont les deux principales minorités.

Les autochtones (Indiens, Inuits et Aléoutes) ne représentent plus que 1 % de la population, mais on a assisté récemment à un fort regain d'intérêt pour les cultures traditionnelles.

DES ÉVANGÉLISTES CONVAINCUS
Les Églises chrétiennes de tradition africaine ont développé un chant choral appelé gospel. Cette choriste est agent de police à New York.

Les États-Unis n'ont aucune religion officielle, mais la religion y joue pourtant un rôle important. Environ 85 % de la population est chrétienne, les protestants deux fois plus nombreux que les catholiques, 2 % est juive et 2 % musulmane. La langue officielle est l'anglais, mais l'espagnol est aussi très parlé.

DANSE HAWAIIENNE
Les îles Hawaii sont devenues un État de l'Union en 1959. Les danses folkloriques et le costume traditionnel aux jupes de feuillages et guirlandes de fleurs sont typiques de la culture polynésienne.

LES AFRO-AMÉRICAINS
La nombreuse population noire des États-Unis est d'origine africaine. Les Afro-Américains ont joué un rôle important dans le progrès des droits civils et dans la culture américaine. Ils ont inventé diverses musiques populaires, dont le jazz et le blues.

ÉCOLE D'ÉQUITATION, NOUVEAU-MEXIQUE
L'équitation fait partie du mode de vie américain depuis l'époque du Far West.

TRADITIONS INDIENNES
Les premiers Américains sont confrontés à des difficultés sociales et économiques, mais ils sont restés très fiers de leurs traditions.

PATINAGE À CENTRAL PARK
Havre de détente, Central Park occupe le cœur du quartier de Manhattan, à New York et permet de se promener, de patiner, de courir et de pique-niquer.

La population est majoritairement blanche d'origine européenne – Anglais, Écossais, Gallois, Irlandais, Français, Italiens, Allemands, Néerlandais, Suédois et Polonais. Près d'un dixième de la population parle espagnol et est originaire du Mexique, d'Amérique centrale ou des Antilles. On trouve des Juifs, des Chinois, des Japonais, des Coréens et des Vietnamiens, des Polynésiens de Hawaii et des Samoa. Environ 12 % de la population sont des Noirs d'origine africaine et antillaise dont les ancêtres ont été réduits en esclavage par les colons européens pendant trois cents ans.

Aux États-Unis, les minorités ont toutes connu le racisme et la pauvreté, des Indiens aux Afro-Américains. Pourtant, la véritable richesse de la nation réside dans son riche mélange de cultures et dans la diversité des styles qui caractérise la musique et la danse, l'écriture, l'art, les traditions, les croyances, le mode d'alimentation et les fêtes. Les écrivains, artistes, musiciens et réalisateurs américains ont une profonde influence sur le reste du monde depuis cent ans. Sans oublier les sports, dont les plus populaires – base-ball, basket-ball et football américain– ont des milliers de fans.

LE 4 JUILLET
Les États-Unis commémorent le 4 juillet leur indépendance, gagnée sur la Grande-Bretagne en 1776. Ce défilé se déroule dans l'État du Maine, en Nouvelle-Angleterre.

LIBERTÉ DE LA PRESSE
Les États-Unis possèdent de nombreux grands journaux comme le Washington Post *ou le* New York Times.

FOOTBALL AMÉRICAIN
Rapide et excitant, le football américain est populaire dans les universités comme au niveau professionnel. Les matchs du Superbowl attirent 138 millions de téléspectateurs dans le monde entier.

DES ÉTATS EN GUERRE
Drapeaux des États confédérés et de l'Union, les deux parties en conflit lors de la guerre de Sécession (1861-1865).

Les Indiens d'Amérique descendent de peuples préhistoriques venus de Sibérie vers 30 000 av. J.-C. et qui ont développé de nombreuses cultures dans les différentes régions d'Amérique.

Vers 1500, les colons anglais, hollandais, espagnols et français commencent à explorer et à peupler l'est et le sud du pays. Ils font d'abord alliance avec les Indiens mais leur livrent bientôt des guerres cruelles. Plus tard, les Européens sont nombreux à acheter des esclaves africains pour planter du tabac et du coton sur les terres conquises.

FORT PITT
Au XIXe siècle, à Fort Pitt, des marchands traitent avec des Indiens. Avec l'avancée des Européens vers l'ouest, ces derniers perdirent leurs terres, leur culture et leur vie.

UNE GUERRE ACHARNÉE
Plus de 360 000 soldats de l'Union (nordistes) furent tués pendant la guerre de Sécession, et 260 000 confédérés (sudistes). Sans compter des milliers de civils.

En 1776, les colons britanniques se révoltent contre Londres et déclarent leur indépendance. Ils l'emportent sur les troupes britanniques et fondent une nouvelle république. Elle survivra, entre 1861 et 1865, à une guerre civile entre les États du nord et du sud, qui mettra fin à l'esclavage.

Les pionniers avancent alors vers l'ouest, tuant les Indiens et s'emparant de leurs terres. De vastes régions sont achetées aux Français (la Louisiane), aux Espagnols et aux Russes (l'Alaska, en 1867).

LES PÈRES PÈLERINS
Les premiers colons furent des puritains, réfugiés religieux d'Angleterre, qui fondèrent en 1620 une colonie à Plymouth Rock, dans le Massachusetts.

LA RUÉE VERS L'OR
En 1848, de l'or est découvert au bord de l'American River, en Californie. Les prospecteurs affluent bientôt du monde entier dans l'espoir de faire fortune.

L'AMÉRIQUE EN DEUIL
John F. Kennedy, président démocrate élu en 1961, fut assassiné à Dallas en 1963. On voit ici sa femme Jackie et son frère Robert en deuil.

L'est s'industrialisa, des voies ferrées furent construites, et on trouva de l'or en Californie : des milliers de pauvres vinrent chercher fortune dans ce Nouveau Monde.

Pendant la Première Guerre mondiale, les États-Unis combattirent aux côtés des Alliés. Suivirent un essor économique, puis la crise de 1929 et plusieurs années difficiles. Les États-Unis entrèrent dans la Seconde Guerre mondiale en 1941 après le bombardement japonais de Pearl Harbor, à Hawaii. Après la guerre, les relations avec l'Union soviétique allèrent de mal en pis, et, pendant la « guerre froide » qui dura jusqu'à la fin des années 1980, les deux superpuissances furent plusieurs fois à deux doigts de déclencher les hostilités.

MARTIN LUTHER KING
Ce grand militant des droits pour les Noirs reçut le prix Nobel de la paix en 1964 et fut assassiné en 1968.

DEUX PARTIS POLITIQUES
Les deux principaux partis politiques sont les démocrates (ici en congrès à Chicago) et les républicains.

LA CONQUÊTE DE L'OUEST
Vers 1840, des milliers de pionniers prirent la route du Far West, en chariot, le long de pistes comme celle de l'Oregon, longue de 3 200 km.

CHRONOLOGIE

Apr. J.-C.

1565	Fondation de St Augustine en Floride par les Espagnols.
1607	Fondation de Jamestown en Virginie par les Anglais.
1620	Fondation de la colonie de Plymouth par les pères pèlerins *(Pilgrims Fathers)*.
1700	Apogée du commerce des esclaves.
1773	« Partie de thé de Boston » contre les droits de douane anglais.
1775	Guerre d'Indépendance.
1776	Indépendance.
1783	La Grande-Bretagne perd ses colonies.
1789	Washington élu président.
1791	Déclaration des droits.
1803	Achat de la Louisiane.
1812	Guerre avec la Grande-Bretagne (jusqu'en 1814).
1819	Achat de la Floride.
1846	Guerre avec le Mexique (jusqu'en 1848) : gain de la Californie et du Nouveau-Mexique.
1861	Guerre de Sécession (jusqu'en 1865).
1865	Assassinat de Lincoln.
1867	Achat de l'Alaska.
1876	Bataille de Little Big Horn.
1898	Guerre hispano-américaine.
1917	Les États-Unis se joignent aux Alliés pendant la Première Guerre mondiale (jusqu'en 1918).
1929	Krach de Wall Street.
1941	Bombardement japonais sur Pearl Harbor ; les États-Unis entrent dans la Seconde Guerre mondiale (jusqu'en 1945).
1950	Guerre froide (jusqu'en 1990).
1961	Guerre du Vietnam (jusqu'en 1973).
1969	Des astronautes américains sur la lune.
1963	Assassinat de Kennedy.
1994	Adhésion des États-Unis à l'Accord de libre-échange nord-américain (ALENA).
2001	Attentat terroriste sur le World Trade Center et le Pentagone.

MEXIQUE
ET AMÉRIQUE CENTRALE

MONARQUE

La frontière nord du Mexique longe un fleuve appelé Rio Grande aux États-Unis et Río Bravo del Norte au Mexique. Elle traverse également un désert chaud et poudreux.

Une longue et étroite péninsule, la Basse-Californie, s'avance ensuite vers le sud à partir de Tijuana dans les eaux bleues et chaudes du Pacifique. Les chaînes de la sierra Madre occidentale et orientale entourent un haut plateau central partagé entre les déserts, les lacs, les marécages et les volcans. Les tremblements de terre y sont fréquents. Plus au sud, on arrive aux montagnes de la sierra Madre du Sud et aux hautes terres du Chiapas, puis, à l'extrême sud-est, à la péninsule crochue du Yucatán qui forme le golfe de Campeche. Le sud du pays est couvert d'une forêt tropicale luxuriante.

Les sept petits pays d'Amérique centrale occupent le sud de l'isthme de Tehuantepec qui serpente du nord-ouest au sud-est, atteignant son point le plus étroit au niveau de l'isthme de Panamá. La région est dominée par les montagnes, dont plusieurs volcans en activité, et de hauts plateaux ou *mesas* – la chaîne n'est interrompue que par le vaste lac Nicaragua d'une surface de 8 430 km^2. La bande côtière caraïbe est basse et plate, semée de marais et de lagons. Le climat tropical est chaud et humide.

À SAVOIR

BELIZE
Republic of Belize
SUPERFICIE : 22 696 km^2
POPULATION : 231 000
CAPITALE : Belmopan
AUTRES VILLES : Belize City, Dangriga
POINT CULMINANT : Victoria Peak (1 122 m)
LANGUE OFFICIELLE : anglais
MONNAIE : dollar de Belize

COSTA RICA
República de Costa Rica
SUPERFICIE : 51 100 km^2
POPULATION : 3,9 millions
CAPITALE : San José
AUTRES VILLES : Limón, Alajuela
POINT CULMINANT : Cerro Chirripo (3 819 m)
LANGUE OFFICIELLE : espagnol
MONNAIE : colón costaricain

SALVADOR
República de El Salvador
SUPERFICIE : 21 041 km^2
POPULATION : 6,2 millions
CAPITALE : San Salvador
AUTRES VILLES : Santa Ana, San Miguel
POINT CULMINANT : Monte Cristo (2 418 m)
LANGUE OFFICIELLE : espagnol
MONNAIE : colón salvadorien

GUATEMALA
República de Guatemala
SUPERFICIE : 108 889 km^2
POPULATION : 11,6 millions
CAPITALE : Ciudad Guatemala
AUTRES VILLES : Puerto Barrios, Quezaltenango
POINT CULMINANT : Tajumulco (4 220 m)
LANGUE OFFICIELLE : espagnol
MONNAIE : quetzal

LE TEMPLE DES GUERRIERS
Ce temple aujourd'hui en ruine a été bâti par les guerriers toltèques, qui triomphèrent des Mayas de Chichén Itzá en 987.

SINGE HURLEUR
Certaines espèces de ces gros singes bruyants sont menacées par la disparition des forêts tropicales d'Amérique centrale.

CANAL DE PANAMÁ
Cette voie de navigation essentielle, ouverte en 1914, traverse l'isthme de Panamá et relie l'Atlantique au Pacifique.

Mexique

CHICHÉN ITZÁ
La cité en ruine de Chichén Itzá, dans la péninsule mexicaine du Yucatán, a été un centre des civilisations maya et toltèque entre 800 et 1180.

Belize

TOUCAN

Honduras

Guatemala

Nicaragua

AU BELIZE
Le littoral bas et marécageux du Belize est bordé de hauts fonds et d'îles appelées cayes. Les cyclones y sont fréquents en août et en septembre.

Salvador

Costa Rica

Panamá

SOUS LE VOLCAN
Le Costa Rica est un pays montagneux. La dernière éruption du volcan Arenal, dans la Cordillera de Guanacaste, date de 1968.

CACTUS SAGUARO
Le saguaro des déserts mexicains du nord-ouest est le plus grand cactus du monde : il peut dépasser 15 m de haut.

APRÈS LE CYCLONE
En 1998, le cyclone Mitch a frappé une grande partie de l'Amérique centrale, dont la capitale du Honduras, Tegucigalpa.

ACAPULCO
Les touristes se pressent à Acapulco, au sud-ouest du Mexique, pour les plages et la pêche dans l'un des meilleurs ports naturels du Pacifique.

LA TRADITION DU MARCHÉ
Les chasseurs de bonnes affaires affluent sur ce marché de Mexico, construit sur le site de l'ancienne capitale aztèque Tenochtitlán où se tenaient des marchés en plein air.

GRAINS DE CAFÉ
Le café est une exportation majeure en Amérique centrale, surtout au Nicaragua et au Costa Rica.

Le Mexique fait officiellement partie de l'Amérique du Nord bien que ses régions méridionales soient plus proches de l'Amérique centrale. C'est une république démocratique fédérale qui a adhéré en 1994 à l'Accord de libre-échange nord-américain (ALENA) avec le Canada et les États-Unis.

Le Mexique possède de vastes gisements de pétrole, ainsi que de l'argent, du plomb, de l'or et de l'uranium – mais 95 % des ressources sont inexploitées. L'industrie produit des engrais, des produits pétrochimiques, des véhicules et des machines, l'agriculture du coton, du café, des fruits et des légumes. La pêche est importante.

Le Mexique a la plus forte dette extérieure des pays en développement. Beaucoup de ses habitants sont très pauvres et traversent illégalement la frontière des États-Unis à la recherche de travail. Avec plus de 20 millions d'habitants, Mexico est la capitale la plus polluée du monde.

TACOS, GUACAMOLE ET PIMENTS ROUGES

Les difficultés du Mexique se retrouvent dans les autres républiques d'Amérique centrale – Guatemala, Belize, Honduras, Salvador, Nicaragua, Costa Rica et Panamá. Depuis cinquante ans, plusieurs dictateurs ont eu recours à des escadrons de la mort pour faire taire l'opposition. Les États-Unis – soucieux de prévenir la montée du communisme – ont parfois soutenu ces gouvernements, confrontés aux attaques de mouvements révolutionnaires. L'Amérique centrale a également connu de violents conflits frontaliers qui tous prennent racine dans la pauvreté. Les guerres sont aujourd'hui presque terminées, mais la reconstruction est longue. La pauvreté et la dette extérieure restent les problèmes essentiels. L'économie est basée sur le café, les bananes, le coton, la canne à sucre, le maïs et la pêche ; les exportations, sur le textile et l'artisanat.

MOISSONS MARINES
Pêcheur mexicain lançant son filet. Les sardines sont de loin la prise la plus importante, suivies par les anchois, le thon et les crevettes.

LE BLEU DE L'EAU
À Cajún, au nord-est du Yucatán, les touristes admiren un récif corallien tropical dans des bateaux à fond en verre.

COMMERCE DE BANANES
Les bananes sont emballées pour l'exportation avant maturité. Les pays d'Amérique centrale font une concurrence féroce à leurs voisins antillais pour leur part du marché mondial.

MINE D'ÉTAIN
Le Mexique possède de vastes réserves d'étain, d'argent, d'antimoine, de mercure et de fluorine. Les plus précieuses sont celles de pétrole et de gaz.

TISSÉ MAIN
La région est célèbre pour ses tissus aux motifs colorés traditionnellement tissés sur de simples métiers en bois aux fils tendus autour d'un point fixe.

MEXICO
La capitale mexicaine et ses banlieues sont habitées par 25 millions d'habitants. C'est la ville la plus peuplée d'Amérique et un centre d'affaires, de finances, de l'industrie et de communications.

À SAVOIR

HONDURAS
República de Honduras
SUPERFICIE : 112 088 km²
POPULATION : 6,5 millions
CAPITALE : Tegucigalpa
AUTRES VILLES :
San Pedro, Sula, Choluteca
POINT CULMINANT :
Cerro Las Minas (2 849 m)
LANGUE OFFICIELLE : espagnol
MONNAIE : lempira

MEXIQUE
Estados Unidos Mexicanos
SUPERFICIE : 1 958 201 km²
POPULATION : 100 millions
CAPITALE : Mexico
AUTRES VILLES :
Guadalajara, Monterrey, Puebla de Zaragoza
POINT CULMINANT :
pic d'Orizaba (5 700 m)
LANGUE OFFICIELLE : espagnol
MONNAIE : peso mexicain

NICARAGUA
República de Nicaragua
SUPERFICIE : 148 000 km²
POPULATION : 5,2 millions
CAPITALE : Managua
AUTRES VILLES :
León, Granada
POINT CULMINANT :
cordillère Isabelia (2 438 m)
LANGUE OFFICIELLE : espagnol
MONNAIE : cordoba

PANAMÁ
República de Panamá
SUPERFICIE : 75 517 km²
POPULATION : 2,9 millions
CAPITALE : Panamá
AUTRES VILLES :
San Miguelito, Colón, David
POINT CULMINANT :
volcan Baru (3 475 m)
LANGUE OFFICIELLE : espagnol
MONNAIE : balboa

TÊTE OLMÈQUE
Cette énorme tête fut sculptée il y a 3 000 ans par les Olmèques qui peuplaient le Mexique.

TISSAGES
Sur ce marché guatémaltèque, des piles d'écheveaux de laine pour le tissage seront vendues.

À partir de 1200 av. J.-C., l'Amérique centrale vit l'essor des grandes civilisations des Olmèques, des Mayas, des Toltèques et des Aztèques. Il en reste des cités en ruine, des pyramides à degrés et d'immenses temples. Lorsque les Espagnols envahirent la région, en 1519, ils furent stupéfaits par la splendeur de la capitale aztèque, Tenochtitlán.

LES RUINES DE MITLA
Mitla, dans le sud du Mexique, est un ancien site sacré occupé par les Mixtèques il y a 1 000 ans. Les ruines portent encore les traces des peintures d'origine obtenues à partir de baies.

Ces indigènes – que les conquistadores, croyant avoir atteint les Indes, appelèrent Indiens – avaient de bonnes notions d'astronomie et de calcul. Agriculteurs, habiles artisans, ils étaient aussi musiciens et bâtisseurs. Faute d'armes à feu, ils furent rapidement vaincus, et la région devint une partie de l'empire espagnol pour trois siècles. Après l'indépendance du Mexique, en 1823, le pouvoir demeura entre les mains de riches propriétaires terriens. Vers 1840, à la suite d'une guerre avec les États-Unis, le pays perdit de vastes territoires et fut déchiré par la révolution et la guerre civile de 1910 à 1917.

Après leur indépendance, les nations d'Amérique centrale tentèrent de se grouper en une fédération mais se séparèrent en 1838. Là aussi, la population resta pauvre pendant que quelques propriétaires terriens s'enrichissaient. Le Belize, quant à lui, resta une colonie britannique – le Honduras-Britannique – jusqu'en 1981.

UNE COIFFE AZTÈQUE
Les artisans aztèques réalisaient de superbes masques en pierres semi-précieuses, des coiffes emplumées, des bijoux en or et des tissages colorés.

LES MAYAS
La période classique de la civilisation maya, de 250 à 900 environ, fut marquée par la construction de cités aux immenses temples et pyramides de pierre. La région maya allait de la péninsule mexicaine du Yucatán au Guatemala et au Belize. Leurs descendants habitent encore ces régions aujourd'hui.

Les habitants d'Amérique centrale possèdent une riche culture. Certains sont d'origine européenne, mais beaucoup plus sont métis, d'origine à la fois indienne et espagnole. Les peuplades indigènes se composent de grands groupes mayas, ainsi que d'Otomis, de Tarasques, de Zapotèques, de Mixtèques, de Tarahumaras, de Nahuas, de Mosquitos, de Guaymis et de Cunas. Les Garifunas du Belize, du Honduras et du Nicaragua descendent d'Africains et d'un peuple appelé les Caraïbes. Toute la région parle espagnol, mais aussi les langues indiennes, et l'anglais au Belize ou au Nicaragua.

Si le Mexique et l'Amérique centrale sont très catholiques, les traditions locales marquent encore de nombreuses fêtes religieuses avec leurs processions colorées.

ARCHITECTURE COLONIALE
On peut voir des églises construites par les Espagnols à Taxco de Alarcón, au Mexique, un centre minier avant l'arrivée des Espagnols, en 1528.

MÉLANGE DE TRADITIONS
Les anciens rituels mayas ont influencé la pratique chrétienne des Quiché Mayas du Guatemala.

LE JOUR DES MORTS
Les Mexicains honorent leurs morts le 1er novembre. Des autels sont alors chargés de nourriture, de squelettes en papier mâché, de photographies et de fleurs.

CHRONOLOGIE

Av. J.-C.

v. 2600	Origines de la civilisation maya au Yucatán.
v. 1000	Origines de la civilisation zapotèque.

Apr. J.-C.

300	Empire maya (jusque v. 900).
1325	Construction de la grande ville de Tenochtitlán par les Aztèques.
1400	Apogée de l'Empire aztèque.
1519	Invasion de l'Empire aztèque par les Espagnols (conquête vers 1521).
1600	Attaques pirates sur la côte atlantique.
1810	Révolte contre la domination espagnole au Mexique.
1821	Fin de la domination espagnole en Amérique centrale.
1823	Provinces unies d'Amérique centrale (jusqu'en 1838) : Honduras, Costa Rica, Salvador, Guatemala, Nicaragua.
1846	Guerre entre le Mexique et les États-Unis (jusqu'en 1848) : perte de la Californie et du Nouveau-Mexique.
1862	Le Honduras britannique (Belize) devient une colonie britannique.
1911	Révolution au Mexique : réforme politique.
1914	Ouverture du canal de Panamá.
1970	Violences politiques au Guatemala.
1978	Révolution au Nicaragua.
1981	Indépendance du Belize.
1985	Tremblement de terre de Mexico.
1994	Insurrection du Chiapas au Mexique.
	Adhésion du Mexique à l'Accord de libre-échange nord-américain (ALENA).
2001	Troisième sommet des Amériques, discussions autour d'une zone de libre-échange élargie.

ANTILLES

IBIS ROUGE

Les îles sont belles et nombreuses entre le détroit de Floride et la côte vénézuélienne ou le golfe du Mexique, à l'ouest, et l'océan Atlantique, à l'est. Beaucoup sont formées de corail ; d'autres sont les sommets de volcans sous-marins parfois encore en activité, et des récifs côtiers créent sous l'eau un univers de coraux, d'algues et de poissons aux vives couleurs.

Le climat est chaud et tropical. Sur les plus petites îles, l'humidité est tempérée par les brises océaniques. Les cyclones apportent, à la fin de l'été et en automne, des vents violents et des pluies diluviennes.

Les Bahamas et les îles Turks et Caicos forment l'anneau extérieur nord. L'archipel des Grandes Antilles comprend Cuba, la plus grande île de la région, avec ses plaines fertiles, ses collines vallonnées, ses forêts et ses montagnes. Elle a pour voisins les îles Cayman, la Jamaïque, Hispaniola (divisée entre Haïti et la République dominicaine) et Porto Rico.

Les îles des Petites Antilles, plus… petites, décrivent un vaste arc de cercle entre les îles Vierges et Aruba. Celles du nord sont appelées îles Sous-le-Vent, et celles du sud, îles du Vent. Les Antilles délimitent la mer des Antilles, parfois appelée mer des Caraïbes.

À SAVOIR

DOMINIQUE
Commonwealth of Dominica
SUPERFICIE : 751 km²
POPULATION : 70 000
CAPITALE : Roseau
POINT CULMINANT : morne Diablotin (1 447 m)
LANGUE OFFICIELLE : anglais
MONNAIE : dollar des Caraïbes orientales

RÉPUBLIQUE DOMINICAINE
República Dominicana
SUPERFICIE : 48 734 km²
POPULATION : 8,6 millions
CAPITALE : Saint-Domingue
AUTRES VILLES : Santiago de los Caballeros, La Romana
POINT CULMINANT : Pico Duarte (3 175 m)
LANGUE OFFICIELLE : espagnol
MONNAIE : peso de la République dominicaine

GRENADE
SUPERFICIE : 344 km²
POPULATION : 94 000
CAPITALE : Saint George's
POINT CULMINANT : mont Sainte-Catherine (840 m)
LANGUE OFFICIELLE : anglais
MONNAIE : dollar des Caraïbes orientales

HAÏTI
République d'Haïti
SUPERFICIE : 27 750 km²
POPULATION : 7,7 millions
CAPITALE : Port-au-Prince
AUTRES VILLES : Jacmel, Les Cayes
POINT CULMINANT : La Selle (2 677 m)
LANGUES OFFICIELLES : français, créole
MONNAIE : gourde

RÉCIF CORALLIEN
Des anémones, des éponges, des hippocampes et autres poissons vivent dans les coraux.

À SAVOIR

ANTIGUA-ET-BARBUDA
SUPERFICIE : 442 km²
POPULATION : 65 000
CAPITALE : Saint John's
POINT CULMINANT : Boggy Peak (402 m)
LANGUE OFFICIELLE : anglais
MONNAIE : dollar des Caraïbes orientales

BAHAMAS
Commonwealth of the Bahamas
SUPERFICIE : 13 878 km²
POPULATION : 300 000
CAPITALE : Nassau
POINT CULMINANT : Cat Island (63 m)
LANGUE OFFICIELLE : anglais
MONNAIE : dollar des Bahamas

BARBADE
SUPERFICIE : 430 km²
POPULATION : 260 000
CAPITALE : Bridgetown
POINT CULMINANT : mont Hillaby (340 m)
LANGUE OFFICIELLE : anglais
MONNAIE : dollar de la Barbade

CUBA
República de Cuba
SUPERFICIE : 110 861 km²
POPULATION : 11 millions
CAPITALE : La Havane
AUTRES VILLES : Santiago de Cuba, Camagüey
POINT CULMINANT : pic Turquino (1 972 m)
LANGUE OFFICIELLE : espagnol
MONNAIE : peso cubain

PALMIERS
L'image la plus commune des Antilles est celle de palmiers se balançant sous la brise. Ici, à la Jamaïque, les noix de coco sont cultivées sur des arbres qui peuvent atteindre 25 m de hauteur.

ORAGE
Les satellites suivent depuis l'espace la progression des cyclones. Ces tempêtes tourbillonnantes dévastent les Antilles chaque année entre août et octobre.

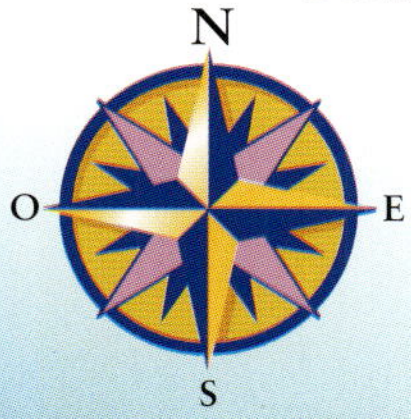

À DOS D'ÂNE
L'âne est un moyen traditionnel de déplacement dans le paysage montagneux de la République dominicaine.

VISION DE RÊVE À SAINTE-LUCIE
Sainte-Lucie est une île volcanique des îles du Vent. Ses paysages grandioses et ses plages attirent de nombreux touristes.

LE CHE
Né en Argentine, Ernesto Guevara, dit le Che, a joué un rôle important dans la révolution cubaine (1956-1959). Il a été tué en Bolivie en 1967.

CONSTRUCTION NAVALE
Aux Antilles, comme ici à la Barbade, les bateaux sont souvent construits selon les méthodes traditionnelles.

À SAVOIR

JAMAÏQUE
SUPERFICIE : 10 990 km²
POPULATION : 2,5 millions
CAPITALE : Kingston
AUTRES VILLES : Spanish Town, Montego Bay
POINT CULMINANT : Blue Mountain Peak (2 256 m)
LANGUE OFFICIELLE : anglais
MONNAIE : dollar de la Jamaïque

SAINT-KITTS-ET-NEVIS
Federation of St Christopher and Nevis
SUPERFICIE : 261 km²
POPULATION : 40 000
CAPITALE : Basseterre
POINT CULMINANT : Liamuiga (1 156 m)
LANGUE OFFICIELLE : anglais
MONNAIE : dollar des Caraïbes orientales

SAINTE-LUCIE
SUPERFICIE : 622 km²
POPULATION : 150 000
CAPITALE : Castries
POINT CULMINANT : mont Gimie (959 m)
LANGUE OFFICIELLE : anglais
MONNAIE : dollar des Caraïbes orientales

SAINT-VINCENT-ET-LES-GRENADINES
SUPERFICIE : 388 km²
POPULATION : 110 000
CAPITALE : Kingstown
POINT CULMINANT : La Soufrière (1 234 m)
LANGUE OFFICIELLE : anglais
MONNAIE : dollar des Caraïbes orientales

TRINITÉ-ET-TOBAGO
Republic of Trinidad and Tobago
SUPERFICIE : 5 130 km²
POPULATION : 1,3 million
CAPITALE : Port of Spain
AUTRES VILLES : San Fernando, Arima
POINT CULMINANT : Aripo (940 m)
LANGUE OFFICIELLE : anglais
MONNAIE : dollar de Trinité-et-Tobago

Les Antilles comptent treize pays indépendants, dont les liens économiques ont été renforcés par le Marché commun des Antilles (CARICOM, créé en 1973). Parmi les onze autres territoires, la plupart restent volontairement dépendants d'autres pays pour des raisons économiques et de sécurité, et les Antilles françaises sont administrées comme le reste de la métropole.

RADIOTÉLESCOPE
Le plus grand radiotélescope du monde se trouve près d'Arecibo, sur l'île de Porto Rico.

Cuba, la plus grande des îles, a un gouvernement communiste depuis 1959 et entretenait depuis 1991 des relations commerciales vitales avec les pays communistes d'Europe centrale et orientale. Depuis la chute du communisme, le pays doit faire face à un embargo commercial des États-Unis.

Certaines îles comme Haïti ont un long passé de violence politique et de corruption. Sur d'autres, le problème a été celui des alliances – Anguilla a refusé de rejoindre Saint-Kitts-et-Nevis, et Aruba s'est retirée des Antilles néerlandaises. Enfin, d'autres îles ont été victimes de catastrophes naturelles : cyclones, éruptions volcaniques.

Les Antillais sont pour la plupart pauvres. Les cultures destinées à l'exportation se limitent aux épices, fruits tropicaux – bananes, mangues, citrons verts –, canne à sucre et coton. Cuba est connue pour son rhum et son tabac. Beaucoup d'insulaires pêchent et cultivent pour se nourrir, et l'alimentation traditionnelle est basée sur le poisson salé, les pois cajan, la noix de coco, le piment rouge et la farine de maïs.

LES TEMPS CHANGENT
À Sainte-Lucie, Rodney Bay, qui n'abritait autrefois que des villages de pêcheurs, devint une base aéronavale américaine dans les années 1940. C'est aujourd'hui un centre touristique avec port de plaisance et nombreux hôtels.

JOUR DE MARCHÉ
Qu'acheter sur un marché des Antilles ? Des fruits tropicaux, du poisson salé, des fruits de mer et des légumes – et, pour manger sur place, des rotis, des crêpes fourrées de poulet au curry et de légumes.

FIDEL CASTRO
Fidel Castro (né en 1926) est le chef historique de la révolution cubaine : en 1959, il renversa le régime corrompu de Fulgencio Batista et instaura un régime communiste fortement lié à l'URSS.

VILLAGE DES ANTILLES
La plupart des Antillais vivent dans des maisons basses, très rudimentaires. Les murs blancs réfléchissent le soleil et gardent l'intérieur frais, malgré la chaleur torride. Jusqu'à quatre générations vivent parfois dans une même maison.

Le secteur industriel est réduit. Seule Trinité produit du pétrole et du gaz naturel. Les mers bleues et les plages de sable blanc bordées de palmiers ont fait du tourisme une industrie majeure pour plusieurs îles. D'autres, comme les îles Cayman, se sont dotées d'un droit fiscal permettant aux banques du monde entier de s'y installer. Cependant, les richesses du tourisme et des banques ne bénéficient que peu aux populations.

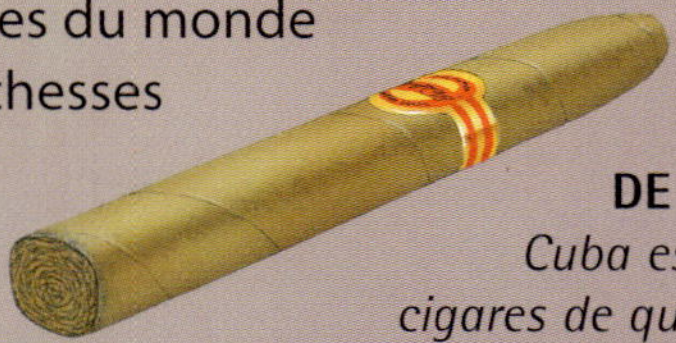

DES CIGARES DE GRANDE CLASSE
Cuba est célèbre pour ses cigares de qualité supérieure et son rhum de canne à sucre.

À SAVOIR

Dépendances des Antilles

ANGUILLA
Territoire britannique d'outre-mer
Superficie : 91 km^2
Population : 11 300
Capitale : The Valley
Langue officielle : anglais
Monnaie : dollar des Caraïbes orientales

ARUBA
Île autonome des Pays-Bas
Superficie : 193 km^2
Population : 67 000
Capitale : Oranjestad
Langue officielle : néerlandais
Monnaie : florin

ÎLES CAYMAN
Territoire britannique d'outre-mer
Superficie : 264 km^2
Population : 30 000
Capitale : George Town
Langue officielle : anglais
Monnaie : dollar des îles Cayman

GUADELOUPE
Département français d'outre-mer
Superficie : 1 705 km^2
Population : 420 000
Capitale : Basse-Terre
Langue officielle : français
Monnaie : euro

MARTINIQUE
Département français d'outre-mer
Superficie : 1 102 km^2
Population : 400 000
Capitale : Fort-de-France
Langue officielle : français
Monnaie : euro

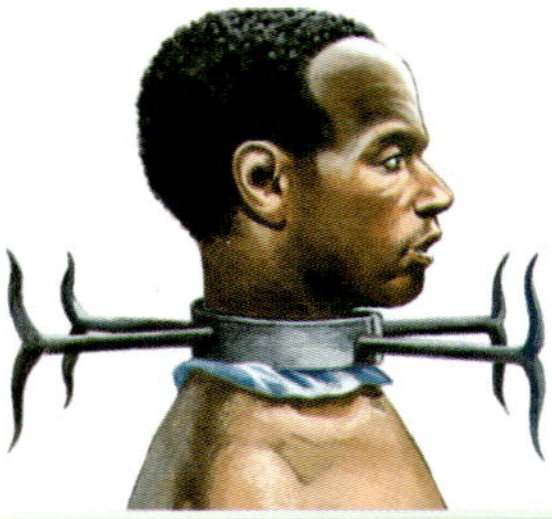

LE COMMERCE DES ESCLAVES
De 1500 à 1800 environ, des esclaves furent amenés d'Afrique aux Antilles et vendus sur les marchés. Les punitions qu'ils subissaient étaient souvent mortelles.

LES PLANTATIONS DE CANNE À SUCRE
La canne à sucre a été le pilier de l'économie antillaise de 1600 à récemment. Le sucre était expédié en Europe et en Amérique du Nord, et les esclaves exploitaient les plantations des Blancs.

À SAVOIR

Dépendances des Antilles

MONTSERRAT
Territoire britannique d'outre-mer
SUPERFICIE : 102 km^2
POPULATION : 12 000
CAPITALE : Plymouth
LANGUE OFFICIELLE : anglais
MONNAIE : dollar des Caraïbes orientales

ANTILLES NÉERLANDAISES
Îles autonomes des Pays-Bas
SUPERFICIE : 800 km^2
POPULATION : 200 000
CAPITALE : Willemstad
LANGUE OFFICIELLE : néerlandais
MONNAIE : florin des Antilles néerlandaises

PORTO RICO
État libre associé aux États-Unis
SUPERFICIE : 8 875 km^2
POPULATION : 3,8 millions
CAPITALE : San Juan
LANGUES OFFICIELLES : anglais, espagnol
MONNAIE : dollar américain

TURKS ET CAICOS
Territoire britannique d'outre-mer
SUPERFICIE : 430 km^2
POPULATION : 7 000
CAPITALE : Cockburn Town
LANGUE OFFICIELLE : anglais
MONNAIE : dollar américain

ÎLES VIERGES (GRANDE-BRETAGNE)
Territoire britannique d'outre-mer
SUPERFICIE : 151 km^2
POPULATION : 20 000
CAPITALE : Road Town
LANGUE OFFICIELLE : anglais
MONNAIE : dollar américain

ÎLES VIERGES (ÉTATS-UNIS)
Territoire non incorporé des États-Unis
SUPERFICIE : 347 km^2
POPULATION : 100 000
CAPITALE : Charlotte Amalie
LANGUE OFFICIELLE : anglais
MONNAIE : dollar américain

Pendant la préhistoire, les Antilles furent peuplées d'indigènes venus du continent américain. À l'arrivée de Christophe Colomb, en 1492, on distinguait deux principaux groupes, les Arawaks et les Caraïbes. Les Arawaks furent réduits en esclavage, massacrés par les Espagnols ou décimés par les maladies ; les Caraïbes résistèrent plus longtemps – en fin de compte, cependant, peu d'entre eux survécurent.

Les Espagnols s'emparèrent de plusieurs îles et subirent les attaques de pirates anglais, français et hollandais. Les autres souverains européens s'emparèrent bientôt eux aussi de territoires. Les colons cultivèrent du tabac et de la canne à sucre, avec comme main-d'œuvre des esclaves importés d'Afrique. Cruellement traités, certains esclaves s'enfuirent, et de violentes révoltes éclatèrent en Jamaïque et à Haïti au XVIIIe siècle. Vers 1800, Haïti devint la première république afro-antillaise indépendante.

CARNAVAL
À Trinité, le carnaval est l'époque des costumes, des danses, des orchestres de percussions et des rythmes, appelés calypsos.

LA « SANTA MARIA »
Le navire de Christophe Colomb atteignit San Salvador, aux Bahamas, en 1492 – un tournant dans l'histoire du monde.

DES FEMMES PIRATES
Deux femmes pirates, Anne Bonny et Mary Read, furent jugées à la Jamaïque en 1720. Les Antilles ont longtemps vécu dans la terreur des pirates et des boucaniers.

RETOUR VERS L'AFRIQUE
Les rastafari retournent à leurs racines africaines et honorent Hailé Sélassié (1892-1975), ancien empereur d'Éthiopie.

Après l'abolition de l'esclavage (vers 1830), beaucoup de colons quittèrent la région, qu'ils appelaient les Indes-Occidentales, et certaines îles comme Trinité firent alors appel à des travailleurs d'Inde et d'Asie du Sud-Est. La plupart des îles restèrent des colonies jusque dans les années 1960.

Les Antillais sont d'origine multiple – amérindienne, africaine, espagnole, anglaise, irlandaise, française, néerlandaise et asiatique. Les deux principaux groupes sont les descendants d'Afro-Antillais et d'Espagnols. L'espagnol, l'anglais et le français sont très parlés, souvent sous forme de dialectes créoles influencés par les langues africaines.

Le christianisme est puissant. À Haïti, on pratique aussi le vaudou, un culte africain, et les rastafari de la Jamaïque s'inspirent de la spiritualité africaine.

La musique et la danse antillaises (salsa, reggae) sont appréciées dans le monde entier et occupent une place de choix dans les carnavals de la région. Les sports populaires sont le cricket, le football et le base-ball.

STEEL BAND
Les bidons de métal martelés donnent ce son typique de Trinité.

L'AMOUR DU CRICKET
Les équipes de cricket antillaises sont championnes depuis les années 1960. Ce sport anglais est très populaire aux Caraïbes.

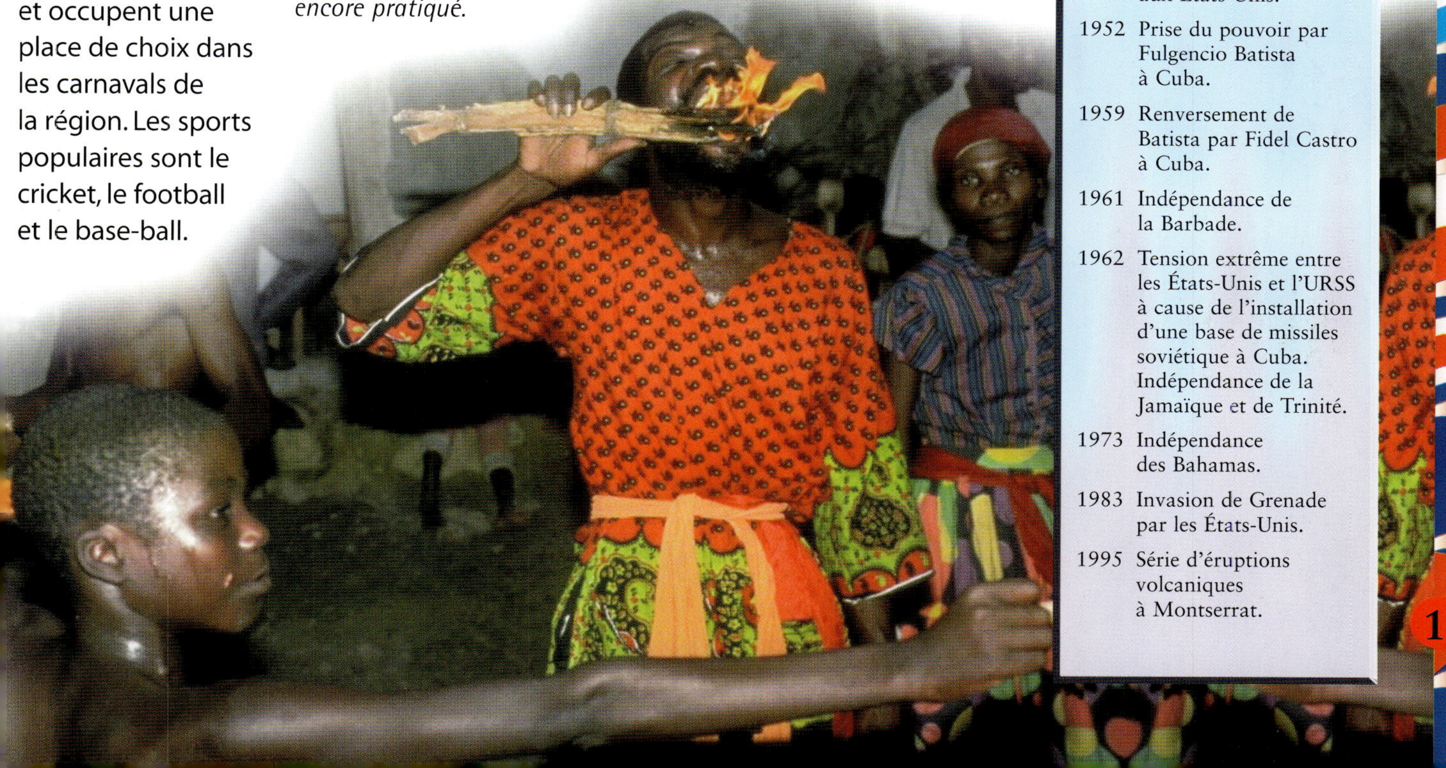

LE VAUDOU HAÏTIEN
Les tambours et les danses font entrer les assistants en transe. Le vaudou est fondé sur un culte africain des esprits appelés loas. *Il a inspiré les révoltes d'esclaves à Haïti, où il est encore pratiqué.*

CHRONOLOGIE

Apr. J.-C.

200	Peuplement amérindien : expulsion des Ciboneys de Cuba par les Tainos.
1000	Migrations et guerres arawaks et caraïbes.
1492	Arrivée de Christophe Colomb aux Bahamas.
1496	Premier établissement espagnol à Santo Domingo (Hispaniola).
1511	Colonisation espagnole de Cuba.
1523	Commerce des esclaves avec l'Afrique.
1655	Prise de la Jamaïque par les Britanniques.
1660	Expansion de la piraterie (jusqu'aux années 1720).
1697	Prise de contrôle de Haïti (Hispaniola) par les Français.
1804	Indépendance de la République d'Haïti sous domination noire.
1838	Abolition de l'esclavage dans certaines régions.
1868	Défaite du mouvement indépendantiste à Cuba (1878).
1895	Soulèvement à Cuba (jusqu'en 1898).
1898	Cession de Porto Rico aux États-Unis.
1952	Prise du pouvoir par Fulgencio Batista à Cuba.
1959	Renversement de Batista par Fidel Castro à Cuba.
1961	Indépendance de la Barbade.
1962	Tension extrême entre les États-Unis et l'URSS à cause de l'installation d'une base de missiles soviétique à Cuba. Indépendance de la Jamaïque et de Trinité.
1973	Indépendance des Bahamas.
1983	Invasion de Grenade par les États-Unis.
1995	Série d'éruptions volcaniques à Montserrat.

ANDES
DU NORD

OISEAU ET SERPENT
De superbes sculptures ont été réalisées à San Augustín, en Colombie, il y a 2000 ans environ.

Les Andes parcourent l'Amérique du Sud sur toute sa longueur, de la Colombie à la Terre de Feu – plus de 6400 km. Les sommets sont très hauts, très beaux et… très précieux, car ils contiennent de l'argent, de l'étain et autres minéraux utiles.

On y trouve des volcans couronnés de neige, des glaciers miroitants et de vastes plateaux froids – notamment, à la frontière entre le Pérou et la Bolivie, un plateau dont le lac Titicaca, le lac navigable le plus haut du monde, occupe 8288 km^2. Au nord, les montagnes descendent vers les plaines de la côte caraïbe. À l'ouest, elles sont doublées par la bande côtière pacifique, en partie humide et fertile, mais sèche et désertique au Pérou, où les courants océaniques froids ne permettent que difficilement à l'air d'absorber l'humidité.

Loin vers l'ouest, l'archipel des Galápagos appartient à l'Équateur. Dans l'est de ce pays, les pics et plateaux ensoleillés des Andes font place à des contreforts embrumés et à des vallées escarpées, puis aux immenses forêts tropicales du centre de l'Amérique du Sud. Les cours d'eau des versants orientaux s'écoulent dans les vastes réseaux fluviaux de l'Orénoque et de l'Amazone.

BAÑOS, ÉQUATEUR
Cette ville est située dans les Andes orientales, sur la route de l'Oriente, une province amazonienne de l'Équateur.

À SAVOIR

BOLIVIE
República de Bolivia
SUPERFICIE : 1 098 581 km^2
POPULATION : 8,5 millions
CAPITALE : Sucre
AUTRES VILLES : La Paz, Santa Cruz, Cochabamba
POINT CULMINANT : Nevado Sajama (6 520 m)
LANGUE OFFICIELLE : espagnol
MONNAIE : peso bolivien

COLOMBIE
República de Colombia
SUPERFICIE : 1 138 914 km^2
POPULATION : 43 millions
CAPITALE : Bogotá
AUTRES VILLES : Medellín, Cali, Barranquilla
POINT CULMINANT : pic Christophe Colomb (5 775 m)
LANGUE OFFICIELLE : espagnol
MONNAIE : peso colombien

ÉQUATEUR
República del Ecuador
SUPERFICIE : 283 560 km^2 (avec les îles Galápagos)
POPULATION : 12,8 millions
CAPITALE : Quito
AUTRES VILLES : Guayaquil, Cuenca
POINT CULMINANT : Chimborazo (6 310 m)
LANGUE OFFICIELLE : espagnol
MONNAIE : dollar

PÉROU
República de Peru
SUPERFICIE : 1 285 216 km^2
POPULATION : 26 millions
CAPITALE : Lima
AUTRES VILLES : Callao, Arequipa, Chiclayo
POINT CULMINANT : Nevado Huascarán (6 768 m)
LANGUES OFFICIELLES : espagnol, quechua, aymara
MONNAIE : nouveau sol

LES ANDES, LIGNE DE PARTAGE DES EAUX

L'Amérique du Sud est bordée à l'ouest par les Andes. Quelques chutes de pluie sont drainées vers l'océan Pacifique, mais le reste s'écoule vers l'est.

Colombie

EST DE LA BOLIVIE

Huttes villageoises de la région des Yungas, à l'est de la Bolivie, là où l'Altiplano (haut plateau) descend vers les basses terres boisées et humides du bassin amazonien.

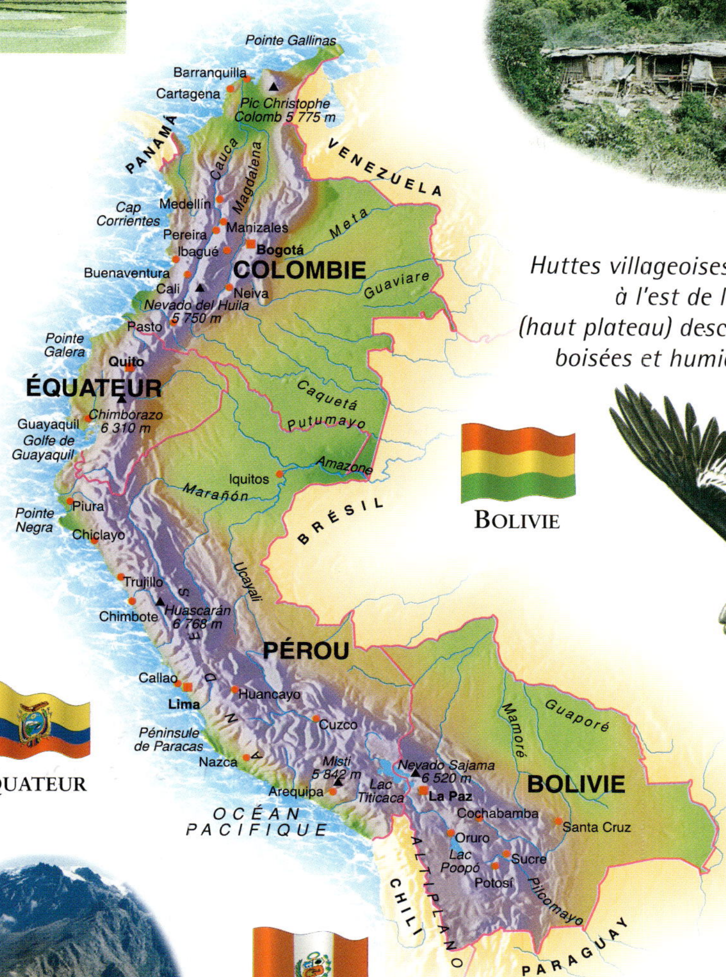

LAC TITICACA

C'est le plus grand lac d'Amérique du Sud, formé en fait de deux lacs plus petits, le Chucuito et l'Uinamarca, reliés par un étroit passage.

Bolivie

CONDOR

Équateur

Pérou

UNE RIVIÈRE DE PLUS

L'Urubamba prend sa source dans les Andes et traverse de profondes gorges avant de se joindre à l'Apurímac pour former l'Ucayali, qui lui-même se jette dans la puissante Amazone.

EN ALTITUDE

La station de ski de Chacaltaya, en Bolivie, la plus haute du monde, domine les plateaux de l'Altiplano.

UNE RIVIÈRE DE GLACE

Au Pérou, les Andes se divisent en trois grandes chaînes. La plus élevée est la cordillère Blanche, dont on voit ici des pics enneigés dressés sur des glaciers, tel le Pastoruri, à 5 300 m.

PATROUILLE ANTICOCAÏNE
Dans le cadre de la lutte antidrogue, un avion recherche les plantations clandestines de coca.

À LA PÊCHE
Les Aymaras et les Urus du lac Titicaca pêchent le poisson-chat, la truite et le cynolebias, un poisson d'aquarium.

RÉCOLTE DE ROSEAUX
De longs et épais roseaux appelés totoras *poussent sur les rives et les îles du lac Titicaca et forment des plates-formes flottantes. Ils sont récoltés et liés en fagots pour construire des maisons et des bateaux de pêche, les* balsas.

Les quatre pays des Andes du Nord sont tous des républiques, mais l'armée y a souvent pris le pouvoir ou contrôlé les gouvernements dans l'ombre. La région a connu de longues années de guérilla, alimentée par la pauvreté et l'injustice sociale. Sans compter la criminalité organisée des gangs qui exportent la cocaïne – une drogue fabriquée avec la coca, cultivée ici depuis des milliers d'années.

La région possède d'importantes richesses minérales – pétrole, cuivre, émeraudes, argent, étain, zinc, plomb, or. Les pauvres n'en restent pas moins très nombreux, dans les villes comme ailleurs. Dans les basses terres chaudes, on cultive le coton, la canne à sucre et les bananes – le café colombien, récolté sur les versants tropicaux, est l'un des meilleurs du monde – et, sur les frais plateaux, les pommes de terre, le maïs, le blé et une céréale appelée *quinoa*.

Les forêts fournissent du bois précieux. Les vastes flottes de pêche du Pacifique prennent des sardines, des anchois et du thon. Les crevettes sont élevées sur la côte, et le poisson est utilisé pour la production d'engrais.

GARE ANDINE
Alausí, dans la province de Chimborazo, est sur la ligne Guayaquil-Quito. On trouve dans les Andes les voies ferrées les plus hautes du monde.

FLÛTES DE ROSEAU
Appelées antaras *ou* zampoñas, *les flûtes de Pan sont jouées depuis la période inca.*

MOYEN DE TRANSPORT LOCAL
Les triporteurs permettent de se déplacer à Chiclayo, principale ville de la région péruvienne de Lambayeque, sur la route qui relie les Amériques du Nord et du Sud.

STADE DE LIMA
Le stade national du Pérou est situé à Lima, la capitale, qui compte près de 6 millions d'habitants.

UNE MINE D'ARGENT
Les Espagnols ont conquis jadis la Bolivie, et Cerro Rico, au Potosí, devint la plus grande mine d'argent du monde – des richesses renvoyées en Europe.

LA CAPITALE COLOMBIENNE
Les montagnes se dressent derrière les tours de Bogotá. La plus grande ville de Colombie abrite 5 millions d'habitants.

Conséquence de la colonisation, la région est très catholique, et les fêtes et pèlerinages sont fréquents. La langue espagnole est parlée partout. Les métis (d'origine européenne et indienne, ou africaine, voire asiatique) sont nombreux. Les Indiens représentent à peine 1 % de la population en Colombie, mais ils atteignent 25 % en Équateur, 45 % au Pérou et 55 % en Bolivie.

Les deux groupes indiens les plus importants sont les Aymaras et les Quechuas. La plupart sont de pauvres paysans, ignorés par ceux qui détiennent le pouvoir dans les villes. Dans les montagnes, la vie continue quasi à l'identique depuis des siècles, et les habitants tissent, vont au marché en plein air et font paître leurs lamas. L'ensorcelante musique des Andes y est jouée à la guitare, à la flûte de Pan et aux tambours.

CULTIVER LES PENTES
Les paysans cultivent depuis toujours les versants escarpés en terrasses. Les Incas étaient passés maîtres en irrigation.

TRAIN DE MULES
Têtues mais le pied sûr, les mules transportent les marchandises dans les Andes depuis le XVIe siècle.

PIERRES INCAS
Les Incas étaient de bons tailleurs de pierre. Leurs constructions ont résisté aux tremblements de terre.

Pendant la préhistoire, les Andes du Nord furent occupées par différentes tribus, et plusieurs civilisations brillantes s'y développèrent.

De 1200 à 200 av. J.-C., la civilisation chavín produisit des sculptures, des poteries et des textiles peints. Les lignes et dessins étranges creusés dans le désert de Nazca, au sud du Pérou, ont peut-être été réalisés en hommage aux dieux. Plus au nord, la vallée de Moche fut le centre d'une civilisation qui construisait des pyramides en l'honneur du Soleil et élabora un système d'irrigation.

LE TEMPLE DU SOLEIL
Cette pyramide moche, ou mochica, de 40 m de haut, a été construite avec environ 140 millions de briques de boue séchée.

Il y a plus de mille ans, les Chimús du nord du Pérou étaient très habiles dans le travail de l'or et fabriquèrent des poteries en grandes quantités.

La civilisation la plus étonnante fut celle des Incas, qui vainquirent les Chimús en 1476. L'Empire inca, qui avait sa capitale à Cuzco (actuel Pérou), allait de l'Équateur au Chili et réunissait 12 millions de sujets. Les Incas construisirent des cités aux temples immenses et étudièrent les étoiles.

LA PAZ, BOLIVIE
Un vendeur de rue propose des légumes à La Paz, l'une des deux capitales de la Bolivie. Située à 3 658 m d'altitude, c'est la capitale la plus haute du monde.

L'APPÂT DE L'OR
Les Espagnols furent attirés en Amérique du Sud par des rumeurs d'une montagne d'or.

L'Espagne envahit la Colombie en 1499 et, vers 1532, une troupe de soldats espagnols, les conquistadores, repoussèrent par traîtrise et par force le puissant Empire inca vers le sud. Ils étaient avides d'or et d'argent, et le nord des Andes leur offrait des richesses inimaginables.

LA PISTE INCA
Dans tout leur empire, les Incas construisirent des forteresses, des cités et des canaux d'irrigation. Les marchandises étaient transportées à dos de lamas, et les messages, par des relais de coureurs.

LE MACHU PICCHU
La plus célèbre des cités incas du Pérou, haut perchée au-dessus des gorges de l'Urubamba, date sans doute du XVᵉ siècle. Elle était entourée de champs en terrasses.

La domination des Espagnols dura trois cents ans. Ils construisirent des églises et des villes, exploitèrent les mines d'argent et employèrent les populations indigènes au travail de la terre. Vers 1820, un révolutionnaire du nom de Simón Bolívar (1783-1830) mena la révolte contre l'Espagne. Son nom fut donné à l'un des territoires qu'il libéra : la Bolivie.

Les pays indépendants ne tardèrent pas à se faire la guerre. Quelques familles de la classe dirigeante devinrent très riches, mais la plupart des habitants restèrent pauvres.

QUITO, ÉQUATEUR
La capitale de l'Équateur abrite aussi bien d'anciens bâtiments coloniaux que des bureaux et des usines modernes. La ville est construite à 2 850 m au pied du volcan Pichincha.

PÈLERINAGE
Les conquérants espagnols apportèrent le catholicisme dans les Andes. On voit ici le sanctuaire de Nuestra Señora de Acua Santa, en Équateur.

LA CONQUÊTE
Les Espagnols atteignirent le Pérou en 1532. Ils s'emparèrent de l'empereur Atahualpa et conquirent tout le territoire inca, malgré une résistance qui dura encore quarante ans.

CHRONOLOGIE

Av. J.-C.	
8500	Origines possibles de l'agriculture au Pérou.
3000	Poteries en Colombie et Équateur.
1500	Travail des métaux au Pérou.
900	Civilisation chavín dans les Andes.
200	Civilisation nazca au Pérou.
Apr. J.-C.	
1	Civilisation moche (ou mochica) au Pérou.
600	Civilisation tiahuanaco en Bolivie.
1200	Débuts de l'Empire inca.
1250	Civilisation chimú au Pérou.
1400	Apogée de l'Empire inca.
1531	Débarquement espagnol en Équateur.
1533	Défaite des Incas face aux Espagnols.
1538	Conquête de la Colombie par les Espagnols.
1545	Mines d'argent en Bolivie.
1780	Soulèvement indien au Pérou.
1819	La Colombie se libère de l'Espagne.
1822	L'Équateur rejoint la Colombie.
1824	Le Pérou se libère de l'Espagne.
1825	La Bolivie se libère de l'Espagne.
1830	Indépendance totale de la Colombie ; indépendance de l'Équateur.
1932	Guerre du Chaco (jusqu'en 1935) : victoire du Paraguay sur la Bolivie.
1941	Invasion de l'Équateur par le Pérou.
1948	Signature de l'Organisation des États américains en Colombie.
1952	Révolution nationale en Bolivie.
1989	Guerre des gangs de la drogue en Colombie.

Brésil, Venezuela, Guyana, Surinam et Guyane française

POISSON CARNIVORE
Les piranhas, carnivores, vivent par bancs entiers dans le bassin de l'Amazone.

Le Venezuela (« Petite Venise ») doit son nom à la vaste anse peu profonde formée par le lac de Maracaibo qui a rappelé aux explorateurs européens les lagunes des environs de Venise.

Au Venezuela, le fleuve Orénoque s'ouvre un passage entre un éperon du nord des Andes et les hautes terres du massif guyanais, traverse des plaines herbeuses, les Llanos, et forme un large delta marécageux sur la côte caraïbe. Dans le sud-est du pays, les chutes d'eau Angel – les plus hautes du monde – tombent de 979 m.

La basse côte caraïbe, au climat chaud et moite, se poursuit vers l'est dans les pays de la Guyana, du Surinam et de la Guyane française. Au sud, le relief s'élève vers les versants boisés du plateau des Guyanes.

Après la frontière brésilienne, le plateau redescend jusqu'au vaste bassin de l'Amazone. Ce fleuve puissant est alimenté par des milliers de cours d'eau qui s'écoulent à travers la luxuriance tropicale de la plus grande « forêt vierge » du monde – elle couvre une superficie de plus de 330 millions d'hectares. Large et boueuse, l'Amazone coule vers l'est pour se jeter dans l'océan Atlantique. Le sud du Brésil monte vers les hautes terres et le plateau tropical du Mato Grosso, drainé au sud par le fleuve Paraná.

UN SERPENT GÉANT
L'anaconda peut atteindre 9 m de long. Il chasse dans les rivières en étranglant ou en noyant ses proies.

LES PALMIERS DU PANTANAL
Au sud-ouest du Brésil, les marais du Pantanal sont créés par les crues saisonnières du fleuve Paraguay. L'eau recouvre 101 000 km² du Mato Grosso.

À SAVOIR

BRÉSIL
República federativa do Brasil
SUPERFICIE : 8 512 000 km²
POPULATION : 172,5 millions
CAPITALE : Brasília
AUTRES VILLES : São Paulo, Rio de Janeiro, Salvador, Belo Horizonte, Porto Alegre
POINT CULMINANT : pic de la Neblina (3 014 m)
LANGUE OFFICIELLE : portugais
MONNAIE : real brésilien

GUYANA
Co-operative Republic of Guyana
SUPERFICIE : 215 000 km²
POPULATION : 763 000
CAPITALE : Georgetown
AUTRES VILLES : New Amsterdam, Linden
POINT CULMINANT : Roraima (2 772 m)
LANGUE OFFICIELLE : anglais
MONNAIE : dollar de Guyana

SURINAM
République du Surinam
SUPERFICIE : 163 265 km²
POPULATION : 419 000
CAPITALE : Paramaribo
AUTRES VILLES : Groningen, Nieuw Amsterdam
POINT CULMINANT : Julianatop (1 230 m)
LANGUE OFFICIELLE : néerlandais
MONNAIE : florin du Surinam

FOURMILIER
On distingue trois espèces de fourmiliers, toutes avec une longue langue collante leur permettant d'attraper fourmis et termites.

GUYANA

CHUTES DE L'IGUAÇU
L'Iguaçu dévale une paroi rocheuse en centaines de chutes d'eau, puis il se jette dans le Paraná, à la frontière argentino-brésilienne.

VENEZUELA

SURINAM

GUYANE FRANÇAISE

BRÉSIL

GRENOUILLE À FLÈCHE TOXIQUE

DANS L'EST DU BRÉSIL
À Vila Velha, dans l'État brésilien d'Espírito Santo, ce pilier de grès a été érodé par le vent et la pluie de l'Atlantique Sud.

TAPIR
Les tapirs habitent les forêts tropicales et les marais. Leur lèvre supérieure souple leur sert à attraper leur nourriture.

UN GRAND FLEUVE
Long de plus de 6 500 km, l'Amazone est le deuxième fleuve du monde après le Nil.

Le nord de l'Amérique du Sud est divisé en quatre républiques – le Brésil, (le plus grand pays du continent), le Venezuela et deux petits pays caraïbes, le Surinam et la Guyana. La Guyane française est administrée comme une région française.

UN LAC DE PÉTROLE
L'économie vénézuélienne dépend des réserves de pétrole du lac de Maracaibo.

On trouve dans cette partie du monde des villes immenses et des ports très actifs, mais aussi des forêts et des montagnes encore inexplorées. La région possède de grandes richesses naturelles avec le pétrole vénézuélien, le charbon, le minerai de fer, la bauxite (pour la fabrication de l'aluminium), le chrome, le cuivre, l'or et l'argent. Les usines brésiliennes fabriquent des automobiles et des ordinateurs.

La forêt amazonienne, le « poumon de la Terre », subit depuis peu un fort déboisement qui constitue une menace pour le Brésil comme pour la planète entière.

On pratique l'élevage bovin sur les terres non boisées et dans les vastes prairies vénézuéliennes, les Llanos.

Le Brésil est le premier producteur mondial de café et de canne à sucre. On y cultive aussi le riz, le maïs, le soja, le manioc et les agrumes. Cayenne, en Guyane française, est célèbre pour ses piments rouges, et la Guyana, pour le sucre brun et collant de Demerara.

À SAVOIR

VENEZUELA
República de Venezuela
SUPERFICIE : 912 050 km²
POPULATION : 24,6 millions
CAPITALE : Caracas
AUTRES VILLES : Maracaibo, Valencia
POINT CULMINANT : pic Bolívar (5 002 m)
LANGUE OFFICIELLE : espagnol
MONNAIE : bolívar

GUYANE FRANÇAISE
Département français d'outre-mer
SUPERFICIE : 91 000 km²
POPULATION : 157 200
CAPITALE : Cayenne
LANGUE OFFICIELLE : français
MONNAIE : euro

NOIX DU BRÉSIL

PLANTATION DE MANIOC
Les racines charnues du manioc, moulues, donnent de la farine ; ses feuilles constituent un légume.

UN MONDE EN VOIE DE DISPARITION
Bien qu'elle représente une réserve d'oxygène vitale pour la planète, la forêt amazonienne a subi de vastes destructions, qu'aggrave l'ouverture de la route Transamazonienne.

POIVRE DE CAYENNE
Cette épice très forte doit son nom à la capitale de la Guyane française.

LE COMMERCE DES PERROQUETS

Les perroquets sont capturés dans la forêt et vendus comme animaux de compagnie.

Malgré la richesse de ses ressources, la région a connu d'énormes problèmes économiques – inflation galopante, dette croissante et corruption politique. Le Venezuela, par exemple, dépend fortement du pétrole, dont le prix a chuté récemment.

Si certains habitants sont très riches, beaucoup restent désespérément pauvres. Dans les grandes villes comme Caracas et Rio de Janeiro, acculées au chômage, des familles miséreuses s'entassent dans des bidonvilles (les *favelas* du Brésil). La plupart des Indiens des régions reculées ont été massacrés ou se sont fait voler leurs terres. Les autres grossissent les rangs des laissés-pour-compte.

LA CANNE À SUCRE

Ces ouvriers récoltent la canne à sucre. Les tiges en seront ensuite pressées et mises à tremper dans l'eau pour obtenir un liquide sucré qui, une fois chauffé, se sépare en cristaux bruns de sucre et de mélasse.

UNE ROUTE SÛRE

Les troupeaux suivent la Transpantaneira, seule route qui traverse la zone humide de Pantanal, au Brésil.

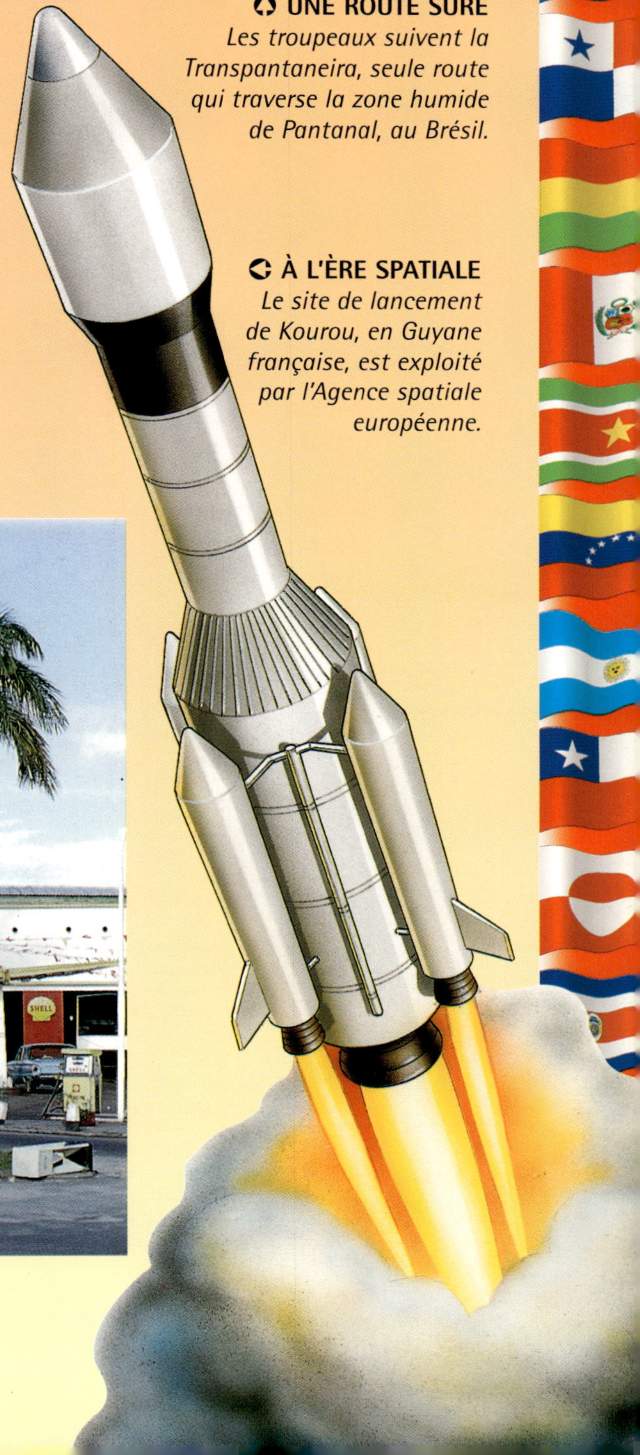

À L'ÈRE SPATIALE

Le site de lancement de Kourou, en Guyane française, est exploité par l'Agence spatiale européenne.

PARAMARIBO, SURINAM

Paramaribo, à l'embouchure de la rivière Surinam, est la capitale du Surinam et son plus grand port. Près de 50 % de la population y vit.

FANS DE FOOT
Le football est très populaire en Amérique du Sud, et surtout au Brésil, cinq fois champion du monde.

Les Indiens, premiers habitants du nord de l'Amérique du Sud, ne représentent plus qu'une minuscule portion de la population – à peine 5 % en Guyana et moins de 2 % au Brésil. La plupart vivent en communautés dispersées dans la forêt tropicale, où ils chassent et pêchent. Parmi les différents groupes, on trouve les Xingus, les Yanomamis, les Shavantes, les Kayapos, les Caraïbes du littoral, les Waraos et beaucoup d'autres. Environ 85 groupes ethniques ont totalement disparu au cours du siècle dernier.

Beaucoup d'habitants de la région sont des métis, d'origine à la fois européenne et indienne. Outre les descendants des colons portugais, espagnols, italiens, néerlandais, français, britanniques et allemands, on trouve d'importantes populations noires d'origine africaine et beaucoup d'Asiatiques sur la côte caraïbe, notamment des Javanais au Surinam.

Les langues officielles datent de l'époque coloniale : portugais au Brésil, espagnol au Venezuela, anglais en Guyana, néerlandais au Surinam et français en Guyane française.

VILLAGE DANS LA FORÊT TROPICALE
On peut voir les huttes rondes des Yanomamis au Venezuela et au Brésil. Depuis 1970, les terres de ces Indiens ont été peu à peu ravagées par l'exploitation minière.

DES ORIGINES MIXTES
La société brésilienne est multiraciale, avec des ascendances mixtes, indiennes, européennes et africaines.

AU BORD DU FLEUVE
Le fleuve Paraguay passe par Corumba, à la frontière du Brésil et de la Bolivie, puis, plus loin, il constitue les frontières Brésil-Paraguay et Paraguay-Argentine.

À LA PLAGE
Les plages de Rio de Janeiro, sur la côte atlantique sud, attirent nageurs et amateurs de bains de soleil. On voit ici la plage d'une riche banlieue, Barra de Tijuca.

MUSICIEN KAYAPO
Les Kayapos vivent dans le nord-est du Brésil, entre les fleuves Araguaia et Xingu.

Comme partout en Amérique latine, le football est le sport-roi, pratiqué sur chaque plage, chaque place de village ou à chaque coin de rue. Le Brésil est le pays qui a gagné le plus souvent la Coupe du monde.

Si les Brésiliens et les Vénézuéliens sont en majorité catholiques, ils cohabitent avec des protestants, des hindous, des musulmans et des adeptes d'autres croyances, influencées notamment par les traditions africaines, comme le candomble.

Le mélange fascinant de cultures se reflète dans les fêtes. Pendant cinq jours, le carnaval de Rio met en scène des milliers de danseurs de samba aux costumes éclatants. La diversité ethnique se retrouve aussi dans la cuisine régionale, qui associe les influences africaines, asiatiques et européennes.

BIDONVILLE
Avec 15 millions d'habitants, São Paulo est la plus grande ville du Brésil. Beaucoup de familles très pauvres vivent dans des favelas.

CARACAS
La capitale vénézuélienne, Caracas, a débordé de son ancien centre colonial avec ses parcs, ses tours de bureaux et de logements, ses galeries marchandes et ses fabriques.

JAVA AU SURINAM
Après 1863, beaucoup d'ouvriers des colonies hollandaises d'Asie ont trouvé du travail au Surinam où ils ont apporté leur culture, comme cette danse rituelle.

LE CARNAVAL DE RIO
Chaque année, le carnaval de Rio voit défiler dans les rues les splendides danseurs des écoles de samba, qui font la joie du public local et des touristes.

Les tribus indiennes de la forêt amazonienne ont laissé moins de vestiges que celles des Andes. Leurs constructions n'étaient pas en pierre, mais en bois et en paille – des matériaux qui ne durent guère sous un climat tropical humide. Les archéologues commencent cependant à en savoir plus sur le talent de ces tribus à planter les végétaux susceptibles de leur fournir des aliments, des remèdes ou des matériaux de construction.

PEDRO ÁLVARES CABRAL
Ce navigateur portugais découvrit le Brésil en 1500 quand sa flotte, en route pour l'Inde, fut poussée vers l'ouest par les courants océaniques.

GEORGETOWN, GUYANA
Le port caraïbe de Georgetown est la capitale de la Guyana. L'hôtel de ville, sur l'avenue de la République, date de la période coloniale (1831-1970).

Les Espagnols débarquèrent au Venezuela en 1498, et les Portugais, au Brésil, deux ans plus tard. Leur arrivée fut une catastrophe pour les Indiens, dont beaucoup moururent de maladies importées d'Europe. Les Français et les Hollandais occupèrent des territoires de la côte caraïbe entre 1600 et 1700, et la Grande-Bretagne annexa la Guyana en 1796. Les Européens plantèrent de la canne à sucre et firent venir des esclaves d'Afrique pour travailler dans les plantations. Plus tard, de nombreux paysans asiatiques furent engagés.

Le Venezuela rompit avec la domination espagnole entre 1811 et 1821, après une guerre d'indépendance menée par Simón Bolívar. Le Brésil devint un royaume en 1815 et acquit son indépendance sept ans plus tard.

L'OPÉRA DE MANAUS
Manaus est située sur le río Negro, en pleine forêt vierge. Son opéra fut bâti en 1896, quand la région profitait du commerce du caoutchouc.

DANS LA FORÊT
Les Amazoniens utilisaient les produits forestiers pour construire, s'alimenter et se soigner.

LE LIBÉRATEUR
Simón Bolívar est né au Venezuela en 1783. Dans les années 1820, ses armées contribuèrent à chasser les Espagnols d'Amérique du Sud.

Mais les riches propriétaires terriens rejetèrent la famille royale portugaise lorsqu'elle abolit l'esclavage.

En 1889, le Brésil devint une république. En 1960, il transféra sa capitale de Rio de Janeiro à Brasília, spécialement construite dans les hautes terres.

En 1946, la Guyane française acquit un statut égal à celui de la France continentale. La Guyana prit son indépendance de la Grande-Bretagne en 1970 et le Surinam des Pays-Bas en 1975.

BRASÍLIA
Cette ville entièrement nouvelle, conçue par l'architecte Oscar Niemeyer et l'urbaniste Lúcio Costa, est la capitale du Brésil depuis 1960.

LE PRÉSIDENT DU PÉTROLE
Carlos Andréas Pérez Rodríguez fut président du Venezuela de 1974 à 1979, pendant le boom pétrolier.

CARACAS L'ESPAGNOLE
Ces bâtiments coloniaux datent des XVIe et XVIIe siècles, lorsque le Venezuela était espagnol.

PROTESTATION DES SANS-TERRE
Malgré les immenses ressources du Brésil, plusieurs millions de ses citoyens vivent en dessous du seuil de pauvreté. Ici, des paysans sans terre lors d'un rassemblement à São Paulo.

CHRONOLOGIE

Apr. J.-C.

- 400 Culture marajoara à l'embouchure de l'Amazone.
- 1498 Débarquement espagnol au Venezuela.
- 1500 Prise de possession du Brésil par les Portugais.
- 1593 Prétentions espagnoles sur le Surinam.
- 1600 Plantations de canne à sucre au Brésil : importation de main-d'œuvre en esclavage d'Afrique.
- 1620 La Guyana est occupée par les Hollandais.
- 1663 Colonisation de la Guyane par les Français.
- 1667 Le Surinam, occupé par les Anglais, est cédé aux Hollandais.
- 1749 Révolte contre l'Espagne au Venezuela.
- 1815 Union du Brésil et du royaume portugais.
- 1821 Le Venezuela rejoint la Colombie indépendante.
- 1822 Déclaration d'indépendance du Brésil sous Pierre Ier.
- 1825 Pierre Ier est reconnu empereur du Brésil.
- 1829 Indépendance du Venezuela.
- 1831 La Guyana est baptisée British Guiana.
- 1834 Abolition de l'esclavage en Guyane britannique.
- 1888 Abolition de l'esclavage au Brésil.
- 1889 Le Brésil devient une république.
- 1910 Découverte de pétrole au Venezuela.
- 1946 La Guyane française devient un département d'outre-mer.
- 1960 Brasília devient la capitale du Brésil.
- 1966 Indépendance du Guyana.
- 1975 Indépendance du Surinam.
- 1992 Premier Sommet de la Terre (Conférence des Nations unies sur l'environnement et le développement) à Rio de Janeiro.

ARGENTINE, CHILI, URUGUAY, PARAGUAY ET ÎLES MALOUINES

PÉLICAN BRUN

Le Paraguay, au cœur de l'Amérique du Sud, est traversé par le fleuve Paraguay qui se jette dans le Paraná. L'ouest est couvert par le désert du Gran Chaco, tandis que l'est possède forêts et prairies, fermes et ranchs. L'Uruguay, à l'embouchure du Río de la Plata, sur la côte atlantique sud, est un pays de plaines fertiles et de collines.

Au nord-est de l'Argentine, la riche Mésopotamie occupe l'espace entre les fleuves Paraná et Uruguay. Le nord comprend une partie du Gran Chaco, tandis que le centre se compose de vastes prairies vallonnées. Ces pampas sont exploitées pour l'élevage et l'agriculture. Au sud, on retrouve des vallées, puis, en Patagonie, des plateaux herbeux et désolés.

Le sud des Andes, où se trouvent les plus hauts sommets d'Amérique, tient lieu de frontière entre l'Argentine et le Chili – entre les versants ouest et le Pacifique Sud. Cette étroite bande côtière se compose de régions vertes et fraîches, de terres chaudes au climat méditerranéen et du désert d'Atacama – l'un des endroits les plus secs du monde, où il peut ne pas pleuvoir pendant plusieurs années.

Après le détroit de Magellan, le continent se morcelle et s'achève par les îles de la Terre de Feu et les froides mers au large du cap Horn.

ROCHERS DE GUANO
Ces rochers près de Constitución, dans le centre du Chili, sont recouverts de guano (déjections d'oiseaux de mer), ressource précieuse exploitée comme engrais.

VOLCAN
Les pics volcaniques dominent le lac Chungara, au Chili.

À SAVOIR

ARGENTINE
República Argentina
SUPERFICIE : 2 780 400 km²
POPULATION : 36 millions
CAPITALE : Buenos Aires
AUTRES VILLES : Córdoba, La Plata, San Miguel de Tucumán
POINT CULMINANT : Aconcagua (6 959 m)
LANGUE OFFICIELLE : espagnol
MONNAIE : peso argentin

CHILI
República de Chile
SUPERFICIE : 756 626 km²
POPULATION : 15,4 millions
CAPITALE : Santiago
AUTRES VILLES : Viña del Mar, Valparaíso, Concepción
POINT CULMINANT : Ojos del Salado (6 880 m)
LANGUE OFFICIELLE : espagnol
MONNAIE : peso chilien

PARAGUAY
República del Paraguay
SUPERFICIE : 406 752 km²
POPULATION : 5,6 millions
CAPITALE : Asunción
AUTRES VILLES : Ciudad del Este, Pedro Juan Caballero
POINT CULMINANT : Villarrica (680 m)
LANGUE OFFICIELLE : espagnol
MONNAIE : guaraní

URUGUAY
República Oriental del Uruguay
SUPERFICIE : 177 414 km²
POPULATION : 3,3 millions
CAPITALE : Montevideo
AUTRES VILLES : Salto, Rivera
POINT CULMINANT : Mirador Nacional (501 m)
LANGUE OFFICIELLE : espagnol
MONNAIE : peso uruguayen

MALOUINES
Falkland Islands
Colonie britannique d'outre-mer
SUPERFICIE : 12 173 km²
POPULATION : 2 000
CAPITALE : Port Stanley
LANGUE OFFICIELLE : anglais
MONNAIE : livre des îles Malouines

UN RIDEAU DE GOUTTES
Le fleuve Iguaçu, à la frontière argentino-brésilienne, est interrompu sur une grande partie de son cours par des îles, des rapides et des chutes.

EN PATAGONIE
Au sud du río Negro, l'Argentine est un pays de plateaux balayés par le vent et de vallées.

FIGUE DE BARBARIE

TERRE DE FEU
La pointe sud du continent est occupée par l'Argentine et le Chili. La ville la plus méridionale du monde, Ushuaia, est bâtie sur le canal de Beagle.

DES CANYONS
Les rivières ont creusé des canyons dans les roches de Patagonie. Les Andes protègent cette vaste et sèche région d'Argentine des vents du Pacifique porteurs de pluie.

PARAGUAY

ÉLÉPHANTS DE MER

LES ANDES DU SUD
Les lourds blocs du glacier Moreno écrasent tout sur leur passage vers le lac Argentino, créant un spectacle des plus impressionnants.

URUGUAY

ARGENTINE

CHILI

TATOU

DES FRUITS JUTEUX
Les vergers du centre du Chili produisent des fruits pour l'exportation – oranges, citrons, pommes, raisin et poires.

Le sud du continent sud-américain est divisé en quatre républiques : les petits Uruguay et Paraguay, la vaste Argentine et l'étroit Chili. Tous ont connu des années de gouvernements militaires et des guerres frontalières ou territoriales – comme, en 1982, le conflit argentino-britannique pour la possession des îles Malouines, petite colonie britannique de l'Atlantique Sud. Aujourd'hui, l'ensemble de la région a adopté des gouvernements démocratiques mais doit faire face à de graves problèmes économiques et politiques.

Au Paraguay, on élève du bétail et on cultive du coton. Les feuilles d'une variété de houx appelée thé du Paraguay servent à faire une infusion amère appelée maté, également appréciée en Argentine. L'Uruguay est lui aussi un pays d'élevage et cultive des fruits dans les plaines côtières.

LE MARCHÉ AUX BESTIAUX
Les cow-boys chiliens s'appellent des huasos. *Le bétail est élevé dans les régions centrales du Chili, au sud de Santiago.*

L'Argentine a connu la richesse en exportant sa viande de bœuf – les immenses troupeaux sont d'ailleurs encore élevés dans les pampas, et les moutons en Patagonie.

UN AVANT-POSTE DANS L'ATLANTIQUE
Des moutons sont élevés sur la colonie britannique isolée des îles Malouines.

UN LAC SALÉ
L'air très sec du désert d'Atacama, au Chili, fait s'évaporer des lacs entiers, ne laissant que des marais salants.

SANTIAGO
Neuf Chiliens sur dix sont des citadins. La capitale est la plus grande ville du pays avec près de 5 millions d'habitants.

LES ROIS DU CUIVRE
Le Chili est le premier producteur mondial de cuivre. La mine à ciel ouvert de Chuquicamata se situe dans le désert d'Atacama.

PLAZA DEL CONGRESO
Au cœur de Buenos Aires se trouve le palais du Congrès. Le Congrès argentin se compose de deux chambres, le Sénat et la Chambre des députés.

LES VINS ARGENTINS
La région abritée de Mendoza jouit d'un climat doux et sec. Les rivières et l'irrigation ont permis d'y cultiver la vigne depuis le XVIIe siècle.

Les contreforts des Andes protègent les vignobles dans la région ensoleillée de Mendoza. La pêche, le pétrole et le gaz naturel sont des industries importantes du sud – Ushuaia est la ville la plus méridionale du monde. L'industrie est centrée autour de la capitale Buenos Aires et fondée sur l'agroalimentaire, la maroquinerie, le textile, la chimie et l'automobile.

Au Chili, l'industrie – sidérurgie, chimie et textile – est centrée autour du port de Valparaíso et de la capitale Santiago. Le pays possède d'importantes réserves de cuivre dans le nord, les régions chaudes du centre produisent du vin et des agrumes et le littoral ne manque pas de ports pour la flotte de pêche.

LA FAUNE DE VALDÉS
On peut voir des pingouins de Magellan et des éléphants de mer sur la presqu'île Valdés et des baleines au large.

GOUVERNEMENTS MILITAIRES
L'armée a occupé le pouvoir en Argentine de 1976 à 1983, au Chili de 1973 à 1989, au Paraguay de 1954 à 1993 et en Uruguay de 1973 à 1984.

EN MÉMOIRE DE LA VILLE
Cet obélisque, qui se dresse sur la Plaza de la República, au centre de Buenos Aires, commémore la fondation de la cité en 1536.

LE BARRAGE D'ITAIPÚ
C'est la plus grande centrale hydroélectrique du monde, exploitée par l'Argentine et le Paraguay. Sa construction a créé un réservoir de 1 350 km² et a coûté 25 milliards de dollars.

Les Indiens d'Amérique ont traversé le continent à l'époque préhistorique. Ils atteignirent le centre de l'Amérique du Sud vers 14000 av. J.-C. et la Patagonie vers 12000 av. J.-C.

Alors que le nord du Chili était soumis à l'influence des grandes civilisations des Andes du Nord, les populations du sud vivaient de chasse dans les prairies et de pêche le long des côtes.

LES GAUCHOS
Les gardiens de troupeaux des pampas argentines sont appelés gauchos. *Leurs traditions sont encore vivaces.*

Les Espagnols envahirent la région vers 1500, mais se heurtèrent à la résistance de groupes indigènes comme les Querandís des Pampas et les Mapuches du Chili. La région se libéra de la domination espagnole vers 1800, mais des conflits entre généraux furent alors la cause de guerres régionales et civiles. Des tribus entières disparurent et de riches propriétaires s'approprièrent de vastes étendues des pampas argentines pour leurs ranchs, exploités par les *gauchos,* cow-boys d'origine hispano-indienne.

ÉGLISE ANDINE
Cette église se dresse au pied des Andes à Tocanao, dans la région d'Antofagasta – elle est construite en pierre volcanique.

VIÑA DEL MAR
Les touristes se pressent dans cette station près de Valparaíso, au Chili, pour ses plages et son casino.

Les immigrants affluèrent dans les années 1800 et 1900 : Espagnols, Italiens, Basques, Gallois, Anglais, Allemands, Suisses, Polonais, Russes, Juifs et Syriens ou, récemment, Japonais, Coréens et Sud-Américains.

Les descendants de tous ces peuples dominent aujourd'hui et les Indiens ne représentent plus qu'une minuscule proportion de la population, bien que leurs cultures survivent. La langue indienne guarani est très parlée au Paraguay, l'espagnol l'est partout mais on entend aussi d'autres langues européennes, de l'italien au gallois.

LA MOMIE DU DÉSERT
Les premières civilisations sud-américaines conservaient les corps sous forme de momies. Ce crâne de femme a été découvert dans le désert d'Atacama.

CHAMPIONS DE POLO
L'influence européenne est flagrante dans la passion des riches Argentins pour le polo. Le pays a remporté des succès internationaux dans ce sport.

EVITA
L'actrice Eva Perón (1919-1952) épousa l'homme politique argentin Juan Perón en 1945 et devint « Evita », un personnage à la fois aimé et puissant.

GRAND PRIX
Le Grand Prix soulève les passions depuis que l'Argentin Juan Fangio l'a remporté cinq fois dans les années 1950.

Les habitants des îles Malouines restent anglais dans leur langue et leurs traditions. Les nations continentales sont pour la plupart catholiques avec des minorités protestante et juive.

La région a donné naissance à des champions automobiles, de football et de tennis, et les montagnes des Andes sont très populaires pour le ski et les sports de plein air. Le Chili comme l'Argentine sont la patrie de grands écrivains et poètes, notamment l'Argentin Jorge Luis Borges (1899-1986) et la Chilienne Isabel Allende (née en 1942).

LA BOCA
Ce quartier de Buenos Aires, au bord du Riachuelo pollué, a été fondé par de pauvres immigrants basques et italiens. Aujourd'hui, c'est un quartier d'artistes, et les bâtiments y sont peints de couleurs vives.

CHRONOLOGIE

Apr. J.-C.

1516 Découverte du Río de la Plata par les Espagnols.

1536 Fondation de Buenos Aires par les Espagnols.

1537 Fondation d'Asunción par les Espagnols.

1541 Attaque des Querandís sur Buenos Aires ; conquête espagnole du Chili.

1543 Reconstruction de Buenos Aires (jusqu'en 1580).

1726 Construction d'un fort espagnol à Montevideo.

1811 Indépendance du Paraguay.

1816 Indépendance de l'Argentine.

1818 Indépendance du Chili.

1825 Déclaration d'indépendance de l'Uruguay (reconnue en 1828).

1857 Colonisation européenne des Pampas.

1865 Guerre du Paraguay contre l'Uruguay, l'Argentine et le Brésil (jusqu'en 1870).

1878 Guerres contre les Indiens en Argentine (jusqu'en 1883).

1879 Guerre du Pacifique (jusqu'en 1884) : victoire du Chili sur le Pérou et la Bolivie.

1946 Juan Perón devient président d'Argentine.

1954 Coup d'État militaire au Paraguay.

1973 Renversement d'Allende par le général Augusto Pinochet au Chili.

1976 Gouvernement militaire en Argentine : emprisonnement et assassinats des opposants.

1982 Invasion des îles Malouines par l'Argentine et défaite devant les troupes britanniques.

1991 Formation du Mercosur, union douanière entre l'Argentine, le Brésil, le Paraguay et l'Uruguay.

DRAGON DE KOMODO, INDONÉSIE

ASIE

Rangoon, BIRMANIE

Hongkong, CHINE

Cônes d'Ürgüp, TURQUIE

Monument à l'espace, RUSSIE

L'Asie, le plus grand continent du monde, couvre 30 % de la surface terrestre. Elle est délimitée par l'Europe et l'Afrique à l'ouest et par l'océan Pacifique à l'est, où se trouvent aussi les chapelets de minuscules îles volcaniques connus sous le nom de « ceinture de feu ».

Les limites nord-ouest de l'Asie sont marquées par les montagnes de l'Oural et du Caucase. À l'extrême nord, au-delà du cercle polaire arctique, la toundra domine, gelée pendant la majeure partie de l'année. Plus au sud, une ceinture de forêts de conifères précède les steppes, vastes prairies fertiles. Les pluies sont rares en Asie centrale, qui est en grande partie désertique.

Les plus hautes montagnes du monde, l'Himalaya et le Karakoram, forment une barrière neigeuse au nord du sous-continent indien avec le point culminant du monde, le mont Everest. Au sud, deux des plus longs fleuves du monde, le Gange et le Brahmapoutre, coulent vers l'océan Indien – et débordent souvent, déposant dans leur vaste delta de riches alluvions.

Le littoral sud-ouest de l'Asie est rafraîchi par les vents de la mer Rouge et de la Méditerranée ; en revanche, les régions et les îles du sud ont un climat tropical aux hivers chauds et secs, et aux étés marqués par les pluies de mousson.

Les multiples groupes ethniques qui peuplent l'Asie comprennent, entre autres, les Arabes du sud-ouest, les hindous d'Inde ou les Chinois d'Asie orientale. Le continent a connu de grandes civilisations et vu naître les principales religions du monde.

Beaucoup d'Asiatiques sont pauvres, et près de 60 % vivent de l'agriculture. Depuis cinquante ans cependant, certains pays ont connu un rapide développement – une richesse due au pétrole en Asie du Sud-Ouest et au progrès industriel en Asie de l'Est et du Sud-Est. Le Japon est aujourd'hui le pays le plus industrialisé d'Asie, mais d'autres États ont aussi avancé rapidement, et l'Asie orientale dominera l'économie mondiale au XXIe siècle.

LA RUSSIE
ET SES VOISINS

➲ LOUP GRIS

L'Europe rejoint l'Asie sans frontière nette, à part quelques montagnes et fleuves, de sorte que la Fédération de Russie et certains de ses voisins chevauchent les deux continents.

FILER SUR LA NEIGE
Les autoneiges permettent de se déplacer parmi la glace et la neige de l'hiver sibérien.

La Biélorussie fait encore partie de la grande plaine qui s'étend de l'Allemagne à la Russie, bordée au sud par les steppes d'Ukraine et de Moldavie, aujourd'hui plantées de blé et bordant elles-mêmes les Carpates à l'ouest et la mer Noire au sud. Les monts du Caucase, quant à eux, courent vers le sud-est à travers la Géorgie, l'Arménie et l'Azerbaïdjan jusqu'à la mer Caspienne, la plus grande mer intérieure du monde. À l'est de la Caspienne, dans les républiques d'Asie centrale des Kazakhstan, Turkménistan, Ouzbékistan et Kirghizstan, les prairies cèdent la place aux déserts et aux montagnes.

La Fédération de Russie est le plus grand pays du monde. Elle est divisée en Russie d'Europe et Russie d'Asie par les monts Oural. La Russie asiatique s'étend jusqu'au Pacifique ; sa côte nord est en grande partie prise dans les glaces de l'Arctique, et une vaste plaine sans arbres, la toundra, fait place vers le sud à une large ceinture de forêts, la taïga, plantée d'épicéas et de bouleaux, puis à des steppes au sud-ouest et des déserts et montagnes au sud-est. La Russie est drainée par de grands fleuves, dont le Don, la Volga, l'Ob, l'Irtych et la Lena.

➲ LE MARCHÉ DE TACHKENT
La capitale de l'Ouzbékistan est un ancien centre commercial et textile.

À SAVOIR

ARMÉNIE
Hayastani Hanrapetutyun
SUPERFICIE : 29 800 km^2
POPULATION : 3,8 millions
CAPITALE : Erevan
AUTRES VILLES : Gumri, Etchmiadzine
POINT CULMINANT : Aragatz (4 090 m)
LANGUE OFFICIELLE : arménien
MONNAIE : dram

AZERBAÏDJAN
Azärbayjan Respublikasi
SUPERFICIE : 86 600 km^2
POPULATION : 8 millions
CAPITALE : Bakou
AUTRES VILLES : Ganka, Sumqayit
POINT CULMINANT : Bazar Dyuzi (4 466 m)
LANGUE OFFICIELLE : azéri
MONNAIE : manat

BIÉLORUSSIE
Respoublika Belarus
SUPERFICIE : 207 600 km^2
POPULATION : 10 millions
CAPITALE : Minsk
AUTRES VILLES : Gomel, Pinsk
LANGUE OFFICIELLE : biélorusse
MONNAIE : rouble

GÉORGIE
Sakartvelos Respublika
SUPERFICIE : 69 700 km^2
POPULATION : 5 millions
CAPITALE : Tbilissi
AUTRES VILLES : Koutaïssi, Roustavi
POINT CULMINANT : Gora Dykh-taou (5 203 m)
LANGUE OFFICIELLE : géorgien
MONNAIE : lari

KAZAKHSTAN
Qazaqstan Respublikasy
SUPERFICIE : 2 717 300 km^2
POPULATION : 16 millions
CAPITALE : Astana
AUTRES VILLES : Karaganda
POINT CULMINANT : Tengri (6 398 m)
LANGUE OFFICIELLE : kazakh
MONNAIE : tengue

AU SOLEIL UKRAINIEN

Les rives du Dniepr, du Dniestr et le chaud littoral de la mer Noire attirent les vacanciers d'Europe de l'Est en Ukraine.

CHÂTEAU D'ANANURI, GÉORGIE

Au début du Moyen Âge, la Géorgie était un puissant royaume. Elle fut absorbée par l'Empire russe au début du XIXe siècle.

Biélorussie

Russie

Moldavie

Ukraine

Géorgie

Ouzbékistan

Kazakhstan

Tadjikistan

Turkménistan

Azerbaïdjan

Kirghizistan

RUINES ANTIQUES

Le royaume de Sogdiane fut conquis par Alexandre le Grand en 328 av. J.-C. Ces vestiges, découverts en Ouzbékistan, témoignent d'une forte activité commerciale entre l'Inde, la Chine et la Perse (Iran).

LA MER D'ARAL

À cause de l'irrigation excessive des cultures, la mer d'Aral se rétrécit de manière dramatique.

Arménie

LA FLORE

Les plantes polaires sont basses, ce qui les protège des féroces vents arctiques.

UNE CATASTROPHE NUCLÉAIRE
À Tchernobyl, en Ukraine (alors en Union soviétique), la fusion d'un réacteur nucléaire en 1986 a propagé des radiations mortelles dans toute l'Europe du Nord.

SHOPPING À MOSCOU
À l'époque soviétique, les somptueux magasins d'État ne proposaient qu'un choix limité. Aujourd'hui, les problèmes économiques persistent.

Jusqu'en 1991, tous les pays de la région n'en faisaient qu'un, l'Union soviétique (URSS), créée après la révolution d'octobre 1917 qui avait amené les communistes au pouvoir. Puis l'URSS éclata, et une partie devint la Fédération de Russie. Beaucoup de régions périphériques obtinrent alors leur indépendance – mais l'armée russe réprima violemment d'autres tentatives, comme en Tchétchénie. La Communauté d'États indépendants (CEI) fut créée pour maintenir des liens économiques entre les jeunes nations.

La région est très riche en ressources naturelles, parmi lesquelles le bois, le pétrole, le gaz naturel, l'or et les diamants, mais le transport est un problème majeur dans un pays aussi vaste, surtout en Sibérie où se trouvent beaucoup de ces ressources – le réseau ferré transsibérien relie Moscou, la capitale russe, au port de Vladivostok, sur le Pacifique.

DES HIVERS NEIGEUX
La majeure partie de la Fédération de Russie connaît de longs hivers neigeux. Les températures de janvier varient entre –9 °C à Moscou et –14 °C à Vladivostok.

Les cultures céréalières prospèrent dans l'ouest et le sud, les régions chaudes encore plus au sud comme la Géorgie produisent des fruits et du vin, et l'Asie centrale, du coton. L'industrie est surtout située dans la partie est-européenne et comprend sidérurgie, automobile, construction navale et exploitation minière.

LE PALAIS D'ÉTÉ
Le palais d'Été fut construit entre 1710 et 1714 sur l'une des îles qui forment la cité de Saint-Pétersbourg pour le tsar Pierre le Grand.

TRANSSIBÉRIEN EXPRESS
La ligne de chemin de fer du Transsibérien relie Moscou à Vladivostok. Ouverte en 1905, elle a joué un rôle important dans l'histoire russe et reste la plus longue ligne du monde avec 9 438 km. Le trajet dure huit jours, et la ligne est aujourd'hui reliée à d'autres vers la Mongolie et la Chine.

Sous le communisme, l'Union soviétique passa du stade d'un pays en grande partie inexploité à une puissance industrielle. Vers 1980 cependant, l'industrie était dépassée, inefficace et polluante. Dans la Russie post-communiste, le chômage étant très élevé et beaucoup d'entreprises dirigées par des officiels corrompus, la production a donc chuté. Pourtant, la Russie reste puissante, et les pays pauvres autour des mers Caspienne et d'Aral pourraient bientôt être transformés par la manne pétrolière.

COTON OUZBEK
L'Ouzbékistan est le quatrième producteur de coton du monde. On voit ici la récolte qui sera traitée à Ourguentch.

DES ŒUFS PRÉCIEUX
Ces œufs ont été réalisés par l'orfèvre russe Carl Fabergé (1846-1920) pour la cour des tsars.

LE PALAIS D'HIVER
La résidence pétersbourgeoise des tsars a été construite en 1762 et restaurée en 1839. Avec l'Hermitage attenant, elle abrite une immense collection d'art.

À SAVOIR

MOLDAVIE
Republica Moldova
SUPERFICIE : 33 700 km^2
POPULATION : 4,3 millions
CAPITALE : Chisinau
AUTRES VILLES : Tiraspol, Bâlti
POINT CULMINANT : Balaneshty (429 m)
LANGUE OFFICIELLE : moldave
MONNAIE : leu

FÉDÉRATION DE RUSSIE
Rossiiskaïa Federatsia
SUPERFICIE : 17 075 400 km^2
POPULATION : 144,4 millions
CAPITALE : Moscou
AUTRES VILLES : Saint-Pétersbourg, Novossibirsk
POINT CULMINANT : Elbrouz (5 642 m)
LANGUE OFFICIELLE : russe
MONNAIE : rouble

TADJIKISTAN
Repoblika i Tojikistan
SUPERFICIE : 143 100 km^2
POPULATION : 6,2 millions
CAPITALE : Douchanbe
AUTRES VILLES : Kouliab, Kokand
POINT CULMINANT : mont Samani (7 495 m)
LANGUE OFFICIELLE : tadjik
MONNAIE : somoni

SAINT BASILE
Construits en 1555, les bulbes en oignon colorés de cette cathédrale dominent la place Rouge, à Moscou, la capitale russe.

Les Russes sont des Slaves et représentent 80 % de la population de la Fédération de Russie, les 20 % restants étant composés de plus de 150 minorités. Certaines, comme les Tchouktches, Evenks, Nenets et Saami, vivent de l'élevage des rennes ou de la chasse dans la région arctique russe, très peu peuplée. Parmi les autres groupes ethniques figurent les Cosaques des steppes, les Kalmouks, les Iakoutes, les Tatars, les Tchétchènes, les Tcherkesses, les Daghestanis, les Bachkirs, les Kets, les Touvas et les Bouriates.

À l'ouest des nouvelles frontières russes vivent les Biélorusses et les Ukrainiens, slaves, ainsi que les Moldaves, proches des Roumains.

BALLET RUSSE
La tradition des ballets de Saint-Pétersbourg remonte à 1738. Beaucoup d'œuvres ont été présentées au XIXe siècle. La compagnie la plus célèbre est le ballet Mariinsky.

Au sud, après le Caucase, on trouve les Géorgiens, Ossètes, Arméniens et Azéris. Enfin, l'est de la Caspienne est occupé par les Kazakhs, Turkmènes, Ouzbeks, Kirghiz et Tadjiks.

Malgré les vastes espaces de la Russie, la plupart de ses habitants vivent à l'ouest de l'Oural, et les trois quarts, en ville.

PRÊTRES ORTHODOXES
Le christianisme orthodoxe fut introduit auprès des Slaves par le missionnaire grec saint Cyrille (827-869).

HOCKEY SUR GLACE
Le hockey sur glace est très populaire en Russie. Les équipes nationales (anciennement soviétiques) ont remporté plusieurs championnats du monde et titres olympiques.

LA TOMBE D'UN GRAND GUERRIER
À Samarkand, en Ouzbékistan, le mausolée Gur-e Amir, orné de carreaux de mosaïque, rend hommage à l'empereur mongol Timour-i Lang, ou Tamerlan (1336-1405), qui conquit presque toute l'Asie centrale. Il mourut pendant sa marche pour envahir la Chine.

LES COSAQUES
Les Cosaques étaient renommés pour leurs qualités de cavaliers et leurs danses. Ils furent plus tard recrutés comme soldats par les tsars.

TOLSTOÏ

TCHAÏKOVSKI

LES ARTS

La tradition littéraire et musicale russe est très riche, avec des compositeurs comme Piotr Tchaïkovski (1840-1893) ou des écrivains comme Léon Tolstoï (1828-1910), auteur de Guerre et Paix *et d'*Anna Karénine*.*

Le christianisme – christianisme orthodoxe d'Orient – est la principale religion dans l'ouest et le sud-ouest, et on peut voir scintiller dans de nombreuses villes les bulbes dorés des églises.
Les populations d'Asie centrale sont majoritairement musulmanes. La plupart des religions ont été durement réprimées aux premiers temps du régime communiste.

UNE TRADITION MUSICALE

La musique folklorique est très populaire en Russie. Ces musiciens jouent à Saint-Pétersbourg de la balalaïka à caisse triangulaire et manche comme une guitare.

Au Moyen Âge, l'Église orthodoxe d'Orient a produit d'immenses œuvres d'art, les icônes, et son culte s'accompagne de magnifiques chants chorals. Les arts ont toujours été appréciés en Russie – Moscou et Saint-Pétersbourg sont des centres réputés du ballet. Les grands compositeurs comprennent notamment Dmitri Chostakovitch (1906-1975), et les écrivains, le dramaturge Anton Tchekhov (1860-1904).

VOYAGE EN ARCTIQUE

Traditionnellement, on utilisait des chiens, rennes et chevaux pour tirer des charges dans l'Arctique russe. Aujourd'hui, les camions roulent sur les fleuves gelés.

LES MATRIOCHKAS

Les poupées creuses en bois sont une tradition russe et un souvenir très apprécié des visiteurs. Chaque poupée s'ouvre sur une autre plus petite, nichée à l'intérieur.

À SAVOIR

TURKMÉNISTAN
Turkmenistan
Superficie : 488 100 km²
Population : 5,4 millions
Capitale : Achgabat
Autres villes : Tchardjou, Tachaouz
Point culminant : monts Kopet-Dag
Langue officielle : turc oguz
Monnaie : manat

UKRAINE
Ukraïna
Superficie : 603 700 km²
Population : 48,7 millions
Capitale : Kiev
Autres villes : Kharkiv, Odessa
Point culminant : mont Hoverla (2 061 m)
Langue officielle : ukrainien
Monnaie : grivna

OUZBÉKISTAN
Uzbekistan Republikasi
Superficie : 447 400 km²
Population : 25,1 millions
Capitale : Tachkent
Autres villes : Samarkand, Boukhara
Point culminant : Gora Manas (4 229 m)
Langue officielle : ouzbek
Monnaie : soum

ICÔNES SAINTES
Peindre une icône était considéré comme un acte religieux en soi.

Les steppes furent occupées dès la préhistoire et, il y a 2 500 ans, elles étaient peuplées de guerriers et de cavaliers redoutables, les Scythes. Vers 400, les Slaves occupèrent l'ouest russe. Des Vikings suédois appelés rus qui commerçaient le long de la Volga et du Dniepr donnèrent leur nom au pays.

Les premiers États russes se sont créés autour de comptoirs à Kiev (Ukraine) et à Novgorod – Moscou fut fondée en 1147. Vers 1200, les Slaves furent attaqués par les Mongols venus d'Asie.

COUPEUR DE BARBE
Pierre Ier abolit les privilèges des familles aristocratiques. Leurs barbes, symboles de ces privilèges, durent être coupées.

La Russie résista aux Mongols et construisit son propre empire dirigé par des tsars. Au XVIIe siècle, Pierre Ier « le Grand » modernisa le pays et édifia Saint-Pétersbourg. Mais les armées russes ne tardèrent pas à se heurter à la Turquie. L'empire s'étendit alors vers l'est en Sibérie et vers l'ouest en Pologne. En 1812, il fut à son tour envahi par la France.

LÉNINE ET SON MAUSOLÉE
Vladimir Ilitch Oulianov, ou Lénine (1870-1924), dirigea les bolcheviques durant la révolution d'Octobre. Son mausolée est sur la place Rouge de Moscou.

Il y a cent ans, les Russes ne disposaient guère de droits politiques et la classe dirigeante résistait aux demandes de réformes.

La révolution éclata en 1905, puis en 1917, et le tsar fut tué. Un groupe socialiste, les bolcheviques, mené par le révolutionnaire Lénine, prit le contrôle de la Russie au cours d'une guerre civile qui dura jusqu'en 1920.

UN CHEF DE L'ARMÉE ROUGE
Léon Trotski (1879-1940) était un révolutionnaire qui dirigea l'Armée rouge communiste pendant la guerre civile (1917-1920). Il fut ensuite exilé et assassiné sur ordre de Staline.

PIERRE LE GRAND
Né en 1672, le tsar Pierre Ier voyagea dans toute l'Europe occidentale. À sa mort en 1725, la Russie était devenue un État moderne et puissant.

RÉVOLUTION D'OCTOBRE
L'injustice qui régnait sous les tsars prit fin en 1917, quand les ouvriers, étudiants et soldats révolutionnaires s'emparèrent du pouvoir en Russie.

L'ÈRE SPATIALE
Le monument à l'espace s'élance vers le ciel – l'Union soviétique fut la première nation à mettre un satellite en orbite autour de la Terre.

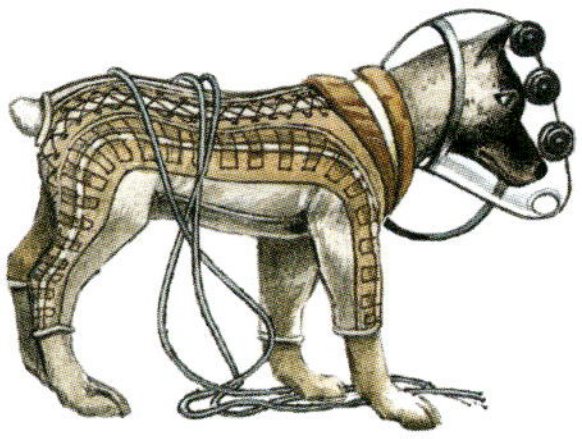

LAÏKA, UNE CHIENNE DANS L'ESPACE

Lénine mourut en 1924. Son successeur fut un homme politique très dur du nom de Joseph Staline (1879-1953) qui fit mourir des milliers de Russes de faim ou dans les camps du goulag. En 1941, l'Allemagne envahit la Russie, mais les Russes résistèrent avec courage et repoussèrent les Allemands en Europe de l'Ouest.

Après la guerre, l'Union soviétique prit le contrôle de l'Europe de l'Est. En 1961, elle envoya le premier homme dans l'espace. Les États-Unis et leurs alliés ne cessaient alors de défier cette puissance – une « guerre froide » qui dura jusque dans les années 1980 lorsque le communisme soviétique s'effondra et que l'Union soviétique se divisa en plusieurs États.

EN SOUVENIR
Au pied du Kremlin, la forteresse médiévale de Moscou, une flamme brûle en mémoire du soldat inconnu. Ce sont les Soviétiques qui payèrent le plus lourd tribut durant la Seconde Guerre mondiale.

GUERRES LOCALES
Au fur et à mesure que de nouveaux États se créaient sur les ruines de l'Union soviétique, les conflits territoriaux et frontaliers furent violents. De 1989 et 1994, l'Arménie et l'Azerbaïdjan luttèrent pour le Haut-Karabakh.

LA NOUVELLE RUSSIE
En 1990, Boris Eltsine (à droite) devint président de Russie et participa à la dissolution de l'Union soviétique. Son successeur, Vladimir Poutine, est confronté à de multiples difficultés pour moderniser le pays.

CHRONOLOGIE

Apr. J.-C.	
900	États vikings en Russie et Ukraine.
988	Introduction du christianisme orthodoxe.
1238	Invasion mongole.
1480	Ivan III le Grand libère la Russie des Mongols.
1547	Ivan IV le Terrible devient tsar.
1881	Assassinat du tsar Alexandre II.
1905	Défaite de la Russie face au Japon ; révolution en Russie.
1917	Révolution d'Octobre en Russie.
1922	Création de l'Union soviétique (URSS).
1924	Mort de Lénine.
1936	Joseph Staline fait régner la terreur parmi ses opposants.
1939	Pacte germano-soviétique avec l'Allemagne nazie.
1940	Annexion des États baltes par l'URSS.
1941	L'URSS rejoint les Alliés dans la « Grande Guerre patriotique » contre l'Allemagne nazie (jusqu'en 1945).
1946	Contrôle soviétique de l'Europe de l'Est ; guerre froide avec l'Occident (jusqu'en 1989).
1979	Invasion soviétique de l'Afghanistan.
1985	Introduction de réformes par Mikhaïl Gorbatchev.
1989	L'Europe centrale se libère du contrôle soviétique.
1991	Dislocation de l'URSS ; création de la Fédération de Russie.

PROCHE- ET MOYEN-ORIENT

CÈDRE, LIBAN

Le Proche-Orient et le Moyen-Orient – ou Asie du Sud-Ouest – forment une vaste région bordée par la Méditerranée et la mer Noire au nord-ouest et au nord, par la mer Rouge au sud-ouest et par l'océan Indien au sud-est. Les déserts à la population clairsemée et les prairies sèches y prédominent. Les régions les plus fertiles sont celles du nord, notamment l'île de Chypre.

Le nord est montagneux. De hautes chaînes traversent la Turquie jusqu'en Iran, où elles se partagent entre les monts Elbourz au nord et les monts Zagros qui couvrent l'ouest du pays dans leur course vers le sud-est. Le point culminant est le Damavand, dans l'Elbourz. La péninsule Arabique a aussi ses chaînes de montagnes, dont la plus longue borde la mer Rouge jusqu'au sud du Yémen, et de vastes plateaux à l'intérieur.

Le climat est presque partout chaud et désertique. La péninsule Arabique est en partie occupée par l'un des pires déserts de sable du monde, le Rub al-Khali, ou « Quartier vide », tandis que les vastes déserts d'Iran sont parfois emplis de sel déposé par l'évaporation de rares inondations. Parmi les autres zones sèches, on trouve des steppes où poussent quelques arbustes bas.

La Turquie jouit d'un climat plus humide. Sur son littoral méditerranéen, les étés sont chauds et secs, mais les hivers, doux et pluvieux ; en revanche, les plateaux herbeux et secs de l'intérieur connaissent des hivers glacés et de fréquentes tempêtes de neige.

L'eau est rare en Asie du Sud-Ouest. Il y a peu de grands fleuves – les deux plus longs sont le Tigre et l'Euphrate, qui prennent leur source dans les montagnes de Turquie et traversent l'Iraq. La région entre ces deux fleuves – le Croissant fertile – a vu naître plusieurs des grandes civilisations antiques, dont celles des Assyriens et des Babyloniens.

PALAIS YÉMÉNITE
À Sanaa, capitale du Yémen, le palais du Wadi Dahr est perché sur un rocher abrupt.

GERBOISE

À SAVOIR

BAHREÏN
Dawlat al Bahrayn – État de Bahreïn
SUPERFICIE : 660 km²
POPULATION : 650 000
CAPITALE : Manama
AUTRE VILLE : Muharrak
POINT CULMINANT : jabal ad Dukhan (135 m)
LANGUE OFFICIELLE : arabe
MONNAIE : dinar bahreini

CHYPRE
Kypriaki Dimokratia – République de Chypre
SUPERFICIE : 9 251 km²
POPULATION : 790 000
CAPITALE : Nicosie
AUTRES VILLES : Limassol, Larnaka
POINT CULMINANT : mont Olympe (1 951 m)
LANGUES OFFICIELLES : grec, turc
MONNAIE : livre chypriote

IRAN
Jomhuri-e-Eslami-e-Iran – République islamique d'Iran
SUPERFICIE : 1 633 188 km²
POPULATION : 71,3 millions
CAPITALE : Téhéran
AUTRES VILLES : Meched, Ispahan
POINT CULMINANT : Demavend (5 671 m)
LANGUE OFFICIELLE : parsi (persan)
MONNAIE : rial

IRAQ
Joumhouriya al Iraqia – République d'Iraq
SUPERFICIE : 438 317 km²
POPULATION : 23,3 millions
CAPITALE : Bagdad
AUTRES VILLES : Mossoul, Kirkuk
POINT CULMINANT : Haji Ebrahim (3 600 m)
LANGUE OFFICIELLE : arabe
MONNAIE : dinar irakien

ISPAHAN, IRAN
La ville iranienne d'Ispahan est célèbre pour ses magnifiques mosquées.

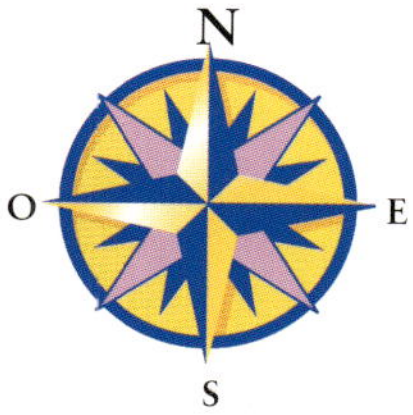

IRAN

TURQUIE

IRAQ

LES VAISSEAUX DU DÉSERT
Les dromadaires, qui peuvent rester longtemps sans boire, transportent les marchandises dans le désert.

BAHREÏN

CHYPRE

KOWEÏT

LIBAN

ISRAËL

SYRIE

JORDANIE

QATAR

OMAN

FORT À OMAN
À Oman, se dressent beaucoup de forteresses, car le pays garde l'entrée du golfe Persique.

YÉMEN

ARABIE SAOUDITE

CITADELLE D'ALEP
Cette citadelle de la vieille ville d'Alep, au nord de la Syrie, a été construite au Moyen Âge.

ÉMIRATS ARABES UNIS

CÔNES D'ÜRGÜP
Dans la vallée turque de Göreme, d'étranges formations de roches volcaniques créent un paysage étonnant.

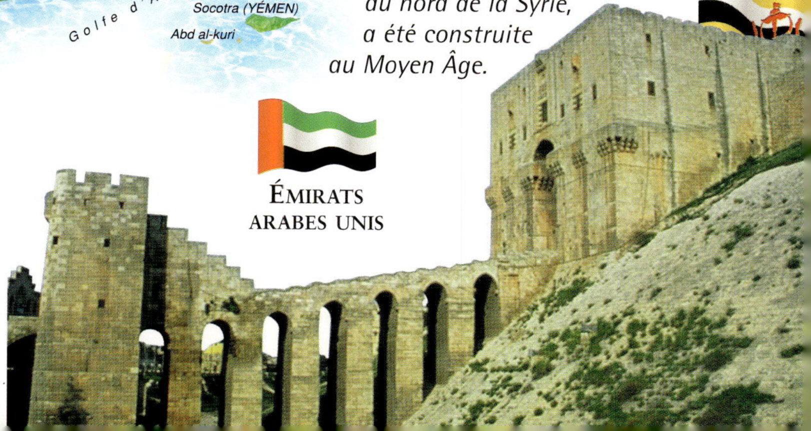

LES ÉPICES DE L'ARABIE
La cuisine arabe emploie des épices aromatiques.

L'Asie du Sud-Ouest compte quinze pays. Les Arabes forment le principal groupe de population, avec les Iraniens, les Turcs et des groupes plus petits comme les Chypriotes grecs et turcs, ou les Juifs d'Israël.

Sept pays sont des monarchies : la Jordanie et l'Arabie saoudite sont dirigées par des rois ; le Bahreïn, le Koweït, le Qatar et les Émirats arabes unis, par des émirs, et Oman, par un sultan. Les autres pays sont des républiques, comme la République islamique d'Iran, dont les lois sont fondées sur l'islam.

Depuis 1974, Chypre est divisée en République chypriote grecque et République turque du nord de Chypre, reconnue par la seule Turquie.

La division a fait suite à des incidents entre les deux populations

CHAUDRONNIER TURC
Les artisans turcs réalisent de superbes objets en métal, des tapis et des plats très décorés, qu'ils vendent dans les souks (marchés).

RAFFINERIE DE PÉTROLE EN ARABIE SAOUDITE
Les raffineries transforment le pétrole en carburant et en produits chimiques, eux-mêmes utilisés pour fabriquer d'autres produits.

KOWEÏT
La ville de Koweït est la capitale du riche État pétrolier du même nom. En 1990, l'Iraq envahit le Koweït mais en fut chassé dès 1991.

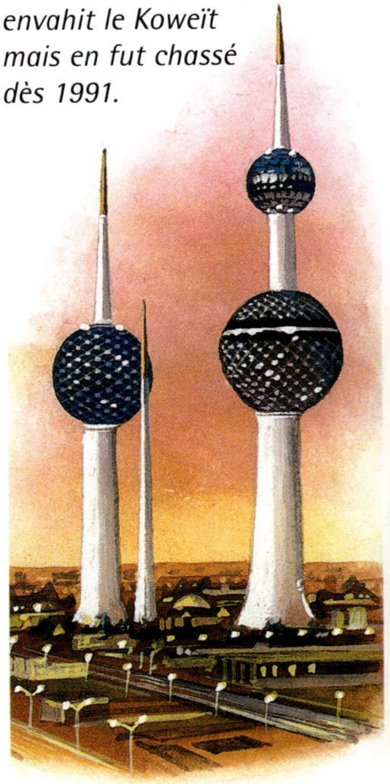

À SAVOIR

ISRAËL
Medinat Israel – État d'Israël
SUPERFICIE : 21 056 km²
POPULATION : 6,2 millions
CAPITALE : Jérusalem
AUTRES VILLES : Tel Aviv-Jaffa, Haïfa
POINT CULMINANT : mont Meiron (1 208 m)
LANGUES OFFICIELLES : hébreu, arabe
MONNAIE : shekel

JORDANIE
Al-Mamlaka Al-Urduniya Al-Hashemiyah – Royaume hachémite de Jordanie
SUPERFICIE : 92 000 km²
POPULATION : 5,1 millions
CAPITALE : Amman
AUTRES VILLES : Zarqa, Irbid
POINT CULMINANT : jabal Ramm (1 754 m)
LANGUE OFFICIELLE : arabe
MONNAIE : dinar jordanien

KOWEÏT
Dowlat al Kuwait – État de Koweït
SUPERFICIE : 17 818 km²
POPULATION : 2,2 millions
CAPITALE : Koweït
AUTRES VILLES : Al-Jahra, Salimiya
POINT CULMINANT : 283 m
LANGUE OFFICIELLE : arabe
MONNAIE : dinar koweïtien

LIBAN
al-Jumhuryah al-Lubnaniya – République libanaise
SUPERFICIE : 10 400 km²
POPULATION : 3,6 millions
CAPITALE : Beyrouth
AUTRES VILLES : Tripoli, Sidon
POINT CULMINANT : Qornet es Saouda (3 083 m)
LANGUE OFFICIELLE : arabe
MONNAIE : livre libanaise

PAMPLEMOUSSES À CHYPRE
Les agrumes – pamplemousses, oranges et citrons – poussent à merveille sous le soleil de Chypre, d'Iran et d'Israël.

ENTRÉE D'UN SOUK
Damas, la capitale de la Syrie, possède un vaste souk où les marchands s'alignent le long de rues étroites.

de l'île. De même, le conflit entre Israël et ses voisins arabes n'a pas fini de poser problème.

Plusieurs pays sont riches en pétrole, la principale ressource naturelle de la région, et les exportations ont contribué à augmenter le niveau de vie. L'Arabie saoudite est le principal producteur et possède les réserves les plus importantes du monde. Le pétrole brut est exporté vers l'Occident pour être raffiné et donner du carburant et des produits chimiques.

POLISSAGE HIGH-TECH
Les joailliers israéliens taillent des diamants, ensuite exportés dans beaucoup de pays.

Les deux tiers de la population d'Asie du Sud-Ouest vivent dans les villes, notamment les plus grandes, comme Istanbul et Ankara en Turquie, Téhéran en Iran, Bagdad en Iraq et Damas en Syrie. Beaucoup alternent les vieux quartiers aux rues étroites et marchés traditionnels – bazars ou souks – et les gratte-ciel modernes.

PLAGE EN TURQUIE
Le tourisme transforme la Turquie, qui possède de nombreuses plages et ruines très intéressantes.

Un tiers de la population habite les villages et travaille la terre ou élève des troupeaux de chameaux, de chèvres et de moutons. Les principales cultures, irriguées, sont l'orge et le blé, ainsi que les dattes, les olives, les noix et les agrumes. Les pays les plus industrialisés sont l'Iran, la Turquie et Israël.

LA PATROUILLE DU DÉSERT
Les soldats jordaniens sont très dévoués à leur roi.

MARCHÉ YÉMÉNITE
Les marchandises du marché de Sanaa, au Yémen.

PUITS DE PÉTROLE EN IRAQ
L'Asie du Sud-Ouest possède les deux tiers des réserves de pétrole – une matière première précieuse pour l'Occident.

À SAVOIR

OMAN
Sultanat 'Uman
– Sultanat d'Oman
SUPERFICIE : 212 457 km²
POPULATION : 2,5 millions
CAPITALE : Mascate
AUTRES VILLES : Salalah, Sur
POINT CULMINANT : jabal Ash Sham (2 980 m)
LANGUE OFFICIELLE : arabe
MONNAIE : riyal omanais

QATAR
Dawlat Qatar – État du Qatar
SUPERFICIE : 11 000 km²
POPULATION : 575 000
CAPITALE : Doha
AUTRES VILLES : Dukhan, Umm Saïd
POINT CULMINANT : 103 m
LANGUE OFFICIELLE : arabe
MONNAIE : riyal qatari

ARABIE SAOUDITE
Mamlaka al-'Arabiya as S'udiya
– Royaume d'Arabie saoudite
SUPERFICIE : 2 149 690 km²
POPULATION : 22,7 millions
CAPITALE : Riyad
AUTRES VILLES : Djeddah, La Mecque
POINT CULMINANT : jabal Sawda (3 133 m)
LANGUE OFFICIELLE : arabe
MONNAIE : riyal saoudien

SYRIE
Jumhuriya al-Arabya as-Suriya
– République arabe syrienne
SUPERFICIE : 185 180 km²
POPULATION : 16,7 millions
CAPITALE : Damas
AUTRES VILLES : Alep, Homs
POINT CULMINANT : mont Hermon (2 814 m)
LANGUE OFFICIELLE : arabe
MONNAIE : livre syrienne

DERVICHES TOURNEURS
Certains mystiques musulmans, appelés derviches, pratiquent leur culte en tournant ou en dansant. L'ordre des derviches tourneurs a été fondé en 1273.

Les Arabes sont le principal groupe de population en Asie du Sud-Ouest. Leur langue, l'arabe, est la seule langue officielle dans onze pays sur quinze. Elle est langue officielle en Israël, au même titre que l'hébreu. En Iran, pays non arabe, on parle le parsi (ou persan) ; à Chypre, le grec et le turc.

L'Asie du Sud-Ouest a vu naître trois grandes religions : le judaïsme, principale religion d'Israël, le christianisme, important à Chypre et au Liban, et l'islam, la religion des Arabes, pratiquée par 86 % des habitants de la région.

MUR DES LAMENTATIONS
À Jérusalem, les juifs prient auprès du mur de l'ancien temple, ou mur des Lamentations.

L'art islamique est très décoratif et orne toutes sortes de bâtiments et d'objets. Les arts et artisanats traditionnels comprennent la reliure et l'illustration de livres, la calligraphie, la sculpture, la céramique, le travail du verre et du métal, les tapis et les tissus. Dans toute la région, les mosquées (lieux de culte) arborent les lignes élégantes de l'architecture islamique. Leurs décorations consistent en motifs abstraits, souvent entrelacés de feuilles ou de tiges végétales sinueuses. Contrairement aux églises chrétiennes, les mosquées ne montrent aucune représentation humaine ou animale, interdites par l'islam dans un cadre religieux.

À DOS D'ÂNE
On voyage beaucoup à dos d'âne ou de chameau dans les campagnes d'Asie du Sud-Ouest.

JEU DE BACKGAMMON
Le backgammon ou trictrac est un jeu de société pour deux joueurs très populaire dans les pays de l'est de la Méditerranée.

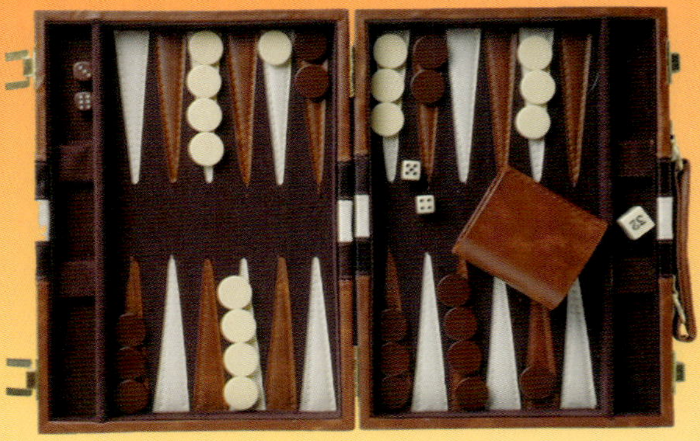

FACES VOILÉES
Beaucoup de femmes musulmanes se couvrent entièrement lorsqu'elles sortent. Certains pays observent strictement la loi islamique, la charia.

LES ARABES DES MARAIS
Au sud de l'Iraq, les basses vallées marécageuses du Tigre et de l'Euphrate sont habitées par un peuple appelé Arabes des marais.

VIE EN COMMUNAUTÉ
Un kibboutz est une communauté juive d'Israël où tout le monde partage la propriété, le travail, les biens et les services.

ART ISLAMIQUE
Les bâtiments islamiques sont décorés de motifs abstraits et d'écriture arabe, car l'islam interdit la représentation humaine.

PETITS PAINS EN FORME D'ANNEAUX
Les Israéliens aiment ces petits pains, ou baguels, et d'autres spécialités comme la soupe de poulet, le foie haché et les falafel (pois chiches à l'oignon et aux épices moulus et frits).

MOSQUÉE À QOM
Qom est une ville sainte iranienne. En Iran, les traditions musulmanes sont strictes. Les mosquées sont les plus belles du monde.

L'islam joue un rôle central dans la vie quotidienne. En Iran, les femmes portent le tchador, un voile noir qui va jusqu'aux pieds, couvre les vêtements, cache la tête, les épaules et le bas du visage. Toutefois, dans d'autres pays, elles sont vêtues à l'occidentale, et si elles étaient autrefois confinées chez elles, aujourd'hui beaucoup travaillent.

Le basket-ball, le football, l'haltérophilie et la lutte sont des sports très populaires dans de nombreuses régions – ainsi que les jeux de société, comme le backgammon ou les échecs. On peut également faire du ski dans les montagnes et des courses de chameaux dans la péninsule Arabique.

Les galettes de pain et le riz font partie de l'alimentation de base, de même que les dattes dans le désert. Le *kebab* – morceaux de viande et légumes cuits à la broche – est très apprécié, ainsi que le fromage et les yaourts.

L'Asie du Sud-Ouest a joué un rôle important dans le développement de l'humanité. C'est là qu'il y a 11 000 ans les hommes ont commencé à cultiver la terre, que les premières villes sont nées et que l'écriture et les premiers systèmes juridiques ont été inventés.

LE CHEVAL DE TROIE
Selon la légende de la guerre de Troie, au XIIe siècle av. J.-C., les soldats grecs parvinrent à entrer dans Troie en se cachant dans un immense cheval de bois.

De grandes civilisations se sont développées entre le Tigre et l'Euphrate dans une région appelée Mésopotamie, ce qui signifie « entre les fleuves », notamment Sumer, Babylone et l'Assyrie. Les Perses envahirent la Mésopotamie en 539 av. J.-C., mais leur empire tomba aux mains d'Alexandre le Grand en 331 av. J.-C.

SUMÉRIEN
Sumer, au sud-est de l'Iraq, fut la première grande civilisation du monde (v. 3000-2000 av. J.-C.), connue pour ses tissus, ses bijoux et ses poteries.

UNE CITÉ ROMAINE
Les ruines de la ville romaine de Palmyre se dressent dans le désert de Syrie.

Au début de notre ère, les Romains gouvernaient une grande partie de la région. Mahomet, le fondateur de l'islam, est, lui, né à La Mecque, dans la péninsule Arabique, vers 570. Ses partisans bâtirent un immense empire jusqu'en Espagne. Plus tard, les Turcs régnèrent sur la majeure partie de la région.

COMBATTANT MUSULMAN
Saladin (v. 1137-1193) mena les musulmans contre les croisés et prit Jérusalem en 1187.

GUERRIER HITTITE
Les Hittites de Turquie dominèrent une grande partie de l'Asie du Sud-Ouest (v. 900-1200 av. J.-C.).

CHÂTEAU CROISÉ
Le krak des Chevaliers est le plus grand château médiéval de Syrie. Il fut une des forteresses des croisés chrétiens entre 1142 et 1271.

À SAVOIR

TURQUIE
Türkiye Cumhuriyeti – République turque
SUPERFICIE : 774 815 km²
POPULATION : 66,2 millions
CAPITALE : Ankara
AUTRES VILLES : Istanbul, Izmir
POINT CULMINANT : mont Ararat (5 165 m)
LANGUE OFFICIELLE : turc
MONNAIE : livre turque

ÉMIRATS ARABES UNIS
Imarat al-Arabiya al-Muttahida – Fédération des Émirats arabes unis
SUPERFICIE : 83 600 km²
POPULATION : 3,1 millions
CAPITALE : Abu Dhabi
AUTRES VILLES : Dubaï, Sharjah
POINT CULMINANT : jabal Yibir (1 527 m)
LANGUE OFFICIELLE : arabe
MONNAIE : dirham

YÉMEN
Jamhuriya al Yamaniya – République du Yémen
SUPERFICIE : 485 000 km²
POPULATION : 19 millions
CAPITALE : Sanaa
AUTRES VILLES : Aden, Taïz
POINT CULMINANT : djebel Hadur Nabi Chu 'Ayb (3 760 m)
LANGUE OFFICIELLE : arabe
MONNAIE : riyal

LAWRENCE D'ARABIE
L'officier anglais T. E. Lawrence (1888-1935) aida à organiser la révolte arabe contre les Turcs, lors de la Première Guerre mondiale.

GOLDA MEIR
Golda Meir (1898-1978) était Premier ministre d'Israël en 1974 pendant la guerre du Kippour contre les forces arabes.

Mais, après un long déclin, l'Empire ottoman s'effondra à la fin de la Première Guerre mondiale. Plusieurs nouveaux pays furent alors créés, où l'on découvrit du pétrole.

Dans les années 1930, des réfugiés juifs s'installèrent en Palestine. En 1948, l'État d'Israël fut créé et dut affronter les forces arabes dans une guerre qui prit fin en 1949. D'autres guerres suivirent en 1956, 1967 et 1974 au cours desquelles Israël prit à l'Égypte le Sinaï et la bande de Gaza, à la Jordanie la Cisjordanie et à la Syrie le Golan. En 1979, Israël et l'Égypte signèrent un traité de paix, et le Sinaï revint à l'Égypte.

Dans les années 1990, Israël et l'OLP (Organisation de libération de la Palestine) de Yasser Arafat (né en 1929) convinrent de la création d'un nouvel État pour les Palestiniens comprenant la bande de Gaza et une partie de la Cisjordanie.

Les Kurdes du nord de l'Iraq luttèrent eux aussi – en vain – pour un État kurde. Dans les années 1980, l'Iran et l'Iraq s'opposèrent dans une guerre frontalière. En 1990, l'Iraq envahit le Koweït mais une force internationale dirigée par les États-Unis força le président Saddam Hussein (né en 1937) à retirer ses troupes en 1991. En 2003, le régime de Saddam Hussein fut renversé par une force d'invasion menée par les États-Unis.

POURPARLERS
En 1993, le Premier ministre israélien Yitzhak Rabin (1922-1995) et le chef palestinien Yasser Arafat sont réunis par le président américain Bill Clinton. La paix n'en demeure pas moins fragile au Proche-Orient.

CHRONOLOGIE

Av. J.-C.

- 3500 Développement de civilisations dans les basses vallées du Tigre et de l'Euphrate (Mésopotamie).
- 539 Conquête perse de la Mésopotamie.
- 331 Victoire d'Alexandre le Grand sur les Perses.
- 30 Domination romaine sur la majeure partie de l'Asie du Sud-Ouest.

Apr. J.-C.

- 600 Fondation de l'Empire islamique par les Arabes.
- 1095 Début des croisades chrétiennes.
- 1187 Prise de Jérusalem par Saladin.
- 1270 Fin des croisades.
- 1300 Début de la domination ottomane.
- 1918 Effondrement de l'Empire ottoman.
- 1948 Création de l'État d'Israël.
- 1967 Guerre des Six Jours : Israël occupe des territoires de pays arabes voisins.
- 1979 Révolution en Iran : le chah (roi) est renversé, et l'ayatollah Khomeiny prend la tête d'un gouvernement islamique.
- 1980 Début de la guerre Iran-Iraq (jusqu'en 1990).
- 1990 Occupation irakienne du Koweït (jusqu'en 1991).
- 1995 Assassinat du Premier ministre israélien Yitzhak Rabin.
- 2003 Invasion de l'Iraq sous la direction des États-Unis ; défaite de Saddam Hussein.

ASIE
DU SUD

YAK

Le plus grand pays d'Asie du Sud est l'Inde – dont la surface est égale à un tiers de l'Europe. Le nord de la région est montagneux, avec les grandes chaînes de l'Hindu Kuch en Afghanistan, du Karakoram entre le Pakistan et la Chine, et le puissant Himalaya. Plus bas, des plaines fertiles s'étendent de l'est du Pakistan au nord de l'Inde et au Bangladesh, drainées par des fleuves parmi les plus grands du monde, l'Indus, le Gange et le Brahmapoutre. Au Bangladesh, le cours inférieur du Brahmapoutre et celui du Gange forment le plus grand delta du monde.

Le sud de l'Inde se compose essentiellement d'un vaste plateau, le Dekkan, bordé par deux chaînes de montagnes, les Ghâts occidentaux et orientaux. Au sud de l'Inde, la grande île de Sri Lanka, aux plaines fertiles, est montagneuse au centre. Enfin, les Maldives forment au sud-ouest un chapelet de basses îles coralliennes.

Le nord-ouest est sec, surtout dans le désert de Thar, à la frontière entre le Pakistan et l'Inde. Si la majeure partie de l'Asie du Sud est chaude et tropicale, les hivers sont froids dans les montagnes du nord.

Le climat est surtout marqué par les fortes pluies apportées par les vents humides de la mousson qui soufflent de la mer entre mai et octobre. Les paysans les attendent toujours avec impatience, mais elles peuvent faire déborder les fleuves – comme en 1998 au Bangladesh lorsqu'ils ont rompu leurs digues et inondé les deux tiers du pays.

À SAVOIR

AFGHANISTAN
Émirat d'Afghanistan
SUPERFICIE : 652 090 km²
POPULATION : 22,4 millions
CAPITALE : Kaboul
AUTRES VILLES : Kandahar, Herat, Mazar-é-Charif
POINT CULMINANT : Noshaq (7 485 m)
LANGUES OFFICIELLES : pashto, dari
MONNAIE : afghani

BANGLADESH
Gana Prajatantri Bangladesh – République populaire du Bangladesh
SUPERFICIE : 143 998 km²
POPULATION : 131,3 millions
CAPITALE : Dacca
AUTRES VILLES : Chittagong, Khulna
POINT CULMINANT : mont Keokradong (1 230 m)
LANGUE OFFICIELLE : bengali
MONNAIE : taka

BHOUTAN
Drunk Yul – Royaume du Bhoutan
SUPERFICIE : 47 000 km²
POPULATION : 2,1 millions
CAPITALE : Thimphu
AUTRES VILLES : Phuntsholing
POINT CULMINANT : Kula Kangri (7 554 m)
LANGUE OFFICIELLE : dzonkha
MONNAIE : ngultrum

INDE
Bharat – Union indienne
SUPERFICIE : 3 287 590 km²
POPULATION : 1,03 milliard
CAPITALE : New Delhi
AUTRES VILLES : Bombay, Calcutta, Madras
POINT CULMINANT : Kangchenjunga (8 586 m)
LANGUES OFFICIELLES : hindi, anglais
MONNAIE : roupie indienne

LE GANGE, FLEUVE SACRÉ
Les pèlerins hindous viennent dans la ville indienne de Bénarès se plonger dans le Gange sacré.

L'HIMALAYA
La chaîne de montagnes de l'Himalaya est la plus haute du monde. Son point culminant, le mont Everest, atteint 8 848 m.

UN PAYS MONTAGNEUX
À Leh, capitale de la région du Ladakh, dans le nord-ouest de l'Inde, se dresse un grand monastère bouddhiste tibétain.

Afghanistan

Pakistan

Népal

Bhoutan

TEMPLE NÉPALAIS
Le temple de Nyatapola, à Bhatgaon, est le plus haut du Népal. Bhatgaon est située à l'est de la capitale, Katmandou.

TERRAIN DIFFICILE
Voyager dans les montagnes du nord du Pakistan est difficile. Des ponts de cordes traversent les rivières rapides.

Bangladesh

Inde

Sri Lanka

Maldives

BOUDDHA ALLONGÉ
Dans l'ancienne capitale sri-lankaise de Polonnaruwa, on trouve d'immenses statues du Bouddha – le bouddhisme est la principale religion du pays.

ARCHITECTURE HINDOUE
Le Teli-ka-Mandir est un ancien temple hindou de la ville de Gwalior, au centre de l'Inde.

MAQUILLAGE POUR ÉLÉPHANT
Des éléphants peints portent les visiteurs jusqu'au fort indien d'Amber, près de Jaipur.

L'Asie du Sud compte huit pays. Le plus grand est l'Inde, qui occupe les deux tiers de la région et regroupe les trois quarts de sa population. Le deuxième est le Pakistan (15 % de la superficie).

L'Inde est un État fédéral composé de vingt-cinq États et de sept territoires. Le Bangladesh, les Maldives, le Pakistan et le Sri Lanka sont des républiques, ainsi que l'Afghanistan, qui sort d'une période dominée par les fondamentalistes islamiques. L'Asie du Sud comporte également deux royaumes, le Bhoutan et le Népal.

FABRICATION DE PANIERS
Les vanniers indiens utilisent des fibres naturelles telles les feuilles de palmiers.

Depuis leur indépendance, en 1947, l'Inde et le Pakistan sont en désaccord sur leurs frontières dans la région du Jammu-et-Cachemire, au nord-ouest de l'Inde – l'Inde revendique la totalité du territoire, mais le Pakistan en occupe une partie.

Beaucoup des habitants d'Asie du Sud sont pauvres et vivent simplement de la terre – plus de 90 % des Bhoutanais et des Népalais sont des paysans. L'agriculture, la première activité, emploie 63 %

UN PALAIS ROSE
Le Hawa Mahal ou Palais des vents se trouve dans la magnifique ville « rose » de Jaipur, fondée en 1728.

de la population. La principale culture est le riz : l'Inde en est le deuxième producteur du monde (derrière la Chine), et le Bangladesh, le quatrième.

On trouve aussi l'orge, le millet, le sorgho et le blé, des légumes comme les haricots et les pois, la noix de coco, beaucoup de fruits et le thé. Le coton, le jute, le caoutchouc et le tabac sont aussi cultivés, et le bétail est important – mais les hindous ne mangent pas de viande et considèrent les vaches comme sacrées.

FABRICANT DE SANDALES
Chaussures et vêtements sont faits à la main, mais d'énormes usines produisent des objets pour l'exportation.

MARCHÉ INDIEN
Les légumes sont cuits avec des épices et servis avec du riz – l'aliment de base en Inde – ou un pain plat appelé chapati.

PÊCHE AU BANGLADESH
On pêche dans le golfe du Bengale et dans les multiples voies d'eau qui drainent les plaines du Bangladesh.

L'Inde possède des réserves minérales, notamment du charbon, du minerai de fer et du pétrole. L'industrie s'y est beaucoup développée depuis cinquante ans, surtout aux abords des très grandes villes : Bombay, Delhi, Calcutta (Kolkata) et Madras (Chennai). Il en va de même au Pakistan, à Karachi et à Lahore. Bien des villes présentent à la fois des quartiers anciens, occupés par les bidonvilles, et des quartiers modernes hérissés de tours – les différences entre riches et pauvres sont très importantes.

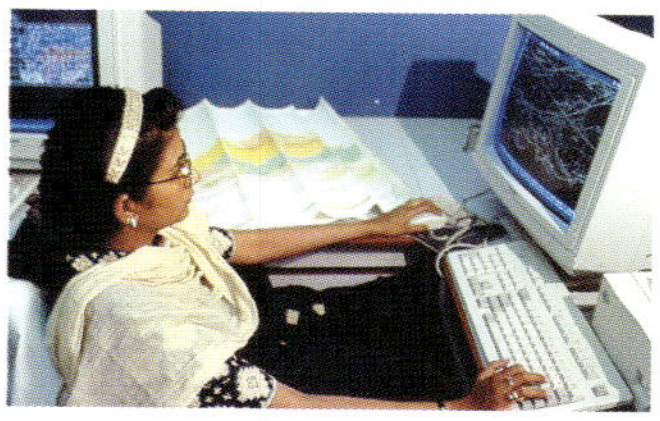

L'INFORMATIQUE
Les usines de Bangalore fabriquent des ordinateurs, et les hautes technologies progressent en Inde, malgré la prédominance de l'agriculture.

FEUILLES DE THÉ
Les feuilles du théier sont si fines qu'on les cueille à la main. L'Inde et le Sri Lanka comptent parmi les premiers producteurs de thé.

PIMENTS

À LA FORCE DES JAMBES
Ce type de rickshaw, aussi appelé cyclo-pousse, est tiré par un homme à vélo. On trouve aussi des pousse-pousse, voitures à deux roues tirées par un homme à pied. Dans les villes, ces formes simples de transport disputent leurs passagers aux taxis.

RIZICULTURE
Les rizières entourées de levées de terre sont labourées et inondées avant le piquage du riz.

À SAVOIR

MALDIVES
Divehi Raajjeyge Jumhooriyya
– République des Maldives
SUPERFICIE : 298 km²
POPULATION : 275 000
CAPITALE : Malé
POINT CULMINANT : île Wilingili (24 m)
LANGUE OFFICIELLE : divehi
MONNAIE : rufiyaa

NÉPAL
Nepal Adhirajya
– Royaume du Népal
SUPERFICIE : 147 181 km²
POPULATION : 25,2 millions
CAPITALE : Katmandou
AUTRES VILLES : Lalitpur, Biratnagar
POINT CULMINANT : mont Everest (8 848 m)
LANGUE OFFICIELLE : népali
MONNAIE : roupie népalaise

PAKISTAN
Islami Jamhuriya e Pakistan
– République islamique du Pakistan
SUPERFICIE : 796 095 km²
POPULATION : 144,6 millions
CAPITALE : Islamabad
AUTRES VILLES : Karachi, Lahore, Faisalabad
POINT CULMINANT : K2 (8 611 m)
LANGUE OFFICIELLE : ourdou
MONNAIE : roupie pakistanaise

SRI LANKA
Sri Lanka Prajathanthrika Samajavadi Janarajaya
– République socialiste démocratique de Sri Lanka
SUPERFICIE : 65 610 km²
POPULATION : 19,4 millions
CAPITALE : Colombo
AUTRES VILLES : Dehiwala-Mount Lavinia, Moratuwa
POINT CULMINANT : Pidurutalagala (2 524 m)
LANGUES OFFICIELLES : cinghalais, tamoul
MONNAIE : roupie sri-lankaise

SHERPA NÉPALAIS
Les membres de la tribu des sherpas sont connus pour leurs qualités d'alpinistes, et beaucoup sont guides en montagne.

La population indienne est divisée en deux groupes : les Indo-Aryens au nord, à la peau claire, et les Dravidiens au sud, à la peau sombre. Elle parle seize langues principales et plus de mille langues mineures. La langue officielle est l'hindi. L'anglais est une langue nationale « associée ».

L'Asie du Sud est habitée par divers peuples, dont les Afghans, les Indo-Aryens et les Persans au nord-ouest, les Cinghalais de Sri Lanka et les habitants des Maldives, descendants de peuples du nord de l'Inde, ou les Tamouls sri-lankais, originaires du sud de l'Inde.

Tous excellent dans les arts décoratifs, l'architecture et la sculpture – en témoignent les superbes temples hindous, les mosquées et de gigantesques statues du Bouddha. Les danses et musiques traditionnelles sont encore très populaires, ainsi que le cinéma, colossale industrie développée à Bollywwod.

CONSTRUCTION JAÏNA
Le jaïnisme est une religion indienne vieille de 2 500 ans. Ce temple se trouve dans le désert de Thar.

MAISONS-BATEAUX
Certains habitants de la région agitée du Jammu-et-Cachemire vivent dans des bateaux sur les lacs et pratiquent l'artisanat – leurs boîtes en papier mâché peintes à la main sont vendues aux touristes à Delhi.

Beaucoup de gens s'habillent à l'occidentale, mais les hommes portent aussi le *dhoti* traditionnel – vêtement blanc enroulé autour du corps et replié entre les jambes –, et les femmes, des saris colorés de soie ou de coton.

TRANSPORT ROUTIER
Les chauffeurs décorent souvent leurs camions en Inde et au Pakistan. Les distances sont énormes en Asie du Sud et le transport routier est très important.

DIWALI
Célébré en automne, Diwali est la fête hindoue des Lumières. Pour marquer le Nouvel An et honorer Lakshmi, déesse de la Fortune, on allume des lampes à huile ou des bougies, et on échange vœux et cadeaux.

MARIAGE HINDOU
Les cérémonies de mariage des riches Indiens sont très complexes et ont souvent lieu dans les grands hôtels.

ENTRÉE BOUDDHISTE
Le bouddhisme est la première religion du Bhoutan et du Sri Lanka. On voit ici l'entrée d'un sanctuaire.

LAMAS
Les lamas sont des moines qui pratiquent le lamaïsme, ou bouddhisme tibétain.

L'hindouisme, l'une des plus anciennes religions du monde, date de 4 000 ans et est pratiqué par 63 % de la population d'Asie du Sud. Les hindous rendent un culte à plusieurs dieux, dont les plus connus sont Shiva, Krishna et Vishnou, tous formes d'une divinité universelle. Ils croient que l'âme ne meurt jamais mais se réincarne dans le corps d'une autre personne ou d'un animal. L'hindouisme a de nombreuses fêtes, dont Diwali, la fête des Lumières, et Holi, festival du Printemps.

CHARMEUR DE SERPENTS
Ce charmeur de serpents indien se balance de gauche à droite en jouant de la musique afin d'hypnotiser le cobra par son mouvement.

Les hindous représentent 80 % de la population indienne, mais l'Inde a aussi près de 100 millions de musulmans, 36 millions de chrétiens et presque 7 millions de bouddhistes. L'hindouisme est la principale religion du Népal ; l'islam est majoritaire au Bangladesh, en Afghanistan, aux Maldives et au Pakistan. Le bouddhisme domine au Bhoutan et au Sri Lanka.

DIEUX VILLAGEOIS
80 % des Indiens sont hindous, et les villages ont souvent leurs propres statues de dieux.

CLOCHES DE PRIÈRE
Les bouddhistes font sonner des cloches pour effrayer les mauvais esprits.

FESTIVAL DU PRINTEMPS
Holi est une très ancienne fête hindouiste du printemps. On se jette au visage de l'eau et des poudres colorées, sans distinction d'âge, de caste ou de sexe.

TEMPLE DE KHAJURAHO
Dans le complexe de temples de Khajuraho, dans la partie centre-nord de l'Inde, 22 grands temples sont décorés de sculptures très raffinées.

LA CIVILISATION DE L'INDUS
La cité antique de Mohenjo-Daro avait de larges rues, de vastes demeures, des égouts, des entrepôts de grain et un grand bassin destiné aux rituels religieux.

ÉLECTIONS DÉMOCRATIQUES
L'Inde est la plus grande démocratie du monde, avec le plus grand nombre d'électeurs. Depuis l'indépendance, les élections ont été régulières.

De 2500 à 1700 av. J.-C., la civilisation de l'Indus prospéra au Pakistan et dans le nord-ouest de l'Inde, surtout dans les cités de Harappa et de Mohenjo-Daro. Vers 1500 av. J.-C., les Aryens du nord-ouest envahirent l'Inde et y développèrent la culture hindoue. Vers 320 av. J.-C., Alexandre le Grand atteignit la vallée de l'Indus. Plus tard, une civilisation bouddhiste grandit dans le nord. Enfin, après d'autres invasions, les Mongols prirent le nord de l'Inde vers 1400 et, en 1526, le pays faisait partie de leur empire.

Dès le XVIe siècle, les Européens arrivèrent en Asie du Sud, et

STATUE D'ARGILE
De magnifiques statues ont été retrouvées dans les ruines de Mohenjo-Daro, comme celle-ci, sans doute un roi ou un prêtre.

DÉFILÉ POUR LA FÊTE DE L'INDÉPENDANCE
Ces soldats défilent pour commémorer l'indépendance de l'Inde. En Inde, le service militaire est volontaire.

LE TAJ MAHAL
Le Taj Mahal de marbre blanc à Agra, en Inde, est le tombeau de Mumtaz-i Mahal, la favorite de Shah Jahan (1592-1666). C'est l'un des plus beaux et des plus célèbres monuments du monde.

MIGRATION DE MASSE
Lors de l'indépendance de l'Inde, en 1947, des millions de musulmans et d'hindous durent déménager, et les attaques des colonnes de réfugiés firent de multiples morts.

L'EMPEREUR ASHOKA
L'empereur Ashoka régnait sur l'Empire maurya (272-232 av. J.-C.). Il conquit de vastes territoires et se convertit au bouddhisme.

avec le déclin de l'Empire mongol, la Compagnie britannique des Indes orientales renforça son contrôle sur de vastes territoires. La rébellion contre la Compagnie échoua en 1857 et, en 1858, la Grande-Bretagne dominait la région – qu'elle dota de voies ferrées, d'un système téléphonique et d'un réseau d'irrigation.

Beaucoup d'Indiens, cependant, voulaient leur indépendance. À partir de 1920, l'avocat Mohandas K. Gandhi (1869-1948), dit Mahatma (Grande Âme), prit la direction de campagnes de résistance non violentes. Après la Seconde Guerre mondiale, la Grande-Bretagne accepta l'indépendance de l'Inde, mais, à la suite de violences entre hindous et musulmans, une partition fut décidée entre le Pakistan musulman et l'Inde majoritairement hindoue – il y eut des millions de réfugiés et de nombreux morts.

Le Pakistan était divisé en deux provinces : le Pakistan-Occidental et le Pakistan-Oriental ; en 1971, une guerre civile éclata, à l'issue de laquelle le Pakistan-Oriental devint le Bangladesh. Les troupes russes envahirent l'Afghanistan pour soutenir le gouvernement communiste, mais se retirèrent en 1988, laissant les talibans islamistes imposer un régime très strict. En 2001, une coalition de forces américaines et alliées soutenant les rebelles afghans chassa les talibans.

Au Sri Lanka, certains Tamouls hindous soutiennent la guérilla des Tigres, qui réclament l'indépendance. Les relations entre l'Inde et le Pakistan restent également tendues à propos du Cachemire. Les deux pays se sont dotés de l'arme nucléaire.

LE TEMPLE D'OR, AMRITSAR
Le Temple d'or, le plus sacré des temples sikhs, se trouve à Amritsar, dans le nord-ouest de l'Inde. Les sikhs représentent 2 % des Indiens.

LEADERS NATIONALISTES
Le Pakistan musulman fut créé en 1947 sous la direction de Muhammad Ali Jinnah (1876-1948, à droite). Le premier Premier ministre de l'Inde fut Jawaharlal Nehru (1889-1964, à gauche).

CHRONOLOGIE

Av. J.-C.

2500	Développement de la civilisation de l'Indus.
320	Alexandre le Grand atteint le sud de l'Inde.
272	Unité de presque tout le sud de l'Inde sous l'Empire bouddhiste (jusqu'en 232).

Apr. J.-C.

1200	Prise du nord de l'Inde par les Mongols.
1526	Établissement de l'Empire mongol en Asie du Sud.
1619	Contrôle portugais sur la majeure partie de Ceylan (Sri Lanka actuel).
1649	Construction du Taj Mahal.
1757	Prise de contrôle du Bengale par la Compagnie britannique des Indes orientales.
1802	Ceylan devient une colonie de la couronne britannique.
1858	Gouvernement britannique de l'Inde.
1947	Indépendance de l'Inde et division en deux pays : l'Inde et le Pakistan ; premiers combats au Cachemire.
1948	Assassinat du Mahatma Gandhi par un fanatique hindou.
1971	Le Pakistan-Oriental devient le Bangladesh.
1972	Ceylan devient la république de Sri Lanka.
1988	Retrait soviétique d'Afghanistan.
2001	Renversement du pouvoir taliban en Afghanistan par une coalition internationale dirigée par les États-Unis

ASIE
ORIENTALE

MOINE BOUDDHISTE À LHASSA *Lhassa est la capitale du Tibet, région chinoise, bien que beaucoup de Tibétains souhaitent l'indépendance.*

La majeure partie de l'Asie orientale, c'est la Chine, le troisième pays du monde après la Russie et le Canada, et qui revendique également l'île de Taïwan, pourtant État à part entière. L'Asie orientale comprend aussi la Corée du Nord, la Corée du Sud et la Mongolie – ainsi que le Japon, qui fait l'objet d'un chapitre séparé (voir p. 182).

La partie occidentale se compose de hauts plateaux, de déserts et de chaînes de montagnes – dont le mont Everest, le plus haut sommet du monde, à la frontière entre le Tibet et le Népal. Les déserts de l'intérieur sont chauds en été mais glacés en hiver. Le désert de Gobi, dans le nord de la Chine et en Mongolie, est l'un des plus arides du monde.

Au contraire, la partie orientale présente des plaines fertiles, de hautes terres et des vallées fluviales très peuplées – celles de trois grands fleuves, le Huang He (autrefois appelé fleuve Jaune), le Yangzi Jiang (fleuve Bleu) et le Xi jiang au sud-est. Les deux Corées occupent une péninsule déchiquetée qui s'avance au nord-est de la Chine et dont seulement la côte et les plaines sont habitées.

Le Tibet est un haut plateau battu par les vents, aux hivers glacés et aux courts étés frais. Le nord et le nord-ouest y sont plutôt secs, avec des déserts nus et des zones de prairies sèches, ou steppes. Dans le sud-est de la Chine, les étés sont en revanche très chauds et les hivers frais. Le nord-est, dont la Corée, subit des hivers froids.

À SAVOIR

CHINE
Zhonghua Renmin Gonghue Guo – République populaire de Chine
SUPERFICIE : 9 596 961 km²
POPULATION : 1,284 milliard
CAPITALE : Pékin (Beijing)
AUTRES VILLES : Shanghai, Tianjin, Shenyang, Wuhan
POINT CULMINANT : mont Everest (8 848 m)
LANGUE OFFICIELLE : chinois mandarin
MONNAIE : yuan

MONGOLIE
Mongol Uls
SUPERFICIE : 1 566 500 km²
POPULATION : 2,5 millions
CAPITALE : Oulan-Bator
AUTRES VILLES : Darkhan, Erdenet
POINT CULMINANT : Altaï (4 362 m)
LANGUE OFFICIELLE : khalkha
MONNAIE : tugrik

CORÉE DU NORD
Chosun Minchu-chui Inmin Konghwa-guk – République populaire démocratique de Corée
SUPERFICIE : 120 528 km²
POPULATION : 22 millions
CAPITALE : Pyongyang
AUTRES VILLES : Hamhung, Ch'ongjin
POINT CULMINANT : mont Paektu (2 744 m)
LANGUE OFFICIELLE : coréen
MONNAIE : won

FORÊT DE PIERRE *Ces roches usées ressemblant à des troncs d'arbres géants forment la forêt de pierre du Yunnan, dans le sud de la Chine, au sud-est de Kunming.*

PANDA GÉANT *Les pandas géants habitent les forêts de bambous de l'ouest de la Chine. Ils sont menacés d'extinction du fait de l'amenuisement de leur habitat.*

SÉOUL, CORÉE
Séoul est la capitale de la Corée du Sud et l'une des plus grandes villes du monde. Les tours et les industries y sont nombreuses.

Corée du Nord

Mongolie

HONGKONG
Ancienne colonie britannique, Hongkong a été rendu au gouvernement chinois comme région administrative spéciale en 1997.

PÉKINOIS

Chine

Corée du Sud

LA GRANDE MURAILLE DE CHINE
Longue de 7 400 km, la Grande Muraille a été construite pour contenir les envahisseurs venus du nord.

Taïwan

SHANGHAI
Shanghai est la plus grande ville de Chine, le premier port et la première ville industrielle du pays.

KOWLOON, HONGKONG
Le territoire de Hongkong se compose de 235 îles et d'une partie en Chine continentale, où se trouve Kowloon, ville active aux nombreuses boutiques et industries.

Récemment, l'Asie orientale a connu divers conflits. L'un concerne Taïwan : depuis 1949 et la prise du pouvoir en Chine continentale par les communistes, Taïwan est le refuge des nationalistes qui y ont fondé une « République de Chine » rivale et s'opposent à l'union revendiquée par la Chine. D'anciennes questions coloniales ont également été réglées en 1997 avec la rétrocession de Hongkong à la Chine par la Grande-Bretagne, puis en 1999 avec celle de Macao (petit territoire du sud-ouest de la Chine) par le Portugal. Enfin, la Chine et la Russie ont mis fin en 1998 à un long conflit frontalier.

LA PÊCHE À L'OISEAU
Les pêcheurs chinois apprennent à des cormorans à attraper du poisson.

LA CUEILLETTE DU THÉ
Le thé est l'une des principales cultures du sud de la Chine – deuxième pays producteur après l'Inde.

En revanche, aucune solution n'est en vue au Tibet. Le pays a été annexé par la Chine en 1950, mais les Tibétains revendiquent leur indépendance et souhaitent le retour de leur chef religieux exilé le dalaï-lama.

BOURSE DE HONGKONG
Hongkong est l'un des plus importants centres financiers du monde.

À SAVOIR

CORÉE DU SUD
Daehan Min-Kuk
– République de Corée
SUPERFICIE : 99 274 km²
POPULATION : 47,6 millions
CAPITALE : Séoul
AUTRES VILLES : Pusan, Taegu
POINT CULMINANT : Halla-San (1 950 m)
LANGUE OFFICIELLE : coréen
MONNAIE : won

TAÏWAN
Chung-hua Min-kuo
– République de Chine
SUPERFICIE : 36 179 km²
POPULATION : 22,3 millions
CAPITALE : Taipei
AUTRES VILLES : Kaohsiung, Taichung
POINT CULMINANT : Yü Shan (mont Morrison, 3 997 m)
LANGUE OFFICIELLE : chinois mandarin
MONNAIE : nouveau dollar taïwanais

La frontière entre les deux Corées est aussi contestée. Après la Seconde Guerre mondiale, la Corée du Nord adopta un régime communiste, tandis que celle du Sud, soutenue par les États-Unis, s'alliait à l'Occident – de 1950 à 1953, la guerre de Corée causa des destructions massives. La Corée du Sud est une démocratie pluripartite, comme la Mongolie, communiste jusqu'en 1990, tandis que des gouvernements communistes dirigent encore la Corée du Nord et la Chine.

LION D'OR
Ce lion d'or est l'une des statues de la Cité interdite de Pékin, ensemble de palais des empereurs chinois.

MARCHÉ À PÉKIN
Les Chinois de la campagne viennent en ville vendre leurs produits sur les marchés. Outre des légumes, on y trouve des oiseaux vivants et d'autres animaux destinés à être cuits et mangés avec du riz ou des nouilles.

ÉPI DE RIZ

CHAMEAU DE JADE
Depuis l'Antiquité, les Chinois extraient le jade et en font de très belles sculptures. Ce chameau couché a plus de 1 000 ans.

Près de 70 % de la population d'Asie orientale vit de la terre, et si seuls 10 % du territoire chinois sont cultivés, le pays est un grand producteur agricole, notamment de riz, patates douces, thé et blé. Plus d'un tiers des cochons du monde y sont également élevés.

Seuls 29 % des Chinois sont des citadins, mais plus de 30 villes chinoises ont plus de 1 million d'habitants. Riche en charbon et en pétrole, la Chine se développe rapidement, mais la pauvreté est encore très présente.

Dans les « zones économiques spéciales » orientales s'implantent beaucoup d'industries, en partie financées par les entrepreneurs étrangers.

La Corée du Sud et Taïwan sont de grandes nations industrielles. Quant à la Corée du Nord communiste, elle a des industries, mais le niveau de vie y est beaucoup plus bas.

IMPRIMERIE EN CORÉE DU SUD
L'Asie, qui a une tradition millénaire dans le domaine de l'imprimerie, a développé un puissant secteur industriel qui satisfait non seulement les besoins locaux mais aussi les éditeurs occidentaux.

JONQUE CHINOISE
Les jonques sont des bateaux de bois à deux ou plusieurs voiles utilisés par les marins chinois et d'Asie orientale. Certains vivent sur leur jonque.

CUISINE CHINOISE
Si on mange du riz dans le sud de la Chine, on préfère le blé dans le nord, les deux avec légumes, porc ou volaille.

La Chine abrite plus d'un cinquième de la population mondiale. Le taux de natalité était naguère si élevé que le gouvernement a pris des mesures sévères pour ralentir la croissance : les couples sont encouragés à n'avoir qu'un seul enfant ; les femmes ne peuvent se marier avant l'âge de 20 ans, et les hommes, 22 ans. Mais le renouvellement des générations n'étant plus assuré, d'autres problèmes se poseront à terme. Environ 92 % des Chinois appartiennent à l'ethnie des Han.

LUTTE SANS ARMES
Le kung-fu, art martial chinois, est proche du karaté japonais.

Le chinois (mandarin), dialecte du nord qui s'est imposé, s'écrit non avec des lettres, mais avec des idéogrammes, que tout le monde comprend. Cependant, le langage oral varie d'une région à l'autre, ce qui empêche de communiquer.

LA VIE SUR L'EAU
Les villes chinoises manquent de logements, et certaines personnes vivent dans des bateaux. Plusieurs régions ont des densités de population parmi les plus fortes du monde.

Outre les Han, on compte 55 minorités en Chine. Les plus importantes sont les Kazakhs et les Ouïgours au nord-ouest, les Mongols au nord, les Coréens au nord-est et les Tibétains au sud-est. Certaines ethnies parlent des dialectes chinois, d'autres ont leur propre langue.

Les gouvernements communistes ont découragé toute pratique religieuse. Néanmoins, on pratique le bouddhisme, le confucianisme ou le taoïsme. Des musulmans habitent dans l'ouest de la Chine et en Mongolie. Quant aux chrétiens, ils représentent un quart de la population sud-coréenne.

ENFANTS TALENTUEUX
Les enfants chinois aux talents spécifiques bénéficient d'un enseignement supplémentaire. Ceux-ci jouent de la piba.

YOURTE MONGOLE
Les pasteurs mongols habitent traditionnellement des tentes de feutre appelées yourtes, faciles à démonter et à changer de place.

MOINE BOUDDHISTE
Plusieurs formes de bouddhisme sont pratiquées en Chine, au Tibet, en Corée du Sud et en Mongolie.

L'Asie orientale possède une longue tradition artistique. Les premiers arts chinois comprennent de superbes poteries et des statues de jade, sans oublier la littérature, les aquarelles, les broderies, la musique et le théâtre.

Beaucoup de Chinois se lèvent tôt pour pratiquer une gymnastique ancienne appelée *taï-chi*. Parmi les autres sports très appréciés figurent le base-ball, le basket-ball, le football, le tennis de table et le volley-ball.

FÊTE DE L'ÉTÉ
En mai, à Hongkong, des régates de barques-dragons sont suivies de démonstrations d'arts martiaux et de spectacles de rue. Les fêtards mangent des boulettes et des pignons grillés sur les barques, et les pétards éclatent jusque tard dans la nuit.

Le riz est l'aliment principal dans le sud, tandis que le blé est plus important au nord. Les plats sont composés de porc et de volaille avec des légumes comme les pousses de bambou, les choux et le tofu (fromage de soja). Le fameux canard laqué chinois est un plat d'exception ; les Coréens apprécient le *kimchi,* un mélange épicé de chou, de radis et autres légumes. La boisson la plus consommée en Orient est le thé.

OPÉRA CHINOIS TRADITIONNEL
L'opéra de Pékin associe le théâtre aux chants et aux danses. Les costumes et les maquillages sont très raffinés.

PLACE TIAN'ANMEN, PÉKIN
Sur l'immense place que longe la Cité interdite et qui fut un haut lieu du régime maoïste, se déroulent d'imposants défilés militaires, des fêtes, ainsi que quelques manifestations politiques (celle des étudiants, en 1989, fut réprimée dans le sang).

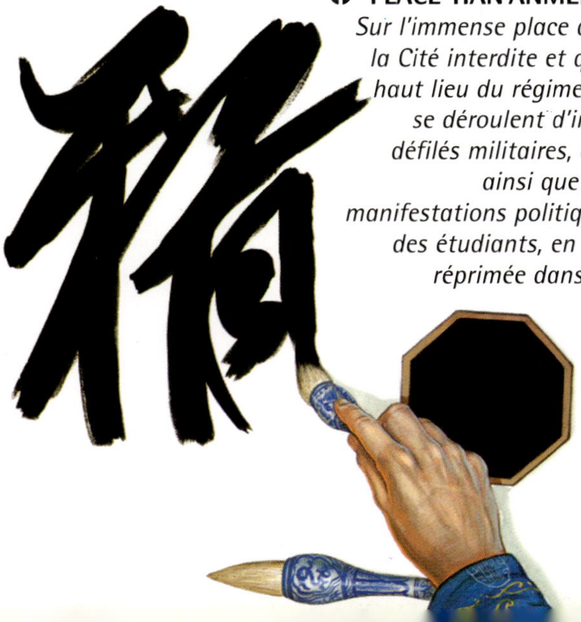

LES IDÉOGRAMMES
L'écriture chinoise, non alphabétique, consiste en signes complexes qui donnent le sens des mots et non leur son.

VASE QING
Les artistes chinois font des poteries depuis des milliers d'années. De superbes vases très décorés, comme celui-ci, datent des débuts de la dynastie Qing (à partir de 1614).

PÉKIN
Sous la dynastie Ming, un rempart entouré de fossés fut construit autour de Pékin. Sous les Qing, les palais et les temples se multiplièrent hors des murs.

Les premières civilisations se sont développées dans les vallées de Chine orientale il y a 3 500 ans. De 1700 av. J.-C. à 1912, l'histoire chinoise est divisée en plusieurs dynasties ou règnes d'une même famille.

La dynastie Qin (221-206 av. J.-C.) fut la première à mettre en place un gouvernement central. Elle fut suivie de la dynastie Han, qui fonda un empire aussi grand que l'Empire romain. Au XIIIe siècle, la conquête mongole plaça le pays sous domination étrangère – celle de la dynastie Yuan, dont le territoire s'étendait de la Corée à l'Europe de l'Est.

Le pouvoir revint aux Chinois en 1368 jusqu'au XVIIe siècle et la fondation de la dynastie Qing par les Mandchous. La domination mandchoue fléchit en 1895 après la défaite face au Japon, qui occupa la Corée en 1910, et prit fin en 1912 lorsque la Chine devint une république. Le Japon occupa la Mandchourie en 1931, et la Chine lutta contre l'envahisseur de 1937 à 1945.

Après la Seconde Guerre mondiale, la Chine connut une guerre civile entre communistes et nationalistes et, en 1949, les communistes menés par Mao Zedong (1893-1976) prirent le pouvoir sur le continent, tandis que les nationalistes de Jiang Jieshi se retiraient à Taïwan.

Les gouvernements communistes chinois, nord-coréen et mongol confisquèrent les terres et les industries. Ils améliorèrent le niveau de vie des paysans, mais emprisonnèrent ou éliminèrent tous leurs opposants.

Certaines politiques communistes causèrent de

UNE ARMÉE EN TERRE CUI
On a exhumé à Xi'an des millier de soldats en argile, grandeur nature, autour de la tombe de l'empereur Qin Shi Huangdi (IIIe siècle av. J.-C.)

SUR LA ROUTE DE LA SOI
Depuis l'époque romaine à travers montagnes e déserts, les caravanes d commerçants occidentau rejoignaient le Levan puis le Moyen-Orien et enfin la Chin

EMPEREUR MANDCHOU
Les Mandchous ont fondé la dynastie Qing. Seul l'empereur avait le droit de porter une tunique brodée d'un dragon à cinq griffes.

LE PORT DE CANTON
Guangzhou (Canton) est un port chinois au nord-ouest de Hongkong. Au XIXe siècle, il fut le seul port chinois ouvert aux Occidentaux.

LE DERNIER EMPEREUR
Puyi, empereur à deux ans, en 1908, fut destitué en 1912. Ballotté par l'histoire, il mourut obscur fonctionnaire en 1967.

graves crises économiques et, depuis 1980, la Chine a lancé plusieurs réformes, surtout dans l'est du pays, où les entreprises étrangères ont été bien accueillies – mais les communistes ont gardé le contrôle du gouvernement.

En 1990, la Mongolie a organisé des élections libres et établi un gouvernement démocratique. La Corée du Sud, Taïwan et l'ancien territoire britannique de Hongkong se sont lancés dans les technologies de pointe et ont développé leurs économies. En 1997, Hongkong – britannique depuis 1842 – fut restituée à la Chine, dont elle devint une « région administrative spéciale » en conservant beaucoup des lois britanniques.

TOMBEAU MING
Nombreux sont les visiteurs des tombeaux de la dynastie Ming, qui a régné de 1368 à 1644.

LE PRÉSIDENT MAO
Mao Zedong (Mao Tsé-toung) devint président en 1949 lors de la prise du pouvoir par les communistes. Il mourut en 1976.

DENG XIAOPING
À partir de 1976, Deng Xiaoping lança de nombreuses réformes en Chine.

CHRONOLOGIE

Av. J.-C.

- 1700 Établissement de la première grande civilisation d'Asie orientale dans la vallée du Huang He.
- 214 Unification de la Chine sous l'empereur Shi Huangdi ; fortification de la Grande Muraille de Chine par la jonction des différentes sections.
- 202 Âge d'or de la culture chinoise sous la dynastie Han (jusqu'en 220 apr. J.-C.).

Apr. J.-C.

- 1279 Début de la domination mongole sur la Mongolie, la Corée et toute la Chine.
- 1368 Épanouissement de la culture chinoise sous la dynastie Ming (jusqu'en 1644).
- 1644 Domination mandchoue sur la Chine, la Mongolie et la Corée (jusqu'en 1910 et l'occupation de la péninsule par le Japon).
- 1912 Création de la République de Chine.
- 1937 Guerre entre la Chine et le Japon (jusqu'en 1945).
- 1949 Fondation de la République populaire de Chine par les communistes.
- 1950 Guerre de Corée (jusqu'en 1953).
- 1989 Massacre de manifestants étudiants sur la place Tian'anmen à Pékin.
- 1997 Restitution de Hongkong à la Chine par la Grande-Bretagne.
- 1999 Restitution de Macao à la Chine par le Portugal.

LA LONGUE MARCHE
Dans les années 1930, les communistes chinois, attaqués par les nationalistes, entreprirent une longue marche vers le nord de la Chine. Mao Zedong devint leur chef.

JAPON

FLEURS DE PRINTEMPS
Chaque année, la floraison des cerisiers, d'abord dans le sud, puis dans le nord, est marquée par des fêtes du printemps.

À SAVOIR

JAPON
Nihon ou Nippon Koku
– Pays du soleil levant
SUPERFICIE : 377 801 km²
POPULATION : 127 millions
CAPITALE : Tokyo
AUTRES VILLES :
Osaka, Yokohama, Nagoya
POINT CULMINANT :
mont Fuji (3 776 m)
LANGUE OFFICIELLE :
japonais
MONNAIE : yen

STATUE BOUDDHISTE, TOKYO
Beaucoup de Japonais pratiquent un mélange de shintoïsme et de bouddhisme, les deux religions du pays.

Le Japon fait partie de l'Asie orientale et se compose de quatre grandes îles – Honshu, Hokkaido, Kyushu et Shikoku –, qui représentent 98 % du territoire, et de milliers d'îlots, dont les deux archipels des îles Ryukyu, au sud de Shikoku, et les îles Bonin, au sud de Tokyo.

Le pays est montagneux avec de petites plaines fertiles et très peuplées sur les côtes. Le mont Fuji, un volcan endormi, est le plus haut sommet du pays. La plupart des fleuves sont courts et rapides.

Le climat varie du nord au sud. Hokkaido connaît des hivers froids et neigeux, alors qu'ils sont doux à Kyushu et à Shikoku, avec de longs étés chauds. Les précipitations sont abondantes et les forêts couvrent les deux tiers du pays – conifères, comme le sapin ou l'épicéa dans le nord, et feuillus, comme l'érable ou le chêne dans le centre et le sud. On y trouve des animaux sauvages comme des ours, des sangliers et des cerfs, ainsi que des singes – tel le macaque japonais – dont le Japon est la limite septentrionale d'habitat.

Baleines, dauphins et toutes sortes de poissons peuplent les mers, sans compter les multiples oiseaux aquatiques comme le cormoran, parfois dressé à attraper les poissons.

Le Japon est situé dans une région appelée la « ceinture de feu du Pacifique » sous laquelle les plaques tectoniques ne cessent de bouger. La plaque Pacifique qui plonge sous la plaque eurasienne fait régulièrement trembler le sol. En 1923, un tremblement de terre à Tokyo-Yokohama a fait 100 000 morts. Les séismes peuvent entraîner la formation d'immenses vagues, appelées tsunamis, qui causent de gros dégâts lorsqu'elles touchent le littoral. Le tremblement de terre de 1923 a été suivi d'un tsunami haut de 11 m.

LES LUMIÈRES DE TOKYO
Détruite par un tremblement de terre en 1923 et par les bombardements de la Seconde Guerre mondiale, Tokyo est aujourd'hui un centre industriel majeur, moderne et prospère.

BAINS CHAUDS
Les macaques japonais sont de grands singes qui habitent l'île de Hokkaido, dans l'extrême nord du Japon. Par temps froid, ils se baignent dans les sources chaudes appelées onsen.

APRÈS UN TREMBLEMENT DE TERRE
En 1995, un puissant séisme a frappé Kobe et fait plus de 5 000 morts.

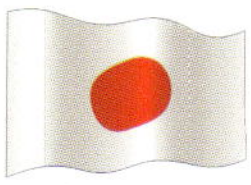

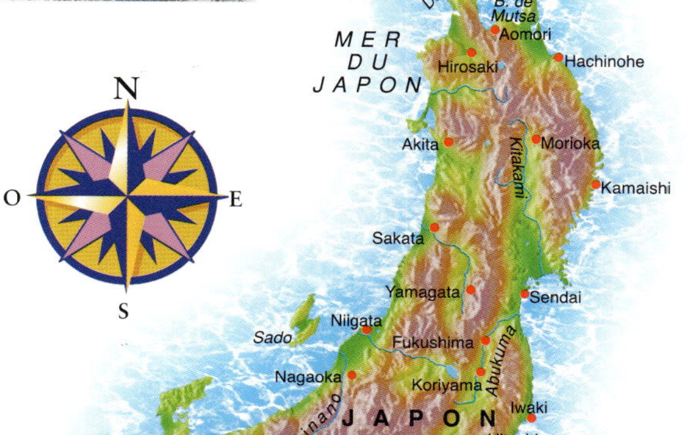

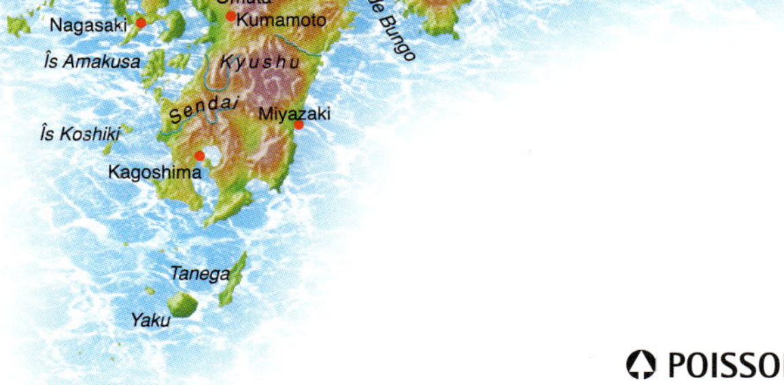

BONSAÏ
Les jardiniers japonais ont perfectionné l'art d'élever des arbres miniatures appelés bonsaïs.

ÎLE DE KYUSHU
Kyushu est la plus au sud des quatre îles principales du Japon. Son climat est beaucoup plus chaud que dans le nord du Japon.

POISSON-GLOBE
Le poisson-globe, ou fugu, vit dans le Pacifique. Sa chair est un mets délicat au Japon, mais les cuisiniers doivent apprendre pendant au moins trois ans comment en retirer les parties toxiques.

MONT FUJI
Avec 3 776 m, le volcan Fuji-Yama est le plus haut sommet du Japon. Sa dernière éruption date de 1708.

LANTERNES DE PAPIER
Le Japon produit du bois et du papier à partir duquel sont fabriqués divers objets, des lanternes aux paravents et aux cloisons coulissantes.

Le Japon a longtemps été gouverné par des empereurs aux pouvoirs très étendus. Jusqu'à la fin de la Seconde Guerre mondiale, l'empereur Hirohito était considéré comme un dieu. Ensuite, le Japon est devenu une monarchie constitutionnelle, et l'empereur, un symbole de l'État aux seules obligations rituelles. Les membres du Parlement élu, à deux chambres, choisissent le Premier ministre.

PLANTATION DE THÉ
Le Japon est l'un des dix premiers producteurs de thé. On y boit du thé vert à tous les repas.

Le Japon est le huitième pays le plus peuplé du monde. Si la population est clairsemée dans les montagnes et leurs forêts, la densité des plaines côtières est l'une des plus fortes au monde. Environ 78 % des Japonais habitent les villes, dont 11 ont plus de 1 million d'habitants.

Le Japon manque de ressources naturelles et doit importer des aliments et les matériaux nécessaires à son industrie. Pourtant, c'est le deuxième pays derrière les États-Unis pour la production de biens et services. Seuls 15 % du territoire sont cultivés mais les agriculteurs ont recours à des méthodes scientifiques pour obtenir des rendements parmi les plus élevés au monde et le Japon produit près de 70 % de ses besoins alimentaires. Le riz est la culture de base mais le pays produit aussi des œufs, des fruits, de la viande, du lait et des légumes. Le Japon est le quatrième pays de pêche du monde. La plupart des repas sont à base de poisson, de riz et de légumes, comme les savoureux sushi.

ROBOTS AU TRAVAIL
L'automatisation a permis au Japon de devenir le premier constructeur d'automobiles, de camions et de motos du monde. L'utilisation des technologies modernes maintient les prix bas sur les marchés mondiaux.

SUSHI
Les sushi, un plat populaire et délicieux, sont des petits « rouleaux » de riz vinaigré, de poisson cru et de condiments coupés en tranches.

LA PÊCHE À LA BALEINE
Au Japon, les baleines représentent une importante source d'huile et de viande, et des fêtes lui sont consacrées, mais les règlements internationaux forcent le pays à limiter ses prises.

CRASH BANDICOOT
L'électronique japonaise, devenue célèbre par ses jeux pour consoles et ordinateurs, est vendue dans le monde entier.

PONT ROUTIER AKASHI-KAIKYO
Achevé en 1998, le pont qui relie l'île d'Awaji à Honshu est le plus long pont suspendu du monde.

Le Japon est l'une des premières nations commerciales et industrielles du monde. Il domine la construction automobile, navale et sidérurgique, est un grand producteur d'ordinateurs et de produits électroniques, d'appareils électroménagers (réfrigérateurs, lave-linge, congélateurs, radios, postes de télévision, etc.), sans compter l'industrie chimique et celle, traditionnelle, de la soie. Le Japon importe du charbon et du pétrole pour ses centrales électriques et possède plusieurs centrales nucléaires, tandis que beaucoup de ses fleuves produisent de l'hydroélectricité. Le pays dispose de l'un des meilleurs réseaux de transports du monde et de l'une des plus grandes flottes marchandes.

ÉVENTAIL DÉCORÉ
L'éventail a sans doute été inventé au Japon il y a 1 300 ans et parade encore dans les spectacles.

MAGLEV
Les trains maglev (lévitation magnétique) flottent au-dessus d'un rail fixe et peuvent atteindre 500 km/h. Le Japon possède un vaste réseau ferroviaire qu'empruntent des millions de banlieusards.

APPAREIL PHOTO NUMÉRIQUE
Les meilleurs appareils, objectifs, caméras vidéo, magnétoscopes et instruments de précision sont souvent japonais.

BANS D'HUÎTRES
Les Japonais exploitent les bancs d'huîtres pour leurs savoureux fruits de mer et leurs précieuses perles.

CÉRÉMONIE DU THÉ
Les geishas dirigent les cérémonies du thé. Elles apprennent depuis l'enfance comment distraire leurs hôtes par leur conversation, la musique et la danse.

La population japonaise est composée à 99 % de Japonais et de minorités comme les Aïnus d'Hokkaido, qui ont peut-être été les premiers habitants du pays, les Coréens et les Chinois. La langue officielle est le japonais, mais les dialectes sont nombreux – la forme standard est le dialecte de Tokyo. Si les principales religions sont le shintoïsme et le bouddhisme, la pratique mélange souvent des éléments des deux.

Les sports les plus appréciés sont le base-ball et le sumo (une sorte de catch), les arts martiaux tels le judo, le karaté et le kendo (une sorte d'escrime), ainsi que le golf, le ski, le tennis et le volley-ball. Les formes d'art japonaises sont basées sur la calligraphie (belle écriture au pinceau souple), la musique et la danse.

Le théâtre est très populaire. Le *nô* est interprété par des acteurs masqués, tandis que le *kabuki* met en scène des mélodrames aux décors spectaculaires. Par ailleurs, depuis la guerre, le cinéma japonais est apprécié dans le monde entier, notamment les films de samouraïs (guerriers) ou shoguns (généraux qui gouvernaient au nom de l'empereur). Enfin, l'art se manifeste aussi dans l'architecture, notamment les temples bouddhistes, la littérature (comme les poèmes appelés *haïkus*), la peinture et la sculpture.

RICHE JAPONAISE
Pendant la période Tokugawa, les riches Japonaises portaient des coiffures complexes à épingles géantes.

SAMOURAÏ JAPONAIS
Au Moyen Âge, les samouraïs étaient des chevaliers ou des guerriers.

CARPES KOIS
Les belles carpes kois sont élevées pour agrémenter les étangs paisibles des jardins japonais.

TEMPLE DU PAVILLON D'OR, KYOTO
Kyoto fut la capitale du Japon de 794 à 1868 et possède de nombreux et magnifiques bâtiments anciens, dont ce superbe temple, reconstruit en 1955 après un terrible incendie.

LANTERNE COMMÉMORATIVE *En 1945, les États-Unis lancent deux bombes atomiques : sur Hiroshima et Nagasaki. L'horreur subie entraîna aussitôt la capitulation japonaise.*

L'histoire moderne du Japon commence avec l'arrivée de marins portugais, en 1543. Cependant, les Japonais craignaient que l'introduction du christianisme ne mène à une domination européenne, et le pays se coupa du monde à partir de 1630. En 1640, le christianisme y avait disparu.

En 1853, les États-Unis forcèrent le shogun Tokugawa à ouvrir ses ports au commerce occidental et, après la restauration du pouvoir impérial, en 1867, le Japon commença à moderniser son industrie, ce qui lui donna une puissance militaire à l'origine de guerres avec la Chine et la Russie.

VOITURE BLINDÉE *En 1937, le Japon se lance dans une guerre contre la Chine qui se poursuivit durant la Seconde Guerre mondiale.*

Le Japon soutint les Alliés pendant la Première Guerre mondiale (1914-1918). En 1931, il occupa la Mandchourie, puis, à partir de 1937, une grande partie de la Chine et, pendant la Seconde Guerre mondiale (1939-1945), l'Asie du Sud-Est et l'Ouest pacifique avant d'être enfin vaincu en 1945. À partir des années 1950, le pays mit beaucoup de détermination à reconstruire son industrie et devint l'une des premières puissances mondiales.

SUMO *Les lutteurs de sumo, sport le plus populaire du Japon, sont vénérés comme des dieux, en tout cas des héros.*

VAGUES AGITÉES PAR LE VENT À SHICHI-RI, PAR HIROSHIGE
Hiroshige (1797-1858) est l'un des plus grands artistes japonais du XIXe siècle.

KABUKI
Dans les pièces kabuki traditionnelles, les acteurs exagèrent leurs gestes et portent des costumes compliqués.

CHRONOLOGIE

Av. J.-C.	
660	Selon la légende, Jimmu Tenno devient le premier empereur du Japon.
Apr. J.-C.	
300	Unification du Japon dans le royaume Yamato.
v. 600	Le prince Shotoku fait du bouddhisme la religion d'État et introduit la Constitution.
710	Nara devient la capitale du Japon.
785	Heian (aujourd'hui Kyoto) devient la capitale du pays (jusqu'en 1868).
1192	Nomination du premier shogun (général).
1274	Échec de l'invasion mongole grâce à l'arrivée d'un typhon (connu sous le nom de kamikaze, ou « vent divin »).
1600	Période Tokugawa de retranchement du monde appelée *sakoku* (jusqu'en 1867).
1854	Ouverture de deux ports japonais au commerce américain par le commodore Matthew C. Perry.
1867	Fin de la domination des shoguns.
1904	Guerre russo-japonaise (jusqu'en 1905) : victoire du Japon sur la Russie.
1914	Première Guerre mondiale (jusqu'en 1918) : le Japon soutient les Alliés.
1937	Début d'une guerre contre la Chine.
1939	Seconde Guerre mondiale (jusqu'en 1945) : le Japon s'allie à l'Allemagne ; les États-Unis lancent des bombes atomiques sur Hiroshima et Nagasaki.
1947	Adoption par le Japon d'une Constitution démocratique.
1989	Mort de l'empereur Hirohito ; son fils Akihito lui succède.

ASIE DU SUD-EST

PYTHON RÉTICULÉ
Le python réticulé d'Asie du Sud-Est peut atteindre une longueur de 9 m.

L'Asie du Sud-Est se compose d'une large péninsule rattachée à l'Inde et à la Chine et de milliers d'îles. Comme en Asie orientale, on y trouve plusieurs pays au développement rapide, dont Singapour, la Thaïlande et la Malaisie.

La péninsule se compose de plaines fertiles, dans lesquelles vit la majorité de la population, et de montagnes sauvages. La région est drainée par plusieurs grands fleuves, dont le plus long, le Mékong, prend sa source au Tibet et traverse le Laos, la Thaïlande et le Cambodge avant de se jeter dans la mer de Chine méridionale par son immense delta du Vietnam. La Birmanie (dont le nom officiel est, depuis 1989, Myanmar) est arrosée par l'Irrawaddy, dont le delta est l'une des grandes zones rizicoles du monde.

La Malaisie occupe en partie la péninsule et en partie l'île de Bornéo. Le petit État de Singapour se compose de 50 îles ; les Philippines, de 7 100 ; l'Indonésie, de 13 600. Les Philippines et l'Indonésie sont très montagneuses et sujettes aux tremblements de terre. Beaucoup de leurs plus hauts sommets sont des volcans en activité, et certaines des plus importantes éruptions volcaniques de l'époque moderne ont eu lieu dans la région, comme celles du Tambora (1815), du Krakatoa (1883) ou du Merapi (1931), en Indonésie, et celle du Pinatubo (1991) aux Philippines. Les températures sont élevées et les précipitations abondantes toute l'année. Si la majeure partie de l'Asie du Sud-Est est soumise à un climat de mousson, il pleut toute l'année dans les îles du sud. Les zones les plus humides sont couvertes de forêts tropicales, riches en espèces animales et végétales, tandis que des mangroves prolifèrent sur les côtes.

SINGE DES FORÊTS
Les orangs-outans vivent à Bornéo et Sumatra mais la destruction de la forêt tropicale les a rendus rares.

RANGOON, BIRMANIE
Les pagodes sont des tours de temples bouddhistes dont la forme est basée sur les stupas indiens qui surmontent les restes d'un roi ou d'un saint.

À SAVOIR

BRUNEI
SUPERFICIE : 5 765 km²
POPULATION : 344 000
CAPITALE : Bandar Seri Begawan
AUTRES VILLES : Seria, Kuala Belait
POINT CULMINANT : Bukit Betalong (913 m)
LANGUES OFFICIELLES : malais, anglais
MONNAIE : dollar de Brunei

CAMBODGE
SUPERFICIE : 181 035 km²
POPULATION : 12,7 millions
CAPITALE : Phnom Penh
AUTRES VILLES : Kompong Cham, Battambang
POINT CULMINANT : Phnom Aural (1 813 m)
LANGUE OFFICIELLE : khmer
MONNAIE : riel

INDONÉSIE
SUPERFICIE : 1 904 569 km²
POPULATION : 212 millions
CAPITALE : Jakarta
AUTRES VILLES : Bandung, Surabaya, Medan
POINT CULMINANT : Puncak Jaya (5 030 m)
LANGUES OFFICIELLES : bahasa indonésien
MONNAIE : roupie indonésienne

LAOS
SUPERFICIE : 236 800 km²
POPULATION : 5,6 millions
CAPITALE : Vientiane
AUTRES VILLES : Savannakhet, Luang Prabang
POINT CULMINANT : Phou Bia (2 820 m)
LANGUE OFFICIELLE : lao
MONNAIE : kip

TIMOR-ORIENTAL
SUPERFICIE : 14 874 km²
POPULATION : 779 000
CAPITALE : Dili
LANGUE OFFICIELLE : tetun, portugais
MONNAIE : dollar américain

LAC DE CRATÈRE
Les cratères de certains volcans d'Indonésie sont remplis d'eau de couleur vive riche en minéraux.

MOSQUÉE, BRUNEI
Les deux tiers des habitants de Brunei sont musulmans. L'islam est aussi la première religion d'Indonésie.

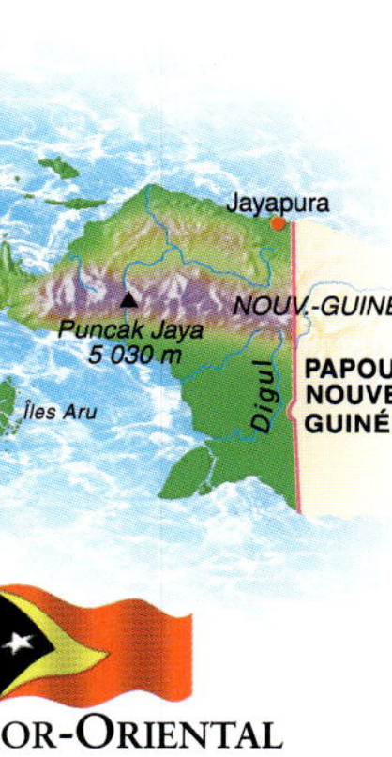

MONTAGNES VIETNAMIENNES
Les montagnes aux frontières du Vietnam avec la Chine, le Laos et le Cambodge sont belles mais peu peuplées.

PENANG, MALAISIE
Au large de la côte nord-ouest de Malaisie, l'île de Penang et son port, Georgetown, était un centre maritime important au XIXe siècle. Aujourd'hui, c'est une station touristique fréquentée.

DRAGON DE KOMODO
Long de 3 m, il est le plus grand lézard du monde.

LAVAGE DES RUBIS
Les plus beaux rubis du monde se trouvent dans les graviers fluviaux en Birmanie et en Thaïlande.

TOURISME
Le tourisme est une industrie majeure qui génère beaucoup d'emplois en Thaïlande, à Bali (Indonésie), en Malaisie et aux Philippines.

L'Asie du Sud-Est compte dix pays. Le Cambodge, la Malaisie et la Thaïlande sont des monarchies aux parlements élus. Brunei est gouverné par un sultan – l'un des hommes les plus riches du monde, grâce aux exportations de pétrole.

NOIX DE COCO
En Thaïlande, les singes sont dressés à cueillir les fruits du cocotier.

Les autres pays sont des républiques, mais tous ne sont pas démocratiques. Le Vietnam a été dirigé par un gouvernement communiste après sa réunification, en 1975, et son passage à l'économie de marché. Les Philippines et Singapour sont des républiques pluripartites aux économies d'exportation prospères. La Birmanie est administrée par un gouvernement militaire.

La plus grande nation de la région est l'Indonésie, le pays musulman le plus peuplé du monde. La répression des minorités ethniques et religieuses, comme les populations d'Aceh (Sumatra), les chrétiens de Maluku et les habitants du Timor-Oriental, a causé des vagues de violence. Le Timor-Oriental, occupé par l'Indonésie à la fin de la domination portugaise, en 1975, a accédé à l'indépendance en 2002 après que l'Indonésie s'est séparée de son président autoritaire Suharto (au pouvoir de 1967 à 1988). Dans une nation aussi émiettée – près de deux cents groupes ethniques –, l'unité nationale est difficile à réaliser.

Près de la moitié des habitants d'Asie du Sud-Est sont paysans, souvent pauvres. La principale culture est le riz, et l'Indonésie, la Birmanie, les Philippines, la Thaïlande et le Vietnam sont parmi les dix premiers producteurs du monde.

STATUE DU PALAIS
Le palais royal de Bangkok, en Thaïlande, renferme de nombreuses statues qui témoignent de la grâce naturelle des Thaïs.

PANIERS DE FRUITS
Des fruits tropicaux poussent à Bali, station touristique d'Indonésie.

À SAVOIR

MALAISIE
Persekutuan Tanah Malaysia – Fédération de Malaisie
SUPERFICIE : 329 758 km²
POPULATION : 22,6 millions
CAPITALE : Kuala Lumpur
AUTRES VILLES : Ipoh, Johor, Bahru
POINT CULMINANT : Kinabalu (4 101 m)
LANGUE OFFICIELLE : malais
MONNAIE : ringgit

BIRMANIE (MYANMAR)
Myanmar Naingngandaw – Union du Myanmar
SUPERFICIE : 676 578 km²
POPULATION : 48 millions
CAPITALE : Rangoon (Yangon)
AUTRES VILLES : Mandalay, Mawlamyine (Moulmein)
POINT CULMINANT : Hkakabo Razi (5 881 m)
LANGUE OFFICIELLE : birman
MONNAIE : kyat

PHILIPPINES
Republika ng Pilipinas – République des Philippines
SUPERFICIE : 300 000 km²
POPULATION : 78,6 millions
CAPITALE : Manille
AUTRES VILLES : Quezon City, Cebu, Davao
POINT CULMINANT : mont Apo (2 954 m)
LANGUES OFFICIELLES : tagalog, anglais
MONNAIE : peso philippin

PALAIS ROYAL, BANGKOK
La Thaïlande est une monarchie qui, contrairement aux autres pays d'Asie du Sud-Est, n'a jamais été colonisée.

HUÎTRE ET PERLE
Dans les parages de l'île indonésienne de Célèbes, les huîtres produisent des perles d'une qualité supérieure.

MARCHÉS FLOTTANTS
À Bangkok, en Thaïlande, de multiples canaux s'enchevêtrent, et des bateaux forment des marchés flottants.

Les productions les plus importantes sont le café, les fruits tropicaux (ananas), le maïs, le caoutchouc, le thé et le bois. On trouve du pétrole et du gaz naturel à Brunei, en Indonésie, en Malaisie et au Vietnam, du charbon en Indonésie et au Vietnam, des pierres précieuses en Birmanie et de l'étain en Indonésie, en Malaisie, en Thaïlande et au Vietnam.

Un tiers de la population vit en ville, dont les plus grandes sont Jakarta en Indonésie, Manille aux Philippines, Bangkok en Thaïlande, Hô Chi Minh-Ville et Hanoi au Vietnam, et Singapour. Singapour est certes un petit pays, mais le plus riche de la région, centre majeur de la chimie, de l'électronique, des instruments scientifiques, de la construction navale et du textile. L'Indonésie, la Malaisie et la Thaïlande possèdent elles aussi une industrie développée ; en comparaison, le Vietnam, le Cambodge et le Laos sont pauvres et ont souffert des guerres.

BUFFLE D'EAU
Les paysans utilisent des buffles d'eau pour labourer les rizières.

SINGAPOUR LA NUIT
La ville de Singapour est un grand centre industriel, financier et commercial.

CHAMPS DE RIZ
Ces terrasses, exploitées pour la riziculture, ont été découpées en escalier dans les coteaux escarpés des Philippines.

PROCESSION BALINAISE
Les processions sont nombreuses sur l'île de Bali.

MOINES BOUDDHISTES EN BIRMANIE
Neuf Birmans sur dix sont bouddhistes. Le bouddhisme est aussi la première religion du Cambodge, du Laos et de la Thaïlande.

L'Asie du Sud-Est réunit 490 millions d'habitants, la plupart d'origine chinoise, indienne ou malaise. De multiples langues y sont parlées, surtout en Indonésie, où on en dénombre près de 250.

Le bouddhisme est la principale religion dans la majeure partie de la péninsule. L'islam est très présent en Malaisie et à Brunei. Environ 87 % des Indonésiens sont musulmans, et le pays compte aussi des minorités chrétienne, hindoue et musulmane. Aux Philippines, 90 % des habitants sont chrétiens : c'est le seul grand pays d'Asie à majorité chrétienne. Au Laos et au Vietnam, les gouvernements communistes ont découragé toute pratique religieuse.

L'architecture, ancienne ou moderne, est l'une des formes d'art les plus affirmées – notamment les superbes temples bouddhistes ou hindous et les mosquées. La musique et la danse s'expriment lors des célébrations religieuses, des rites de la récolte ou des fêtes de villages. En Indonésie, les gamelans sont des orchestres de tambours, flûtes, gongs métalliques et instruments à corde ou proches du xylophone.

GUERRIER TRIBAL
Parmi les populations des régions isolées des Philippines, les pygmées Négritos sont les descendants de peuples arrivés dans le pays il y a 30 000 ans.

À SAVOIR

SINGAPOUR
Hsin-chia-p'o Kung-ho-kuo (mandarin) – Republik Singapura (malais) – Singapore Kudiyarasu (tamoul) – République de Singapour
SUPERFICIE : 618 km²
POPULATION : 4,1 millions
CAPITALE : Singapour
POINT CULMINANT : Timah Hill (177 m)
LANGUES OFFICIELLES : chinois, malais, tamoul, anglais
MONNAIE : dollar de Singapour

THAÏLANDE
Pathet Thai – Royaume de Thaïlande
SUPERFICIE : 514 000 km²
POPULATION : 63,5 millions
CAPITALE : Bangkok
AUTRES VILLES : Nakhon Ratchasima, Songkhla
POINT CULMINANT : Doi Inthanon (2 590 m)
LANGUE OFFICIELLE : thaï
MONNAIE : baht

VIETNAM
Công Hòa Xã Hôi Chu Nghia Viêt Nam – République socialiste du Vietnam
SUPERFICIE : 335 000 km²
POPULATION : 80 millions
CAPITALE : Hanoi
AUTRES VILLES : Hô Chi Minh-Ville, Haiphong
POINT CULMINANT : Fan Si Pan (3 143 m)
LANGUE OFFICIELLE : vietnamien
MONNAIE : dong

ENFANT THAÏ
L'école primaire est gratuite en Thaïlande, et 94 % de la population de plus de 15 ans sait lire et écrire.

STATUE DU BOUDDHA AU VIETNAM
Le bouddhisme est important au Vietnam, bien que le gouvernement ait découragé la pratique religieuse.

Les spectacles de marionnettes sont très populaires en Indonésie et en Malaisie. Les Philippines et le Vietnam possèdent une longue tradition littéraire.

Les sports les plus pratiqués sont le football, le badminton et le basket-ball, ainsi que des courses de bœufs et des combats de taureaux en Indonésie et, en Thaïlande, une forme de boxe qui permet de frapper l'adversaire à la fois avec les mains et les pieds.

Les citadins portent souvent des habits occidentaux mais on voit aussi beaucoup de sarongs – longs morceaux de tissu qu'hommes et femmes enroulent autour de leur corps. Les femmes couvrent leur tête mais sont rarement voilées.

Le riz est la nourriture de base en Asie du Sud-Est. On le sert accompagné de viande, de poisson et de légumes. Le *satay,* très répandu en Malaisie, consiste en morceaux de viande cuits à la broche et trempés dans une sauce épicée. L'*adobo* des Philippines se compose de poulet et de porc cuits dans une sauce au soja et au vinaigre.

DANSEURS BALINAIS
À Bali, la danse raconte les légendes hindoues. Les danseurs font avec les mains et les pieds des mouvements gracieux, qu'ils mettent des années à apprendre.

MAISONS DAYAKS
À Bornéo, les groupes de familles dayaks habitent ces longues maisons qui peuvent abriter jusqu'à 100 personnes.

FEMME DAYAK
De petits groupes ethniques – tels les Dayaks de Bornéo – occupent les régions isolées d'Asie du Sud-Est.

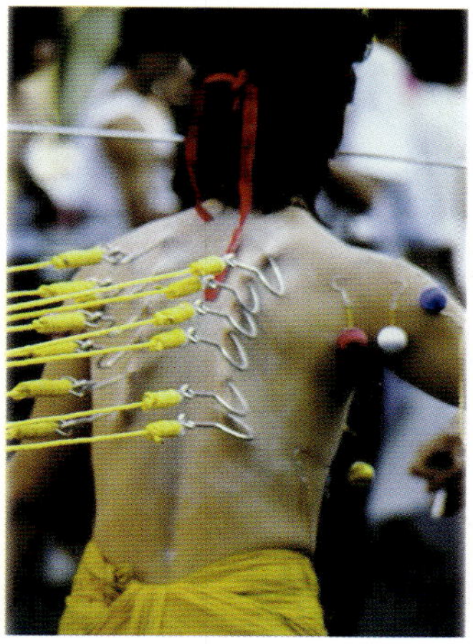

FOI ET SOUFFRANCE
Pendant la fête de Taipsu, en Malaisie, les fidèles exaltés s'infligent des blessures douloureuses pour prouver la force de leur foi.

MARIONNETTE JAVANAISE D'OMBRES CHINOISES
Les marionnettistes de Java, en Indonésie, projettent des ombres sur un écran.

Les populations d'Asie centrale et du sud de la Chine commencèrent à occuper l'Asie du Sud-Est dès 3000 av. J.-C., repoussant ses premiers habitants dans des régions isolées. Vers 100, plusieurs royaumes s'affirmèrent, comme celui du Funan au Cambodge et celui de Srivajaya à Sumatra, qui devint une grande puissance maritime à partir de 600. Le plus célèbre est sans doute celui de la civilisation d'Angkor, qui brilla au Cambodge entre 800 et 1400. Cette civilisation doit son nom à sa capitale, dont les ruines et les magnifiques temples sont encore debout.

RAMA IV
Le roi Mongkut (Rama IV) régna sur la Thaïlande de 1851 à 1868 et y introduisit de nombreuses idées occidentales.

LA BIRMANIE
La Grande-Bretagne conquit la Birmanie en 1824-1826, 1852 et 1885, jusqu'à en faire une province des Indes britanniques.

VESTIGES À ANGKOR
Statue de gardien à Angkor, la capitale d'une civilisation qui fleurit au Cambodge du IXe au XVe siècle.

L'influence européenne s'accrut après l'arrivée des Espagnols aux Philippines en 1521. L'Espagne prit peu à peu le contrôle des îles et, cent ans après, les Hollandais occupèrent l'Indonésie, où l'islam devenait la principale religion. Au XIXe siècle, la Grande-Bretagne s'empara de Singapour, de la Malaisie et de la Birmanie, et la France, de l'Indochine (Cambodge, Laos et Vietnam). Au début du XXe siècle, seule la Thaïlande était encore indépendante. La puissance européenne dans la région s'effondra lorsque le Japon envahit l'Asie du Sud-Est, pendant la Seconde Guerre mondiale : après 1945, les différents pays recouvrèrent peu à peu leur indépendance.

Le communisme fit de nombreux adeptes, et les guérillas communistes luttèrent pour l'indépendance, en Indochine notamment.

GUERRIERS KHMERS
Au XIIe siècle, les souverains khmers d'Angkor conquirent des régions du Laos, de la Thaïlande et du Vietnam actuels.

POL POT
Le chef communiste Pol Pot (v. 1925-1998) prit le contrôle du Cambodge dans les années 1970 et fit tuer des milliers de Cambodgiens.

HÔTEL RAFFLES
Sir Stamford Raffles (1781-1826), fondateur de la ville de Singapour, joua un rôle important dans l'acceptation des Britanniques en Asie du Sud-Est. L'hôtel Raffles lui rend hommage.

CHRONOLOGIE

Apr. J.-C.

800	Règne d'un puissant royaume hindo-bouddhiste sur le Cambodge avec pour capitale Angkor (jusqu'en 1400 environ).
1431	Conquête d'Angkor par les troupes du royaume thaï d'Ayutthaya.
1525	Prétentions espagnoles sur les Philippines (jusqu'en 1898).
1898	L'Espagne donne les Philippines aux États-Unis.
1620	Début du contrôle hollandais sur l'Indonésie.
1800	Majeure partie de la péninsule du sud-est asiatique occupée par la Grande-Bretagne et la France.
1941	Conquête de l'Asie du Sud-Est par le Japon (jusqu'en 1945).
1946	Indépendance du Laos ; république des Philippines. Guerre d'Indochine puis (1954) du Vietnam (jusqu'en 1975).
1953	Indépendance du Cambodge.
1963	Formation de la Malaisie.
1965	Séparation de Singapour de la Malaisie.
1984	Indépendance complète du sultanat de Brunei.
1986	Révolution philippine.
1998	Chute du régime de Suharto en Indonésie.
2002	Indépendance du Timor-Oriental, ancienne province indonésienne.

En 1954, à l'issue d'une guerre, la France se retira d'Indochine, qui fut divisée en Cambodge, Laos, Vietnam du Nord et Vietnam du Sud. Le Vietnam du Nord soutint les communistes d'autres régions d'Indochine et, au début des années 1960, les États-Unis envoyèrent des troupes au Vietnam du Sud pour empêcher le pays de tomber aux mains des communistes. Ils échouèrent. La guerre du Vietnam prit fin en 1975 et le pays fut réunifié.

Mis à part le Cambodge, freiné par la guerre civile, et la Birmanie, sous le joug d'un gouvernement militaire, plusieurs pays ont pris leur essor économique. L'Association des nations du Sud-Est asiatique (ANSEA) a été créée en 1967 pour aider ses membres à commercer, et, en 2003, tous les pays d'Asie du Sud-Est en étaient membres.

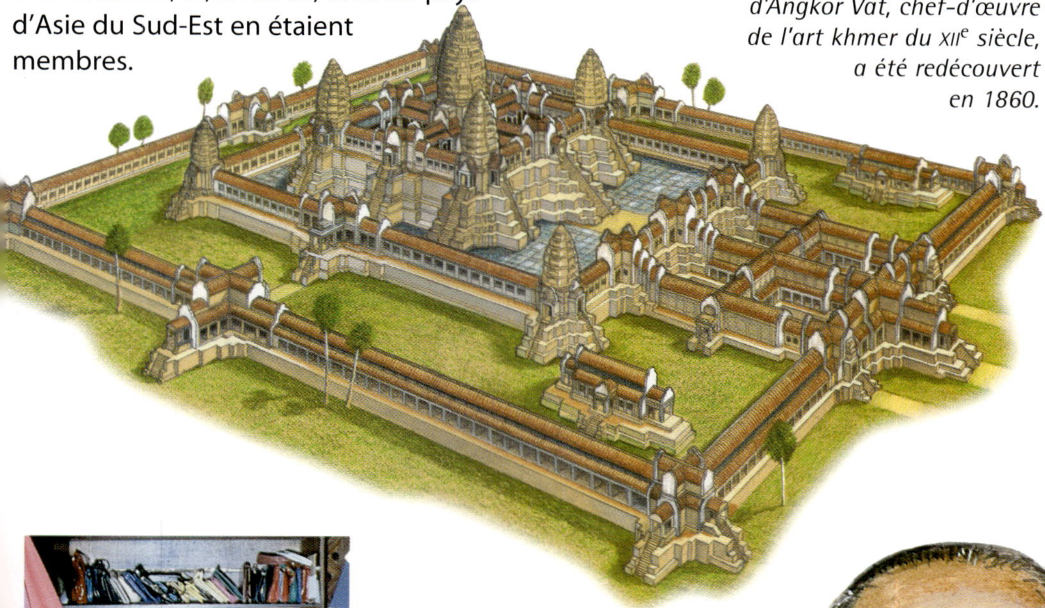

ANGKOR VAT
Le magnifique temple d'Angkor Vat, chef-d'œuvre de l'art khmer du XIIe siècle, a été redécouvert en 1860.

LES CHAUSSURES D'IMELDA
Le président philippin Marcos (1917-1989), accusé de corruption, fut déchu du pouvoir en 1986. Sa femme Imelda fut critiquée pour son extravagance après que la population eut découvert son immense collection de vêtements et de chaussures.

HÔ CHI MINH
Le chef communiste Hô Chi Minh (1890-1969) mena le Vietnam du Nord pendant la guerre du Vietnam (1954-1975).

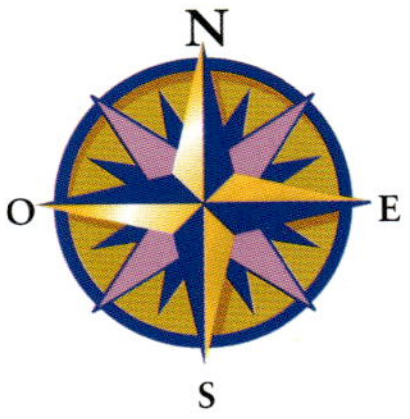
N
O
E
S

MAROC
TUNISIE
ALGÉRIE
LIBYE
ÉGYPTE
Sahara Occidental
MAURITANIE
NIGER
TCHAD
SOUDAN
ÉRYTHRÉE
DJIBOUTI
SÉNÉGAL
GAMBIE
GUINÉE-BISSAU
GUINÉE
BURKINA
BÉNIN
NIGERIA
SIERRA LEONE
CÔTE D'IVOIRE
GHANA
TOGO
LIBERIA
SOMALIE
ÉTHIOPIE
RÉPUBLIQUE CENTRAFRICAINE
CAMEROUN
GUINÉE ÉQUATORIALE
OUGANDA
KENYA
GABON
RÉPUBLIQUE DU CONGO
RÉPUBLIQUE DÉMOCRATIQUE DU CONGO
RWANDA
BURUNDI
SEYCHELLES
TANZANIE
COMORES
ANGOLA
ZAMBIE
MALAWI
MOZAMBIQUE
ZIMBABWE
MADAGASCAR
NAMIBIE
MAURICE
Réunion (France)
BOTSWANA
SWAZILAND
AFRIQUE DU SUD
LESOTHO

HYÈNE

AFRIQUE

Dune, NAMIBIE

Vallée du Niger, MALI

Maison peinte, GHANA

Éléphant, TANZANIE

L'Afrique est le deuxième continent du monde et couvre 20 % de la surface terrestre. Elle est composée d'un plateau entouré d'étroites plaines côtières. Le point culminant en est le Kilimandjaro, un volcan éteint du nord de la Tanzanie, et elle est drainée par des fleuves immenses dont le Nil, le Congo et le Niger.

Le nord-ouest et le sud-ouest de l'Afrique ont un climat doux de type méditerranéen mais sont séparés par des déserts torrides, des steppes tropicales ou des savanes et des forêts tropicales denses autour de l'équateur. La savane est le pays des antilopes, des éléphants, des lions et des zèbres, et beaucoup d'autres animaux, comme les gorilles et les chimpanzés, vivent dans la forêt tropicale – leur nombre ne cesse de baisser à cause de la chasse et de la disparition de leur habitat. Des gouvernements ont créé des parcs nationaux pour protéger leur faune.

Deux principaux groupes de population habitent le continent. Au nord du Sahara, les Arabes et les Berbères parlent arabe et sont musulmans, tandis que les Africains noirs du sud du Sahara sont divisés en plus de 1 000 groupes ethniques. Ils sont musulmans, chrétiens, ou pratiquent d'anciennes religions centrées sur le culte des esprits.

Beaucoup des pays les plus pauvres du monde se trouvent en Afrique. La plupart de leurs habitants sont des paysans qui ne produisent qu'à peine de quoi se nourrir et meurent nombreux en cas de sécheresse – l'agriculture emploie 60 % de la population. L'Afrique possède pourtant des ressources précieuses comme le pétrole ou des métaux qui sont exportés mais, sauf l'Afrique du Sud et l'Égypte, peu de pays sont industrialisés. Il y a cinquante ans, les Européens gouvernaient la plupart des pays africains. Ces pays sont aujourd'hui indépendants mais, dans certaines régions, le progrès a été freiné par les difficultés économiques et politiques.

NORD DE L'AFRIQUE

FENNEC

DES VOLCANS ANCIENS
Les montagnes du Hoggar, dans le sud de l'Algérie, sont connues pour leurs pics déchiquetés, vestiges de volcans éteints.

La région présentée dans ce chapitre occupe près de la moitié du continent africain. Elle se compose d'un plateau bas, entre 150 et 600 m d'altitude, hérissé de roches volcaniques déchiquetées, et ses plus hauts sommets sont ceux des hautes terres éthiopiennes et de l'Atlas.

Le nord-ouest du Maroc et les plaines méditerranéennes ont des étés secs et chauds, et des hivers doux et pluvieux. Le Sahara, le plus grand désert du monde, recouvre plus des trois cinquièmes de l'Afrique du Nord. Avec ses 9,3 millions de km^2, il est presque aussi grand que les États-Unis.

La température à l'ombre la plus élevée du monde, 58 °C, a été enregistrée dans le Sahara. Cependant, les nuits y sont froides. Pendant plusieurs années il peut ne pas pleuvoir, puis une tempête soudaine provoque des inondations. Dans les oasis verdoyantes du désert, l'eau souterraine remonte à la surface. La région la plus fertile est la vallée du Nil. Au sud du Sahara, le désert se transforme en une région de steppes sèches appelée Sahel. Au sud du Sahel s'étend la savane, aux arbres clairsemés. L'extrême sud-ouest, enfin, est couvert de forêts tropicales.

Dans les régions méditerranéennes poussent les chênes et les oliviers. Ailleurs, le palmier est courant. L'animal du désert le plus important pour l'homme est le chameau – en fait, le dromadaire –, qui peut parcourir de longues distances sans boire. Parmi les autres animaux, on peut citer le singe magot au nord-est et le singe-lion en Éthiopie.

LE DÉSERT DU SAHARA
En Afrique du Nord, le Sahara s'étend de l'océan Atlantique à la mer Rouge.

À SAVOIR

ALGÉRIE
Jamhuriya al Jazairiya ad-Dimuqratiya ash-Shabiya – République algérienne démocratique et populaire
SUPERFICIE : 2 381 741 km^2
POPULATION : 30,8 millions
CAPITALE : Alger
AUTRES VILLES : Oran, Constantine, Annaba
POINT CULMINANT : Tahat (2 918 m)
LANGUE OFFICIELLE : arabe
MONNAIE : dinar algérien

CAP-VERT
República de Cabo Verde – République du Cap-Vert
SUPERFICIE : 4 033 km^2
POPULATION : 446 000
CAPITALE : Praia
AUTRES VILLES : Mindelo, São Filipe
POINT CULMINANT : Pico (2 829 m)
LANGUE OFFICIELLE : portugais
MONNAIE : escudo du Cap-Vert

TCHAD
République du Tchad
SUPERFICIE : 1 284 000 km^2
POPULATION : 8,7 millions
CAPITALE : N'Djamena
AUTRES VILLES : Moundou, Bongor
POINT CULMINANT : Emi Koussi (3 415 m)
LANGUES OFFICIELLES : arabe, français
MONNAIE : franc CFA

DJIBOUTI
Jumhouriyya Djibouti – République de Djibouti
SUPERFICIE : 23 200 km^2
POPULATION : 619 000
CAPITALE : Djibouti
POINT CULMINANT : Mousa Ali (2 063 m)
LANGUES OFFICIELLES : arabe, français
MONNAIE : franc de Djibouti

LA VIE AU BORD DU NIL

Le Nil fournit l'eau nécessaire à l'irrigation, et son limon fertilise le sol. La vallée du Nil, en Égypte, est la région la plus peuplée d'Afrique du Nord.

ÉGYPTE

ALGÉRIE

TUNISIE

LIBYE

ÉRYTHRÉE

VALLÉE DU NIGER, MALI

Le Niger est le troisième fleuve d'Afrique. Il irrigue les régions sèches du sud du Sahara.

MAROC

DJIBOUTI

CAP-VERT

MAURITANIE

ASNI, MAROC

Asni est un bourg des contreforts de l'Atlas, au sud de la ville marocaine de Marrakech.

MALI

SOUDAN

ÉTHIOPIE

TCHAD

MERVEILLES DU MONDE

Près du Caire, les pyramides ont été construites par les pharaons vers 3000 av. J.-C.

NIGER

CACAHUÈTES
Le Soudan est un grand producteur de cacahuètes, ou arachides.

L'Afrique du Nord compte quatorze pays indépendants, dont douze républiques, un royaume – le Maroc – et un gouvernement transitoire en Érythrée, qui a fait partie de l'Éthiopie de 1952 à 1993.

La région comprend aussi le territoire contesté du Sahara-Occidental : il a été sous domination espagnole jusqu'en 1976, occupé ensuite par le Maroc et la Mauritanie, qui se retira en 1979, après l'attaque des Marocains et des Mauritaniens par les populations locales sahraouies, qui voulaient l'indépendance. Les combats se poursuivent – les rebelles ont déclaré leur république indépendante, et les Nations unies tentent de maintenir la paix et de résoudre le conflit.

La plupart des pays d'Afrique du Nord sont considérés comme pauvres par l'ONU. Les plus riches sont l'Algérie et la Libye, qui possèdent des réserves de pétrole et de gaz naturel, et le Maroc, où le phosphate est extrait et transformé en engrais. Le Niger, l'un des pays les plus pauvres, est un grand producteur d'uranium.

TANNERIES, FÈS
Fès est une ancienne capitale royale du Maroc. Ses tanneries préparent le cuir qui sera utilisé pour toutes sortes d'objets.

COURONNE IMPÉRIALE
Aksoum, cité du nord de l'Éthiopie et une capitale royale vers 500 av. J.-C., recèle de nombreux trésors.

TAPIS MAROCAINS
Les tapis richement décorés font partie des objets réalisés par les habiles artisans arabes et berbères d'Afrique du Nord.

CHAMEAU DÉCORÉ
Les touristes aiment se promener à dos de dromadaire : l'animal s'agenouille pour laisser son cavalier monter ou descendre.

À SAVOIR

ÉGYPTE
Jumhuriyat Misr al-Arabiya – République arabe d'Égypte
SUPERFICIE : 1 001 449 km²
POPULATION : 69 millions
CAPITALE : Le Caire
AUTRES VILLES : Alexandrie, Gizeh
POINT CULMINANT : mont Sainte-Catherine (2 637 m)
LANGUE OFFICIELLE : arabe
MONNAIE : livre égyptienne

ÉRYTHRÉE
République d'Érythrée
SUPERFICIE : 117 600 km²
POPULATION : 4,3 millions
CAPITALE : Asmara
AUTRES VILLES : Assab, Keren
POINT CULMINANT : mont Soyra (3 018 m)
LANGUES OFFICIELLES : tigrigna, arabe
MONNAIE : nafka

ÉTHIOPIE
République d'Éthiopie
SUPERFICIE : 1 104 300 km²
POPULATION : 66 millions
CAPITALE : Addis-Abeba
AUTRES VILLES : Diré Daoua, Harar
POINT CULMINANT : Ras Dachan (4 550 m)
LANGUE OFFICIELLE : amharique
MONNAIE : birr

LIBYE
Jamahiriya Al-Arabiya Al-Libiya Al Shabiya Al-Ishtirakiya Al-Uzma – Grande république arabe libyenne populaire et socialiste
SUPERFICIE : 1 759 540 km²
POPULATION : 5,2 millions
CAPITALE : Tripoli
AUTRES VILLES : Benghazi, Misourata
POINT CULMINANT : Djebel Kemet (2 286 m)
LANGUE OFFICIELLE : arabe
MONNAIE : dinar libyen

CANAL DE SUEZ
Ouvert en 1869, le canal de Suez raccourcit considérablement le trajet pour les navires qui vont de l'océan Indien à la Méditerranée.

ORANGERS EN TUNISIE
Les agrumes prospèrent sous le climat ensoleillé de l'Afrique du Nord.

Globalement, l'agriculture emploie plus de 50 % des Nord-Africains. Les principales cultures sont l'orge, les agrumes et les olives dans les pays méditerranéens, le coton et la canne à sucre dans la vallée du Nil, les dattes dans les oasis du désert, ainsi que le millet et le sorgho au sud du Sahara, et le café, principale exportation éthiopienne.

L'industrie est quasi inexistante en Afrique du Nord. La première région industrielle est le delta du Nil, au nord du Caire, la capitale égyptienne et la plus grande ville de la région, avec plus de 10 millions d'habitants. Près de 37 % des Nord-Africains habitent les villes – dont plusieurs rassemblent plus de 2 millions d'habitants : Alexandrie en Égypte, Casablanca au Maroc et Addis-Abeba en Éthiopie.

Les rivalités ethniques et religieuses ont été à l'origine de violents conflits , notamment au Soudan, où les forces gouvernementales musulmanes ont mené plusieurs guerres civiles contre les populations du sud. En effet, beaucoup de celles-ci sont chrétiennes ou adhèrent à des religions traditionnelles.

MARCHÉ, ALGÉRIE
Sur le marché, on vend, on achète et on apprend les nouvelles locales.

BARRAGE D'ASSOUAN
Le barrage d'Assouan sur le Nil, en Égypte, fournit de l'hydroélectricité. Il a été terminé en 1968 et a créé le gigantesque lac Nasser.

CHARMEUR DE SERPENTS
Les charmeurs de serpents se produisent à Djemâa el-Fna, un marché du centre de Marrakech.

À SAVOIR

MALI
République du Mali
SUPERFICIE : 1 240 192 km²
POPULATION : 11 millions
CAPITALE : Bamako
AUTRES VILLES : Ségou, Mopti
POINT CULMINANT : mont Hombori (1 155 m)
LANGUE OFFICIELLE : français
MONNAIE : franc CFA

MAURITANIE
République islamique arabe et africaine de Mauritanie
SUPERFICIE : 1 025 520 km²
POPULATION : 2,6 millions
CAPITALE : Nouakchott
AUTRES VILLES : Nouadhibou, Kaédi
POINT CULMINANT : Kedia d'Idjil (915 m)
LANGUE OFFICIELLE : arabe
MONNAIE : ouguiya

MAROC
Mamlaka al Maghrebia – Royaume du Maroc
SUPERFICIE : 717 000 km²
POPULATION : 29 millions
CAPITALE : Rabat
AUTRES VILLES : Casablanca, Marrakech
POINT CULMINANT : Djébel Toubkal (4 165 m)
LANGUE OFFICIELLE : arabe
MONNAIE : dirham marocain

NIGER
République du Niger
SUPERFICIE : 1 267 000 km²
POPULATION : 10,3 millions
CAPITALE : Niamey
AUTRES VILLES : Zinder, Maradi
POINT CULMINANT : Gréboun (1 944 m)
LANGUE OFFICIELLE : français
MONNAIE : franc CFA

JOUR DE MARCHÉ
Une femme, son bébé sur le dos, arpente le marché de Bamako, capitale du Mali et grand centre économique sur le fleuve Niger.

OBÉLISQUE, AKSOUM
Des obélisques de 30 m de haut se dressent en Éthiopie. Le royaume d'Aksoum dura du IIe siècle à l'an 1000.

La plupart des habitants des pays du nord du Sahara parlent arabe, sont musulmans et partagent une culture, une littérature et d'autres formes d'art. Certains musulmans rejettent l'Occident et soutiennent le retour des lois et pratiques fondamentales islamiques. En Algérie, le conflit entre le gouvernement et les fondamentalistes a donné lieu à bien des affrontements dans les années 1990.

MOSQUÉE DU SULTAN, LE CAIRE
Les minarets (tours d'appel à la prière) de la mosquée du sultan Hassan dominent Le Caire, la plus grande ville d'Afrique.

Au sud du Sahara, les langues sont nombreuses, et les traditions varient selon les groupes de populations. Plus de 70 langues et 200 dialectes sont parlés en Éthiopie, qui ne possède aucune langue officielle. Plusieurs autres pays emploient une langue européenne dans l'administration. Dans toute l'Afrique du Nord, le football est le premier sport.

Le plat favori des Égyptiens et des Soudanais, le *foul*, consiste en fèves cuites dans l'huile.

MUAMMAR AL-KADHAFI
Le colonel Kadhafi (né en 1942) prit le pouvoir en Libye en 1969 et encouragea un retour aux principes fondamentaux de l'islam.

À SAVOIR

SOUDAN
Jamhuryat es-Sudan
– République du Soudan
SUPERFICIE : 2 505 813 km²
POPULATION : 31,8 millions
CAPITALE : Khartoum
AUTRES VILLES : Omdourman, Khartoum-Nord, Port-Soudan
POINT CULMINANT : mont Kinyeti (3 187 m)
LANGUE OFFICIELLE : arabe
MONNAIE : dinar soudanais

TUNISIE
al-Djumhuriya al-Tunisiya
– République tunisienne
SUPERFICIE : 163 610 km²
POPULATION : 9,8 millions
CAPITALE : Tunis
AUTRES VILLES : Sfax, L'Ariana
POINT CULMINANT : Djebel Châmbi (1 544 m)
LANGUE OFFICIELLE : arabe
MONNAIE : dinar tunisien

SAHARA-OCCIDENTAL
Sahara-Occidental (territoire contesté et en grande partie occupé par le Maroc)
– les populations locales l'ont appelé République arabe sahraouie démocratique
SUPERFICIE : 266 000 km²
POPULATION : 228 000
CAPITALE : El-Aïun
AUTRE VILLE : Dakhla
POINT CULMINANT : 823 m
LANGUE OFFICIELLE : arabe
MONNAIE : dirham marocain

HANNIBAL
En 218 av. J.-C., le grand général Hannibal, né à Carthage, en Tunisie, attaqua Rome avec ses éléphants de combat.

CAMPEMENT BÉDOUIN
Les Bédouins, pasteurs arabes, parcourent les déserts d'Afrique du Nord avec leurs troupeaux.

FOUR DE SABLE, TOMBOUCTOU
Tombouctou, au Mali, fut une grande cité marchande. Les traditions y survivent.

Le couscous (semoule de blé étuvée) avec du poisson, de la viande et des légumes est très populaire dans le nord-ouest de l'Afrique. Les Éthiopiens apprécient le *wat,* un ragoût épicé avec de l'*injera,* un pain plat.

En 5000 av. J.-C., l'Afrique du Nord était plus humide qu'aujourd'hui, et le Sahara, une vaste prairie. Vers 4000 av. J.-C., le climat est devenu plus sec et les populations se sont déplacées vers la fertile vallée du Nil où, à partir de 3100 av. J.-C., l'Égypte développa une civilisation majeure. Le Soudan et l'Éthiopie formèrent un empire chrétien au IVe siècle.

Au Moyen Âge, les marchands arabes et berbères qui traversaient le désert firent connaître à l'Europe l'existence de grands empires africains, comme ceux du Ghana et du Mali, dans la haute vallée du Niger (le Mali actuel).

TOUAREG
Les Touareg sont des nomades. Les hommes sont vêtus de tissus d'un bleu typique.

Au début du XXe siècle, la plupart des pays d'Afrique du Nord, sauf l'Éthiopie, dépendaient d'États européens. Ils prirent leur indépendance entre 1950 et 1960. Depuis, les problèmes politiques et économiques ont ralenti leur développement.

SPHINX À LOUKSOR
Des statues de créatures imaginaires, les sphinx, bordent les allées des temples égyptiens anciens, comme Karnak, à Louksor.

LA LESSIVE EN ÉGYPTE
Les Égyptiens de la vallée du Nil ont recours au fleuve comme dans l'Antiquité.

CHRONOLOGIE

Av. J.-C.

5000	Le Sahara est une prairie.
4000	Début de l'assèchement du Sahara sous l'effet du réchauffement climatique.
3100	Union de la Haute- et de la Basse-Égypte par l'une des plus brillantes civilisations antiques du monde.
1400	Apogée de l'Égypte ancienne.
264	Guerres puniques entre Rome et Carthage (jusqu'en 146).
30	Domination romaine de l'Égypte et des côtes méditerranéennes d'Afrique du Nord.

Apr. J.-C.

639	Introduction de l'arabe et de l'islam en Afrique du Nord par les Arabes d'Arabie (vers 710).
1000	Naissance de vastes royaumes dans le sud-ouest de l'Afrique du Nord.
1800	Premières prétentions européennes sur des régions d'Afrique du Nord.
1882	Occupation de l'Égypte par les troupes britanniques.
1922	L'Égypte devient une monarchie partiellement indépendante.
1950	Indépendance de la Libye (1951), du Soudan (1952), du Maroc et de la Tunisie (1956).
1960	Indépendance du Tchad, du Mali, de la Mauritanie et du Niger, jusqu'alors français.
1962	Indépendance de l'Algérie.
1978	Accord de paix entre l'Égypte et Israël après trente ans de conflits.
1991	Annulation des élections remportées par un parti musulman en Algérie ; guerre civile jusqu'en 2000.
1993	Après une longue guerre, l'Érythrée se sépare de l'Éthiopie.

AFRIQUE DE L'OUEST

PERROQUET
Les perroquets aux belles couleurs habitent la forêt tropicale.

L'Afrique de l'Ouest occupe 12 % de toute l'Afrique entre le Sénégal et la Gambie, à l'ouest, et le Cameroun, à l'est. Le plus grand pays, le Nigeria, occupe un quart de la région et rassemble plus de la moitié de sa population – avec plus de 126 millions d'habitants, c'est le pays le plus peuplé d'Afrique.

Le paysage consiste en plaines côtières et en un vaste plateau intérieur. Le point culminant est le mont Cameroun, un volcan actif sur les versants duquel les vents de la mer apportent de fortes pluies : avec une moyenne de 10 000 mm par an, c'est l'un des endroits les plus pluvieux du monde.

Les températures sont élevées toute l'année, et il pleut également toute l'année sur les côtes sud. Des forêts tropicales denses recouvraient autrefois la région, mais elles ont été en grande partie abattues pour faire place aux cultures. Dans le nord de l'Afrique de l'Ouest, les étés sont très pluvieux et les hivers secs, la forêt s'y mêle à la savane mais reste touffue le long des fleuves.

Le principal fleuve de la région est le Niger, qui prend sa source à proximité de l'océan Atlantique, parcourt un vaste arc de cercle à travers le Mali et le Niger, puis se jette au Nigeria dans le golfe de Guinée. Le plus grand plan d'eau intérieur entièrement en Afrique de l'Ouest – seule une partie du lac Tchad occupe le nord-est du Nigeria – est le lac Volta, au Ghana, lac de retenue d'un immense barrage.

À SAVOIR

BÉNIN
République du Bénin
SUPERFICIE : 112 622 km²
POPULATION : 6,6 millions
CAPITALE : Porto-Novo
AUTRES VILLES : Cotonou, Djougou, Abomey-Calavi
POINT CULMINANT : Atakora (610 m environ)
LANGUE OFFICIELLE : français
MONNAIE : franc CFA

BURKINA
République démocratique et populaire du Burkina
SUPERFICIE : 274 000 km²
POPULATION : 12,3 millions
CAPITALE : Ouagadougou
AUTRES VILLES : Bobo-Dioulasso, Koudougou
POINT CULMINANT : aiguille de Sindou (717 m)
LANGUE OFFICIELLE : français
MONNAIE : franc CFA

CAMEROUN
République du Cameroun – Republic of Cameroon
SUPERFICIE : 475 442 km²
POPULATION : 15,8 millions
CAPITALE : Yaoundé
AUTRES VILLES : Douala, Bafoussam, Garoua
POINT CULMINANT : mont Cameroun (4 070 m)
LANGUES OFFICIELLES : français, anglais
MONNAIE : franc CFA

MAISONS SUR PILOTIS
Les fortes pluies font souvent déborder les fleuves, aussi beaucoup de maisons sont construites sur pilotis au-dessus du niveau des eaux.

MARCHAND, BURKINA
L'agriculture emploie 90 % des actifs au Burkina, où 70 % des habitants ne savent ni lire ni écrire.

DE BELLES PLAGES
L'Afrique de l'Ouest possède de très belles plages et de superbes paysages. Le tourisme est le plus développé en Gambie.

GUINÉE

SÉNÉGAL

GAMBIE

CÔTE D'IVOIRE

BURKINA

LES YEUX OUVERTS
Les galagos sortent la nuit et sautent habilement d'un arbre à l'autre.

CHUTE D'EAU, NIGERIA
Au Nigeria, les chutes et les rapides sont nombreux sur le fleuve Niger, dont une grande partie n'est pas navigable.

NIGERIA

GUINÉE-BISSAU

CAMEROUN

SIERRA LEONE

LIBERIA

BÉNIN

GUINÉE ÉQUATORIALE

GHANA

TOGO

AFFLEUREMENT ROCHEUX
Derrière les plaines côtières d'Afrique de l'Ouest s'élèvent de hauts plateaux interrompus par de rares montagnes.

ACACIA
Les acacias, typiques de l'Afrique tropicale, poussent surtout dans les savanes sèches d'Afrique de l'Ouest.

LAGOS, NIGERIA
Lagos, ancienne capitale du Nigeria, est la plus grande ville d'Afrique de l'Ouest. Trop encombrée, elle a été supplantée par Abuja.

L'Afrique de l'Ouest réunit quatorze pays. La plupart sont des républiques. Plusieurs ont été longtemps gouvernés par des juntes militaires qui avaient pris le pouvoir en prétendant vouloir remédier à la corruption, et qui, outre l'arbitraire et la violence, se révélèrent pires.

Le Nigeria se libéra du joug de la Grande-Bretagne en 1960. En 1966, les militaires renversèrent le gouvernement civil et, depuis, les conflits se multiplient : en 1967, les Ibos du sud-est tentèrent de créer un pays indépendant, le Biafra, et déclenchèrent une guerre civile qui dura jusqu'en 1970 ; en 1983, les militaires reprirent le pouvoir ; en 1993, ils annulèrent les élections et dirigèrent le pays jusqu'en 1999, date du retour à la démocratie.

VENDEUSE DE BANANES AU GHANA
Les bananes sont cultivées au Ghana, mais la première exportation est le cacao.

Des coups d'État militaires se sont produits dans la plupart des pays d'Afrique de l'Ouest, et deux d'entre eux – la Guinée équatoriale et la République centrafricaine – ont connu des dictatures militaires très dures. Même les pays aux gouvernements relativement stables, comme le Cameroun et le Sénégal, ont traversé des épisodes de violence.

Les pays d'Afrique de l'Ouest sont classés « économies à faible revenu » par la Banque mondiale. L'agriculture y emploie 55 % de la population. La plupart des paysans sont pauvres et ne produisent que de quoi subsister.

À SAVOIR

GUINÉE ÉQUATORIALE
República de Guinea Ecuatorial – République de Guinée équatoriale
SUPERFICIE : 28 051 km²
POPULATION : 486 000
CAPITALE : Malabo
AUTRES VILLES : Bata, Ela-Nguema
POINT CULMINANT : Pico de Basilé (3 008 m)
LANGUES OFFICIELLES : espagnol, français
MONNAIE : franc CFA

GAMBIE
Republic of The Gambia
SUPERFICIE : 11 295 km²
POPULATION : 1,4 million
CAPITALE : Banjul
AUTRES VILLES : Serekunda, Brikama
POINT CULMINANT : 75 m environ
LANGUE OFFICIELLE : anglais
MONNAIE : dalasi

GHANA
Republic of Ghana
SUPERFICIE : 238 533 km²
POPULATION : 19,9 millions
CAPITALE : Accra
AUTRES VILLES : Kumasi, Tamale, Tema, Sekondi-Takoradi
POINT CULMINANT : Afadjato (885 m)
LANGUE OFFICIELLE : anglais
MONNAIE : cedi

GUINÉE
République de Guinée
SUPERFICIE : 245 857 km²
POPULATION : 8,2 millions
CAPITALE : Conakry
AUTRES VILLES : Kankan, Nzérékoré
POINT CULMINANT : monts Nimba (1 752 m)
LANGUE OFFICIELLE : français
MONNAIE : franc guinéen

PIMENTS AU NIGERIA
Les piments rendent les plats forts et épicés.

CAOUTCHOUC AU LIBERIA
On cultive les hévéas en Côte d'Ivoire, au Liberia et au Nigeria. Les arbres sont incisés pour récolter un liquide appelé latex qui est ensuite transformé en caoutchouc.

À SAVOIR

GUINÉE-BISSAU
República da Guinée-Bissau
– République de Guinée-Bissau
SUPERFICIE : 36 125 km^2
POPULATION : 1,3 million
CAPITALE : Bissau
AUTRES VILLES : Bafatá, Gabú
POINT CULMINANT : 300 m
LANGUE OFFICIELLE : portugais
MONNAIE : franc CFA

CÔTE D'IVOIRE
République de Côte d'Ivoire
SUPERFICIE : 322 463 km^2
POPULATION : 16,4 millions
CAPITALE : Yamoussoukro
AUTRES VILLES : Abidjan, Bouaké, Daloa
POINT CULMINANT : monts Nimba (1 572 m)
LANGUE OFFICIELLE : français
MONNAIE : franc CFA

LIBERIA
Republic of Liberia
– République du Liberia
SUPERFICIE : 111 369 km^2
POPULATION : 3,2 millions
CAPITALE : Monrovia
AUTRES VILLES : Harbel, Gbarnga, Buchanan
POINT CULMINANT : monts Nimba (1 380 m)
LANGUE OFFICIELLE : anglais
MONNAIE : dollar libérien

NIGERIA
Federal Republic of Nigeria
– République fédérale du Nigeria
SUPERFICIE : 923 768 km^2
POPULATION : 126,6 millions
CAPITALE : Abuja
AUTRES VILLES : Lagos, Ibadan, Kano, Ogbomosho
POINT CULMINANT : pic Vogel (2 042 m)
LANGUE OFFICIELLE : anglais
MONNAIE : naira

BOIS DE FLOTTAGE
En Afrique de l'Ouest, la forêt tropicale fournit du bois précieux, comme l'ébène ou le teck, qui sont transportés au fil de l'eau avant d'atteindre les ports d'exportation.

Dans le sud chaud et humide, les principales cultures sont les bananes, le manioc, le cacao, le café, l'huile et les dérivés de palme, le caoutchouc et l'igname. Dans le nord, l'arachide, le maïs, le millet et le sorgho sont importants, avec le bétail dans la savane.

Les ressources minérales d'Afrique de l'Ouest comprennent le pétrole du Nigeria et du Cameroun, la bauxite (minerai d'aluminium) de Guinée et du Ghana, l'or du Ghana et le minerai de fer du Liberia. L'industrialisation a progressé, notamment autour d'Abidjan en Côte d'Ivoire, de Dakar au Sénégal et au Nigeria mais reste peu développée.

Près de 38 % de la population vit en ville. L'agglomération la plus importante, Lagos, compte plus de 13 millions d'habitants. Citons ensuite Abidjan (2,5 millions), Accra (1,8 million), Dakar (1,7 million) et Conakry (1,5 million).

TOURISME, GAMBIE
En Gambie, les touristes peuvent faire des excursions en forêt appelées safaris pour observer la faune.

MINE DE DIAMANTS, GHANA
Les Ghanéens vivent surtout de la terre ; pourtant le pays produit des diamants, de la bauxite et de l'or.

SACS DE SEL, GAMBIE
Le sel est obtenu à partir d'eau de mer retenue dans des bassins qu'on laisse s'évaporer en plein air.

PÊCHE, NIGERIA
Les Africains consomment beaucoup de poisson, pêché dans les eaux intérieures, les lagons côtiers ou en pleine mer.

FAMILLE NIGÉRIANE
Les habits traditionnels nigérians sont faits de tissus colorés. Les vêtements occidentaux sont plus courants en ville.

SCULPTURE YOROUBA, NIGERIA
Les sculptures yoroubas sont parmi les plus belles d'Afrique. Certaines étaient purement décoratives, d'autres avaient un usage religieux.

Avec 210 millions d'habitants, l'Afrique de l'Ouest est la région la plus densément peuplée du continent. Les groupes ethniques y sont multiples – plus de 250 au Nigeria –, avec chacun sa propre langue. L'islam est la première religion en Gambie, en Guinée, au Nigeria, au Sénégal, en Sierra Leone et dans le nord des autres pays. Un tiers de la population est chrétienne, et un cinquième pratique des religions traditionnelles.

CERCUEIL, GHANA
Pour honorer leurs morts, les Ghanéens achètent des cercueils peints et sculptés en forme de lions ou d'autres animaux, voire de voitures.

La musique et la danse sont des passe-temps toujours appréciés, avec le football, premier sport de la région. Les histoires sont également une part importante de la culture et sont transmises oralement de génération en génération.

L'alimentation repose sur le manioc, le maïs, le millet, les bananes et les ignames, accompagnés de sauces épicées.

L'une des civilisations africaines les plus connues s'est développée dans le centre du Nigeria entre 500 av. J.-C. et 200 av. J.-C. Nok a laissé de superbes statues en terre cuite, les plus anciennes sculptures africaines connues au sud du Sahara.

À SAVOIR

SÉNÉGAL
République du Sénégal
SUPERFICIE : 196 722 km²
POPULATION : 10,3 millions
CAPITALE : Dakar
AUTRES VILLES : Thiès, Kaolack, Ziguinchor
POINT CULMINANT : 498 m
LANGUE OFFICIELLE : français
MONNAIE : franc CFA

SIERRA LEONE
Republic of Sierra Leone – République de Sierra Leone
SUPERFICIE : 71 740 km²
POPULATION : 4,5 millions
CAPITALE : Freetown
AUTRES VILLES : Koidu, New-Sembehun, Bo
POINT CULMINANT : monts Loma (1 948 m)
LANGUE OFFICIELLE : anglais
MONNAIE : leone

TOGO
République togolaise
SUPERFICIE : 56 785 km²
POPULATION : 4,6 millions
CAPITALE : Lomé
AUTRES VILLES : Sokodé, Kpalimé
POINT CULMINANT : mont Agou (986 m)
LANGUE OFFICIELLE : français
MONNAIE : franc CFA

POTERIE NOK, NIGERIA
On fait encore des poteries à Nok, où de superbes sculptures d'argile ont été cuites dans des fours de terre il y a 2 000 ans environ.

MAISON PEINTE, GHANA
Les maisons ont des murs de boue épais et de petites fenêtres, ou pas de fenêtres, afin de garder l'intérieur frais, et sont très décorées.

TAMBOURS AFRICAINS
Le tambour est important en Afrique de l'Ouest et divers rythmes sont souvent joués par plusieurs musiciens.

Vers l'an 1000, une autre culture nigériane, celle d'Ife, produisit de magnifiques sculptures de bronze. Les bronzes les plus célèbres proviennent du royaume du Bénin, où ils ont été fondus entre 1450 et 1750. Aujourd'hui, la sculpture reste importante – masques et statues de bois servent encore aux rituels religieux.

Au Moyen Âge, le nord de l'Afrique de l'Ouest était en contact avec l'Afrique du Nord par les marchands arabes qui traversaient le Sahara. Les Européens explorèrent les côtes au milieu du XVe siècle et, vers 1530, la traite des Noirs prit son essor : les Portugais, puis les Hollandais, Britanniques, Français, Suédois, Danois et autres vendirent tous des esclaves africains aux Amériques. Les Britanniques interdirent l'esclavage en 1807, mais la traite se poursuivit jusqu'au milieu du XIXe siècle. La majeure partie de l'Afrique de l'Ouest était alors colonisée par les pays européens. Les différents pays ne recouvrèrent leur indépendance qu'entre 1950 et 1960.

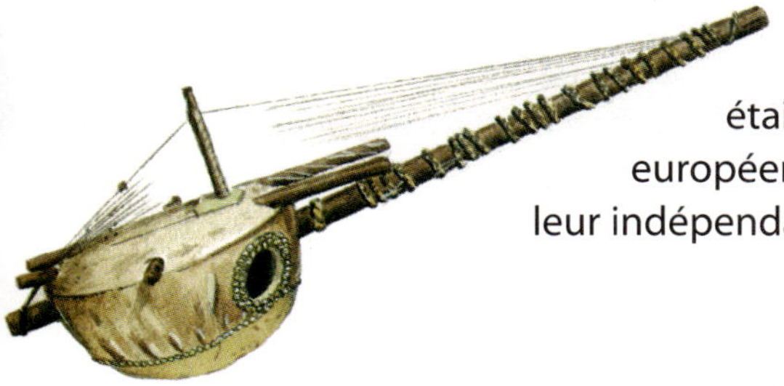

INSTRUMENT
La kora est une sorte de harpe-luth qui accompagne souvent les conteurs.

CHEFS EN ROUTE VERS LA DÉMOCRATIE
En 1957, le Ghana devint le premier pays indépendant d'Afrique noire. La Grande-Bretagne transmit son pouvoir à un Parlement élu, mais la démocratie s'avéra fragile, et le Ghana, comme d'autres pays africains, connut des périodes de dictature.

CHRONOLOGIE

Av. J.-C.

500 Apogée de la civilisation Nok au centre du Nigeria (jusqu'en 200).

Apr. J.-C.

1100 Kano, dans le nord du Nigeria, est la principale cité marchande pour les caravanes de chameaux du Sahara ; expansion de l'islam en Afrique de l'Ouest.

1440 Les Portugais atteignent l'Afrique de l'Ouest ; débuts de la traite des Noirs.

1600 Unification des Achantis en une nation qui, à son apogée, englobait l'ouest du Togo, presque tout le Ghana et l'est de la Côte d'Ivoire.

1822 Achat de terres au Liberia pour y installer des esclaves libérés.

1847 Indépendance du Liberia.

1880 Colonisation européenne de l'Afrique.

1957 Indépendance du Ghana.

1958 Indépendance de la Guinée.

1960 Indépendance du Bénin, du Burkina, du Cameroun français, de la République centrafricaine, de la Côte d'Ivoire, du Nigeria, du Sénégal et du Togo.

1961 Indépendance du Cameroun britannique, une partie rejoignant le Nigeria et une partie le Cameroun.

1965 Indépendance de la Gambie.

1968 Indépendance de la Guinée équatoriale et de la Sierra Leone.

1999 Retour de la loi civile au Nigeria ; guerre civile en Sierra Leone.

AFRIQUE
ORIENTALE, CENTRALE ET AUSTRALE

À L'AFFÛT
Les suricates, comme des sentinelles, guettent les prédateurs.

L'Afrique centrale forme le bassin du deuxième fleuve africain, le Congo. L'Afrique orientale, elle, est constituée d'un plateau sur lequel se dressent les deux plus hauts sommets du continent, le Kilimandjaro, en Tanzanie, et le mont Kenya, au Kenya. Le plateau d'Afrique australe est marqué par des dépressions en forme de soucoupe, comme le delta de l'Okavango, au nord du Botswana. Les plaines côtières sont étroites, sauf au Mozambique et en Somalie.

La région englobe également Madagascar, la quatrième île du monde, et les petites nations insulaires des Comores, de Maurice et des Seychelles.

Le climat de l'Afrique centrale est chaud et souvent pluvieux. Les forêts tropicales couvrent le nord du bassin du Congo et les savanes s'étendent au sud, ainsi que sur la majeure partie de l'Afrique de l'Est, où les températures sont plus basses, et de l'Afrique méridionale, où certaines zones sont plus sèches. Le désert du Namib, au sud-ouest, est l'un des plus secs au monde. Celui du Kalahari, en Namibie, au Botswana et en Afrique du Sud, n'est qu'un semi-désert. Enfin, l'extrême sud a un climat tempéré et, aux environs du Cap, les étés sont chauds et secs, et les hivers doux et pluvieux.

Le bassin du Congo accueille de nombreux animaux. Certains, tel le gorille des montagnes de l'est du Congo et du Rwanda, trop chassés, sont devenus rares, et d'autres sont en voie de disparition, par exemple certains singes ou l'okapi, un cousin de la girafe.

MASSIF DE L'ISALO, MADAGASCAR
Madagascar abrite de nombreuses espèces végétales et animales uniques.

KILIMANDJARO, TANZANIE

À SAVOIR

ANGOLA
República de Angola
– République d'Angola
SUPERFICIE : 1 246 700 km²
POPULATION : 13,5 millions
CAPITALE : Luanda
AUTRES VILLES : Huambo, Benguela, Lobito
POINT CULMINANT : Morro de Môco (2 619 m)
LANGUE OFFICIELLE : portugais
MONNAIE : kwanza

BOTSWANA
Republic of Botswana
– République du Botswana
SUPERFICIE : 581 730 km²
POPULATION : 1,6 million
CAPITALE : Gaborone
AUTRES VILLES : Francistown, Selebi-Phikwe
POINT CULMINANT : mont Otsa (1 489 m)
LANGUE OFFICIELLE : anglais
MONNAIE : pula

BURUNDI
Republika y'Uburundi
– République du Burundi
SUPERFICIE : 27 834 km²
POPULATION : 6,2 millions
CAPITALE : Bujumbura
AUTRES VILLES : Gitega, Bururi
POINT CULMINANT : mont Heha (2 666 m)
LANGUES OFFICIELLES : kirundi, français
MONNAIE : franc du Burundi

RÉPUBLIQUE CENTRAFRICAINE
République centrafricaine
SUPERFICIE : 622 984 km²
POPULATION : 3,6 millions
CAPITALE : Bangui
AUTRES VILLES : Berbérati, Bouar
POINT CULMINANT : mont Toussoro (1 330 m)
LANGUE OFFICIELLE : français
MONNAIE : franc CFA

CHUTES VICTORIA
Le Zambèze cascade dans un grondement de tonnerre entre la Zambie et le Zimbabwe.

DÉSERT DU NAMIB
Des dunes s'accumulent et se déplacent dans le désert du Namib, sur la côte namibienne. Peu d'êtres y survivent.

CHIMPANZÉ
Les chimpanzés habitent les forêts d'Afrique centrale.

RÉPUBLIQUE CENTRAFRICAINE

KENYA

BURUNDI

OUGANDA

RWANDA

CONGO

GABON

SOMALIE

TANZANIE

RÉP. DÉM. DU CONGO

ZAMBIE
Îles Aldabra

SEYCHELLES

ANGOLA

MALAWI

NAMIBIE

MAURICE

BOTSWANA

MOZAMBIQUE

GIRAFE
La faune de la savane africaine comprend des girafes des lions, des éléphants, des zèbres et des phacochères.

AFRIQUE DU SUD

MADAGASCAR

LESOTHO

SWAZILAND

ZIMBABWE

BAOBAB
Les baobabs d'Afrique, reconnaissables à leur tronc gonflé qui emmagasine l'eau, peuvent vivre plus de 1 000 ans.

CAMPAGNE ZIMBABWÉENE
Les plateaux vallonnés interrompus par des montagnes rocheuses font partie du paysage sud-africain.

À SAVOIR

COMORES
République fédérale islamique des Comores
SUPERFICIE : 2 235 km^2
POPULATION : 727 000
CAPITALE : Moroni
AUTRE VILLE : Mutsamudu
POINT CULMINANT : Kartala (2 361 m)
LANGUES OFFICIELLES : arabe, français
MONNAIE : franc comorien

RÉPUBLIQUE DÉMOCRATIQUE DU CONGO
République démocratique du Congo
SUPERFICIE : 2 344 858 km^2
POPULATION : 47 millions
CAPITALE : Kinshasa
AUTRES VILLES : Lubumbashi, Mbuji-Mayi, Kisangani
POINT CULMINANT : pic Marguerite (5 110 m)
LANGUE OFFICIELLE : français
MONNAIE : franc congolais

CONGO
République du Congo
SUPERFICIE : 342 000 km^2
POPULATION : 2,9 millions
CAPITALE : Brazzaville
AUTRES VILLES : Pointe-Noire, Loubomo
POINT CULMINANT : mont Nabemba (1 000 m)
LANGUE OFFICIELLE : français
MONNAIE : franc CFA

GABON
République gabonaise
SUPERFICIE : 267 668 km^2
POPULATION : 1,2 million
CAPITALE : Libreville
AUTRES VILLES : Port-Gentil, Masuku (Franceville)
POINT CULMINANT : Minkébé (937 m)
LANGUE OFFICIELLE : français
MONNAIE : franc CFA

KENYA
Jamhuri ya Kenya – République du Kenya
SUPERFICIE : 580 367 km^2
POPULATION : 30,7 millions
CAPITALE : Nairobi
AUTRES VILLES : Mombasa, Kisumu, Nakuru
POINT CULMINANT : mont Kenya (5 199 m)
LANGUES OFFICIELLES : souahéli, anglais
MONNAIE : shilling du Kenya

PÊCHE, LUANDA
La pêche est très active le long des côtes angolaises.

Le centre, l'est et le sud de l'Afrique regroupent vingt-quatre États indépendants et un territoire français, la Réunion. Tous sont des républiques, sauf les royaumes du Lesotho et du Swaziland.

Les frontières, tracées à l'époque coloniale, séparent parfois des populations du même groupe ethnique, comme les Somalis, qui ne vivent pas qu'en Somalie, mais aussi à Djibouti, en Éthiopie et au nord du Kenya – ce qui n'est pas sans poser problème le long des frontières somaliennes.

MOMBASA, KENYA
Outre les safaris-photos dans les réserves d'animaux sauvages, les belles plages attirent les touristes en Afrique tropicale.

Dans beaucoup de pays, les ethnies sont nombreuses et les conflits violents. Au Burundi et au Rwanda, les combats entre les deux principaux groupes, les Tutsis et les Hutus, ont fait des milliers de morts. D'autres pays ont connu des guerres civiles ethniques ces dernières années, comme l'Angola, la République démocratique du Congo (ex-Zaïre) et l'Ouganda.

POMMES SUD-AFRICAINES

Dans l'État d' Afrique du Sud, les colons européens ont jadis mis en place l'apartheid, une politique raciste de « développement séparé » selon laquelle seuls les Blancs avaient le pouvoir, et les Noirs, pratiquement aucun droit.

LE CAP, AFRIQUE DU SUD
La montagne de la Table, au sommet aplati, domine Le Cap, la capitale législative d'Afrique du Sud, qui est aussi un grand port et une cité industrielle.

MINE D'OR
La province du Gauteng, en Afrique du Sud, est connue pour ses mines d'or.

TROUBLES CIVILS
Le conflit entre Hutus et Tutsis a ruiné les économies du Rwanda et du Burundi et fait des milliers de morts.

Cette politique a causé une guerre civile, terminée par l'arrivée au pouvoir d'un gouvernement à majorité noire. Nelson Mandela, chef de l'opposition à l'apartheid, a été président de 1994 à 1999.

L'agriculture emploie les deux tiers des actifs, mais la plupart des paysans ne parviennent qu'à peine à satisfaire leurs besoins alimentaires. Les cultures diffèrent selon le climat. Le maïs domine pour l'alimentation locale, tandis que le café, le tabac, le thé et les fruits sont exportés.

Les ressources naturelles comprennent le pétrole au Gabon et au Congo, le cuivre en Zambie, les diamants au Botswana, en République démocratique du Congo, en Afrique du Sud et en Namibie, l'or en Afrique du Sud ou l'uranium en Namibie et en Afrique du Sud. Mais la région manque de centres industriels – sauf en Afrique du Sud, le pays le plus développé, même si beaucoup de Noirs restent pauvres.

En 2001, l'Organisation de l'unité africaine s'est réunie en Zambie : après 38 ans d'existence, cette assemblée d'États africains s'est transformée en Union africaine, avec un Parlement, un tribunal, une monnaie et des lois.

BARRAGE HYDROÉLECTRIQUE, ZIMBABWE
Les barrages sur les fleuves africains produisent l'énergie dont la région a grand besoin.

AUTRUCHONS, AFRIQUE DU SUD
Les autruches, autrefois appréciées pour leurs plumes, sont aujourd'hui surtout élevées pour leur cuir et leur viande.

À SAVOIR

LESOTHO
Kingdom of Lesotho
– Royaume du Lesotho
SUPERFICIE : 30 355 km²
POPULATION : 2,2 millions
CAPITALE : Maseru
AUTRES VILLES : Maputsoe, Teyateyaneng
POINT CULMINANT : Thabana-Ntlenyana (3 482 m)
LANGUES OFFICIELLES : sotho, anglais
MONNAIE : loti

MADAGASCAR
Repobikan'i Madagasikara
– République de Madagascar
SUPERFICIE : 587 041 km²
POPULATION : 16 millions
CAPITALE : Antananarivo
AUTRES VILLES : Toamasina, Antsirabe, Mahajanga
POINT CULMINANT : Maromokotro (2 876 m)
LANGUES OFFICIELLES : malgache, français, anglais
MONNAIE : franc malgache

MALAWI
Dkiko la Malawi
– République du Malawi
SUPERFICIE : 118 484 km²
POPULATION : 10,5 millions
CAPITALE : Lilongwe
AUTRES VILLES : Blantyre, Mzuzu
POINT CULMINANT : mont Sapitwa (3 002 m)
LANGUE OFFICIELLE : anglais
MONNAIE : kwacha

MAURICE
République de Maurice
SUPERFICIE : 2 040 km²
POPULATION : 1,2 million
CAPITALE : Port Louis
AUTRES VILLES : Beau Bassin, Rose Hill, Vacoas, Phoenix
POINT CULMINANT : piton de la Petite Rivière Noire (826 m)
LANGUE OFFICIELLE : anglais
MONNAIE : roupie mauricienne

MOZAMBIQUE
República de Moçambique
– République du Mozambique
SUPERFICIE : 801 590 km²
POPULATION : 19,4 millions
CAPITALE : Maputo
AUTRES VILLES : Beira, Nampula
POINT CULMINANT : mont Binga (2 436 m)
LANGUE OFFICIELLE : portugais
MONNAIE : metical

DANSEUR MBOUTI
Les Mboutis sont une ethnie pygmée qui vit dans le nord-est de la République démocratique du Congo.

La plupart des habitants d'Afrique du centre, de l'Est et du Sud parlent des langues de la famille bantoue, comme le kongo en Afrique centrale, le swahili en Afrique orientale, le xhosa et le zoulou en Afrique du Sud.

Les ancêtres des peuples bantous étaient des paysans originaires de la frontière Cameroun-Nigeria. Il y a 2 000 ans, ils commencèrent à se disperser vers l'est et le sud, prenant les terres d'autres peuples, dont les Pygmées, les Khoikhoi et les San (aussi appelés Hottentots et Bochimans). Quelques-uns de ces peuples survécurent, pour la plupart dans les régions isolées. Aujourd'hui, les principales minorités sont d'origines européenne et asiatique.

Le christianisme fut introduit dans la région par les missionnaires et, de nos jours, plus de 60 % des habitants sont chrétiens, tandis que 22 % pratiquent des rites traditionnels fondés sur le culte des ancêtres et des esprits. Les musulmans représentent 12 % de la population et vivent surtout en Afrique orientale.

La musique, en particulier les percussions (tambours), souvent accompagnée de danses, est une

FEMME HUTUE
Trois ethnies vivent au Rwanda et au Burundi : les Hutus majoritaires, les Tutsis et quelques Pygmées.

FEMME ZOULOU
Beaucoup d'hommes zoulous travaillent dans les mines. Les femmes élèvent les enfants à la maison.

HOMME SAMBURU, KENYA
Plus de 40 ethnies vivent au Kenya. Les Samburu sont apparentés aux Massaïs.

À SAVOIR

NAMIBIE
Republic of Namibia
– République de Namibie
SUPERFICIE : 824 292 km^2
POPULATION : 1,8 million
CAPITALE : Windhoek
AUTRES VILLES : Swakopmund, Rundu
POINT CULMINANT : Brandberg (2 606 m)
LANGUE OFFICIELLE : anglais
MONNAIE : dollar namibien

RWANDA
Republika y'u Rwanda
– République rwandaise
SUPERFICIE : 26 338 km^2
POPULATION : 7,3 millions
CAPITALE : Kigali
AUTRES VILLES : Ruhengeri, Butare
POINT CULMINANT : Karisimbi (4 519 m)
LANGUES OFFICIELLES : français, kinyarwanda
MONNAIE : franc rwandais

SÃO TOMÉ ET PRÍNCIPE
República democrática de São Tomé e Príncipe
– République démocratique de São Tomé e Príncipe
SUPERFICIE : 964 km^2
POPULATION : 147 000
CAPITALE : São Tomé
AUTRES VILLES : Trinidade, Santana
POINT CULMINANT : Pico de São Tomé (2 024 m)
LANGUE OFFICIELLE : portugais
MONNAIE : dobra

SEYCHELLES
Repiblik Sesel
– République des Seychelles
SUPERFICIE : 455 km^2
POPULATION : 80 000
CAPITALE : Victoria
POINT CULMINANT : Morne Seychellois (905 m)
LANGUES OFFICIELLES : créole, français, anglais
MONNAIE : roupie seychelloise

MASQUE CONGO
Les danseurs portent des masques lors des fêtes traditionnelles.

TOWNSHIP
D'immenses « townships » – des bidonvilles – se sont développés près des villes sud-africaines. La pauvreté et la criminalité y sont des problèmes majeurs.

forme d'expression majeure. Depuis quelques années, plusieurs formes de jazz africain se sont développées. Si le sport le plus pratiqué est le football, on joue aussi au cricket et au rugby, surtout en Afrique du Sud et au Zimbabwe.

La sculpture de statues et de masques en bois est une forme d'art répandue dans toute la région, surtout en Afrique centrale. Les plus belles sculptures sont réalisées pour une cérémonie religieuse et jetées ensuite. On trouve d'autres magnifiques objets comme les poteries, les paniers décorés de perles et de coquillages, ou des boucliers destinés aux danses rituelles.

Les plats les plus courants sont simples – bien des gens ne peuvent se permettre une alimentation élaborée. Dominant dans les régions de savane, le maïs est moulu et cuit pour donner une sorte de porridge, servi avec des haricots ou d'autres légumes, souvent cuits dans une sauce épicée, du poisson ou de la viande pour les plus riches.

CATHÉDRALE, GABON
Le christianisme, première religion de la région, a été introduit par les missionnaires européens, dont l'explorateur protestant David Livingstone.

ATHLÈTE KENYAN
L'Afrique orientale a donné naissance à de grands athlètes, excellents coureurs de fond, notamment en haute altitude.

VILLAGE XHOSA
La plupart des Xhosas habitent le sud-est de l'Afrique du Sud. Beaucoup dépendent de leurs parents qui travaillent dans les villes.

À SAVOIR

SOMALIE
Jamhuriyadda Dimugradiga ee Soomaaliya – République démocratique de Somalie
SUPERFICIE : 637 657 km²
POPULATION : 9,1 millions
CAPITALE : Muqdisho
AUTRES VILLES : Hargeisa, Kisimaio, Berbera
POINT CULMINANT : Shimba Berri (2 408 m)
LANGUES OFFICIELLES : somali, arabe
MONNAIE : shilling somali

AFRIQUE DU SUD
Republic of South Africa – République d'Afrique du Sud
SUPERFICIE : 1 221 037 km²
POPULATION : 43,5 millions
CAPITALE : Pretoria (administrative), Le Cap (législative), Bloemfontein (judiciaire)
AUTRES VILLES : Johannesburg, Durban, Port Elizabeth
POINT CULMINANT : mont aux Sources (3 282 m)
LANGUES OFFICIELLES : afrikaans, anglais, ndebele, sotho du Nord, sotho méridional, swazi, tsonga, setswana, venda, xhosa, zoulou
MONNAIE : rand

SWAZILAND
Umboso weSwatini – Royaume de Swaziland
SUPERFICIE : 17 364 km²
POPULATION : 1,1 million
CAPITALE : Mbabane
AUTRES VILLES : Manzini, Nhlangano
POINT CULMINANT : mont Emlembe (1 862 m)
LANGUES OFFICIELLES : siswati, anglais
MONNAIE : lilangeni

TANZANIE
Jamhuri ya Muungano wa Tanzania – République unie de Tanzanie
SUPERFICIE : 883 749 km²
POPULATION : 36,2 millions
CAPITALE : Dodoma
AUTRES VILLES : Dar es-Salaam, Mwanza, Tanga
POINT CULMINANT : Kilimandjaro (5 895 m)
LANGUES OFFICIELLES : souahéli, anglais
MONNAIE : shilling tanzanien

LE GRAND TREK
En 1836, les colons Boers fuient les Britanniques à l'intérieur de la province du Cap.

Les scientifiques ont retrouvé des fossiles d'êtres proches des humains qui vivaient en Afrique de l'Est il y a 3,3 millions d'années. Pour les paléontologues comme Yves Coppens, c'est dans la Rift Valley que sont apparus les premiers hommes.

À l'époque préhistorique, les populations d'Afrique du centre, de l'Est et du Sud vivaient de la chasse et de la cueillette. Il y a 2 000 ans, les fermiers bantous pénétrèrent dans la région par le nord-ouest. Ils se mêlèrent aux peuples d'origine – dont quelques petits groupes survécurent dans des zones isolées.

Les Bantous fondèrent de vastes et puissants royaumes. À partir du XVe siècle cependant, la plupart furent affaiblis par les demandes d'esclaves des Européens – ces derniers s'aventuraient rarement eux-mêmes à l'intérieur des terres : les Africains des côtes attaquaient les royaumes et faisaient des prisonniers, qu'ils vendaient comme esclaves aux Blancs. Des régions entières furent dévastées par ces razzias pour la traite des Noirs.

FORT JESUS, KENYA
Fort Jesus fut construit par les Portugais vers 1590 pour mieux contrôler la côte est de l'Afrique.

ZIMBABWE
Cette citadelle en ruine a été construite par les Shonas du Zimbabwe vers 1300.

LUCY
En 1974, les restes d'une australopithèque surnommée Lucy ont été retrouvés en Éthiopie.

À SAVOIR

OUGANDA
Republic of Uganda
– République de l'Ouganda
SUPERFICIE : 241 038 km²
POPULATION : 24 millions
CAPITALE : Kampala
AUTRES VILLES : Jinja, M'Bale, Masaka
POINT CULMINANT : Ruwenzori (5 109 m)
LANGUE OFFICIELLE : anglais
MONNAIE : shilling ougandais

ZAMBIE
Republic of Zambia
– République de Zambie
SUPERFICIE : 752 618 km²
POPULATION : 9,7 millions
CAPITALE : Lusaka
AUTRES VILLES : Ndola, Kitwe, Mufulira
POINT CULMINANT : 2 067 m
LANGUE OFFICIELLE : anglais
MONNAIE : kwacha

ZIMBABWE
Republic of Zimbabwe
– République du Zimbabwe
SUPERFICIE : 390 757 km²
POPULATION : 11,3 millions
CAPITALE : Harare
AUTRES VILLES : Bulawayo, Chitungwiza, Mutare
POINT CULMINANT : mont Inyangani (2 593 m)
LANGUE OFFICIELLE : anglais
MONNAIE : dollar zimbabwéen

LA RÉUNION (FRANCE)
Département de la Réunion
SUPERFICIE : 2 510 km²
POPULATION : 664 000
CAPITALE : Saint-Denis
AUTRES VILLES : Le Port, Le Tampon
POINT CULMINANT : piton des Neiges (3 069 m)
LANGUE OFFICIELLE : français
MONNAIE : euro

GUERRES CAFRES
En 1836, les Zoulous d'Afrique du Sud se heurtèrent aux colons blancs appelés Boers. Leur résistance dura jusqu'en 1879, lorsque les troupes britanniques écrasèrent leur insurrection.

Les Hollandais créèrent une colonie importante en 1652, Le Cap. Elle servait au ravitaillement des navires hollandais entre l'Europe et l'Asie du Sud-Est, et devint le noyau de l'actuel État d'Afrique du Sud.

L'APARTHEID
À partir de 1948, la vie en Afrique du Sud fut dominée par la discrimination raciale. Les Noirs, considérés comme inférieurs, ne pouvaient en aucun cas, nulle part, côtoyer les Blancs, ni dans les bus, ni à la plage, ni au travail...

Au XIXe siècle, les explorateurs dressèrent la carte de l'intérieur des terres et, vers 1800, les Européens se partagèrent la région au cours d'une véritable « ruée vers l'Afrique ». La plupart des colonies obtinrent leur indépendance dans les années 1960 et 1970, le Zimbabwe (ex-Rhodésie) en 1980 et la Namibie, administrée par l'Afrique du Sud, seulement en 1990.

En 1948, le gouvernement blanc d'Afrique du Sud mit en place une politique appelée apartheid où les Blancs contrôlaient le gouvernement et l'économie, tandis que les Noirs n'avaient pas le droit de vote et que leurs vies étaient soumises à un contrôle strict et à des brimades incessantes. À partir de 1960, l'opinion internationale condamna ce régime, alors que l'opposition noire progressait peu à peu, malgré la répression.

L'apartheid prit fin au début des années 1990 et en 1994, la population sud-africaine vota pour un gouvernement à majorité noire. La nouvelle Afrique du Sud n'en est pas moins confrontée à de graves problèmes, parmi lesquels la pauvreté et la menace du sida.

MONUMENT À BARTOLOMEU DIAS
Dias (1450-1500) fut le premier Européen à atteindre la pointe sud de l'Afrique.

NELSON MANDELA
Emprisonné de 1962 à 1990 pour son opposition à l'apartheid, Nelson Mandela mena le Congrès national africain à la victoire lors des premières élections non raciales d'Afrique du Sud, en 1994.

CHRONOLOGIE

Apr. J.-C.

1100 Colonisation de l'Afrique orientale par les marchands arabes.

1250 Montée en puissance de Zimbabwe.

1487 Bartolomeu Dias contourne la pointe sud de l'Afrique.

1652 Découverte du Cap par les Hollandais.

1800 Colonisation européenne.

1958 Indépendance de la République centrafricaine.

1960 Indépendance de la République démocratique du Congo, du Congo, du Gabon et de la Somalie.

1962 Indépendance du Burundi, du Rwanda et de l'Ouganda.

1963 Indépendance du Kenya.

1964 Indépendance du Lesotho, du Malawi, de la Tanzanie et de la Zambie.

1966 Indépendance du Botswana.

1968 Indépendance du Swaziland.

1975 Indépendance de l'Angola et du Mozambique.

1990 L'Afrique du Sud accorde l'indépendance à la Namibie.

1994 Premières élections entièrement démocratiques d'Afrique du Sud.

2002 L'Organisation de l'unité africaine (OUA) change son nom en Union africaine.

N
O
E
S
Île Wake
(É.-U.)
Mariannes
du Nord
(É.-U.)
Guam (É.-U.)
ÎLES
MARSHALL
MICRONÉSIE
PALAU
Îles Carolines
Îles de
la Ligne
MÉLANÉSIE
NAURU
KIRIBATI
INDONÉSIE
Papouasie-
Occid.
PAP.
NOUV.-
GUINÉE
ÎLES
SALOMON
TUVALU
Polynésie
française
(France)
SAMOA
VANUATU
FIDJI
Samoa orient.
(É.-U.)
Îles Cook
(N.-Z.)
TONGA
Pitcairn
(G.-B.)
NOUVELLE-
CALÉDONIE
(France)
AUSTRALIE
Îles Kermadec
(N.-Z.)
Îles Norfolk
(Australie)
NOUVELLE-
ZÉLANDE
Îles
Chatham
(N.-Z.)

KANGOUROU

OCÉANIE

Grande Barrière de corail, AUSTRALIE

Opéra de Sydney, AUSTRALIE

Uluru (Ayer's Rock), AUSTRALIE

Maisons de plage, FIDJI

L'Océanie, ou Australasie, occupe une vaste zone de l'océan Pacifique, entre le tropique du Cancer au nord et l'île Stewart (Nouvelle-Zélande) au sud.

L'Australie représente à elle seule 90 % des terres océaniennes. Trop grande pour une île, on la considère généralement comme le plus petit des blocs continentaux. C'est un pays de déserts vides entourés de steppes tempérées et boisées, de brousse et de forêts tropicales.

Au nord de l'Australie, l'île de Nouvelle-Guinée est partagée entre, à l'ouest, la province indonésienne de Papouasie-Occidentale et, à l'est, l'État indépendant de Papouasie-Nouvelle-Guinée. Au sud-est de l'Australie, l'archipel de Nouvelle-Zélande, avec ses grandes îles du Nord et du Sud, présente de superbes paysages plus frais aux montagnes volcaniques, aux golfes profonds, aux forêts et aux plaines herbeuses.

Dispersés dans les immensités du Pacifique, des milliers de minuscules îlots coralliens et volcaniques sont groupés en divers nations et territoires dépendants, parfois divisés en régions ethniques. La Micronésie rassemble Guam, Kiribati (prononcer Kiribass) et les îles Mariannes, Marshall et Carolines ; la Mélanésie comprend la Papouasie-Nouvelle-Guinée, Vanuatu, la Nouvelle-Calédonie, les îles Fidji et Salomon ; enfin, la Polynésie englobe les Tonga, les îles Samoa et de la Ligne, Tuvalu, ainsi que la Polynésie française et l'île Pitcairn.

AUSTRALIE

À SAVOIR

AUSTRALIE
Commonwealth of Australia – Fédération d'Australie
SUPERFICIE : 7 682 300 km^2
POPULATION : 19,3 millions
CAPITALE : Canberra
AUTRES VILLES : Sydney, Melbourne, Brisbane, Adélaïde, Perth
POINT CULMINANT : mont Kosciusko (2 228 m)
LANGUE OFFICIELLE : anglais
MONNAIE : dollar australien

DIABLE ÉPINEUX

ÎLE PHILLIP
Les écroulements rocheux ont créé ces amas et pinacles au large de l'île Phillip, près de Melbourne, entre le port occidental et le détroit de Bass, connu pour ses pingouins.

Entre l'océan Indien et l'océan Pacifique, les côtes nord de l'Australie sont baignées de chaudes mers tropicales, tandis que l'île de Tasmanie, au sud, est entourée d'eaux fraîches et agitées. Le littoral nord-est est protégé par le plus long récif de corail du monde, la Grande Barrière, qui s'étire sur 2 027 km du nord au sud.

Parallèles à la côte est, les montagnes de la Cordillère australienne se prolongent au sud par les Alpes australiennes et le mont Kosciusko, où le Murray, le plus grand fleuve d'Australie, prend sa source. Son principal affluent est le Darling.

L'intérieur du pays est désertique, partagé entre le Grand Désert Victoria, le désert de Gibson et le Grand Désert de sable. On y trouve des reliefs rocheux, des puits salants, des lacs desséchés et, autour de la Grande Baie australienne, la plaine de Nullarbor. Autour des déserts, le paysage se compose de brousse sèche, de savane, de forêt tropicale, de prairies tempérées et de forêts d'eucalyptus. Le milieu naturel australien est peuplé de nombreuses espèces d'oiseaux uniques et d'animaux particuliers : koalas, kangourous, diables de Tasmanie et ornithorynques.

La majorité des Australiens habite les grandes villes des côtes est, sud et sud-ouest, où les températures sont agréables et les sols fertiles. Là où les conditions le permettent, à l'intérieur des terres, on trouve d'immenses centres d'élevage et des mines.

GRANDE BARRIÈRE DE CORAIL
Les plongeurs découvrent au milieu des coraux des poissons colorés, des coquillages et des étoiles de mer.

BAIE DE BYRON
Le sable vierge et les brisants s'étendent à l'infini le long de la côte nord de la Nouvelle-Galles-du-Sud.

LES OLGAS

Appelés Kata Tjuta (« Têtes multiples ») par les Aborigènes, ces étranges dômes rocheux surgissent dans le centre de l'Australie, à 50 km à l'ouest d'Uluru (Ayer's Rock).

DANS UN GOMMIER

Les koalas gris et duveteux passent beaucoup de temps dans les eucalyptus. Les petits vivent dans une poche de leur mère jusqu'à 6 mois.

VAGUE ROCHEUSE

Telle une vague pétrifiée, ce rocher d'Australie-Occidentale doit sa forme au vent et à la pluie.

EMYDURE DE MURRAY

LAC EYRE

En Australie-Méridionale, ce lac salé sous le niveau de la mer est généralement sec car l'eau des rivières qui l'alimentent s'évapore rapidement, laissant le fond couvert de minéraux.

PLANTATION D'ANANAS
Le climat chaud et humide du Queensland permet les cultures tropicales : ananas, banane et canne à sucre.

CHAMEAUX DANS LE DÉSERT
Les premiers dromadaires (chameaux à une bosse) ont été introduits en Australie vers 1860 par l'explorateur Robert O'Hara Burke (1820-1861).

L'Australie est un État indépendant organisé en fédération. Le centre du gouvernement, Canberra, a été spécialement construit à cet effet dans le Territoire de la capitale australienne, au sud-est du pays. Les États les plus peuplés sont la Nouvelle-Galles-du-Sud et le Victoria, au sud-est, suivis par le Queensland au nord-ouest, l'Australie-Occidentale, l'Australie-Méridionale et l'île de Tasmanie – les déserts du Territoire du Nord sont quasi vides.

L'Australie administre également des territoires océaniques éloignés, comme les îles Norfolk, Christmas, Cocos (Keeling), Ashmore et Cartier, les îles de la mer de Corail, les îles Heard et MacDonald.

La Couronne britannique reste à la tête de la fédération d'Australie, qui fut d'abord une véritable colonie. Mais le républicanisme jouit d'un soutien politique généralisé, et si les liens avec les îles Britanniques restent forts, l'Australie se considère désormais comme une nation du Pacifique contribuant à l'économie régionale.

ÎLE CHRISTMAS
Territoire australien dans l'océan Indien, à 300 km au sud de Java, l'île Christmas est peuplée de Malais et de Chinois, qui exploitent les mines de phosphate ou travaillent dans le tourisme.

L'ÉNERGIE DU VENT
Les éoliennes se voient de loin dans l'intérieur australien. Dans ces régions sèches et poussiéreuses, le vent fournit l'énergie nécessaire pour puiser les précieuses réserves d'eau.

INCENDIE DE FORÊT
Lorsque le bush est sec comme l'amadou, une simple étincelle peut déclencher un de ces incendies qui menacent souvent les Australiens.

TRAIN ROUTIER
Sans rencontrer aucun embouteillage, les « trains de camions » soulèvent des nuages de poussière à travers le désert.

L'élevage bovin et ovin est une force traditionnelle de l'économie australienne. Les ranches – ou « stations » – occupent plus de 10 000 km^2, et de petits avions sont parfois nécessaires pour aller d'un bout à l'autre d'une exploitation. L'agriculture produit du blé, de la canne à sucre et des fruits tropicaux ou tempérés – sans oublier les vins, célèbres dans le monde entier.

VINS AUSTRALIENS
Les premières vignes ont été plantées vers 1840 dans la vallée de Barossa. La qualité n'a cessé de progresser et, de nos jours, l'Australie produit une grande variété d'excellents vins exportés dans le monde entier.

TONTE DES MOUTONS
Personnage du folklore australien, le tondeur était autrefois le pilier de l'économie du pays. Il reste actif aujourd'hui.

VUE AÉRIENNE
Un hélicoptère de touristes survole la mer et les récifs au large de Cairns, dans le Queensland. L'Australie devient peu à peu une destination touristique très prisée.

La ruée vers l'or de 1850 a ouvert l'Australie à l'exploitation minière et, aujourd'hui, le pays exporte minerai de fer, nickel, bauxite, or, étain, uranium, zinc et tungstène. Sans compter les réserves de charbon, de pétrole et de bois, et l'énergie hydroélectrique des rivières des Snowy Mountains.

La production industrielle est textile, chimique et automobile, mais aussi télévisuelle, cinématographique et journalistique. L'Australie est aussi une destination touristique appréciée qui offre aux visiteurs soleil et surf, sports nautiques, randonnées dans le désert et loisirs urbains.

KANGOUROUS
Il existe plus de 50 espèces de kangourous. Gros ou petits, gris ou brun-rouge, vivant dans les forêts, les prairies ou les régions côtières, tous sautent sur leurs puissantes pattes arrière.

HARBOUR BRIDGE, À SYDNEY
Emblème de Sydney, le pont a été bâti en 1932 et relie le nord et le sud de la ville.

FOOT AUSTRALIEN
Le football australien est un sport dur et rapide, avec 18 joueurs par équipe.

EN SOUVENIR
À Canberra, le Mémorial national de la guerre est relié au nouveau Parlement par l'avenue des Anzac. Le 25 avril, ou « Anzac Day », rend hommage aux morts australiens et néo-zélandais dans la Première Guerre mondiale.

Les descendants des premiers Australiens sont appelés Aborigènes. Tous sont passés maîtres dans l'art de survivre dans le désert. Différentes cultures et langues aborigènes existent dans les différentes régions d'Australie. Un autre groupe ethnique apparenté vit sur les îles du détroit de Torres, à l'extrême nord du pays.

Les Aborigènes ont subi persécutions et violences dès l'arrivée des Britanniques, vers 1770, et ont été exclus de la citoyenneté australienne jusqu'en 1967. Aujourd'hui, ils ne représentent que 1 % de la population, sont confrontés à de nombreux problèmes économiques et politiques, et revendiquent la possession de leurs anciens territoires. Leurs cultures et traditions ont connu récemment un regain d'intérêt en Australie et dans le monde entier.

La grande majorité des Australiens est d'origine anglaise, écossaise, irlandaise ou galloise. L'anglais est parlé dans tout le pays, avec un accent spécifique et de nombreuses expressions locales. Depuis vingt ans, la société australienne devient de plus en plus multiethnique et a vu arriver Scandinaves, Polonais, Néerlandais, Allemands, Italiens, Grecs, Libanais, Indiens, Chinois, Thaïs et Vietnamiens.

LES NOUVEAUX AUSTRALIENS
Depuis 1974, des immigrants d'Asie du Sud-Est sont arrivés en Australie, comme ces Vietnamiens de Footscray, une banlieue ouest de Melbourne.

EXPLORER L'AUSTRALIE
Les citadins australiens sont de plus en plus nombreux à explorer leur immense pays et ses extraordinaires paysages.

L'HEURE DU BARBECUE
Le barbecue est devenu une tradition australienne. Rien n'égale des fruits de mer fraîchement pêchés ou de la viande grillés en plein air.

LE MÉDECIN VOLANT
Les Australiens ont été des pionniers des services médicaux aéroportés. Les fermes isolées reçoivent aussi des conseils médicaux par radio.

CITOYENS
Si les Aborigènes sont devenus minoritaires, ils peuvent au moins désormais regarder l'avenir en tant que citoyens à part entière.

PARMI LES VAGUES
Aujourd'hui, la vie australienne est autant centrée sur l'intérieur du pays que sur les plages où nageurs et surfeurs aiment à faire admirer leurs prouesses.

Beaucoup d'Australiens apprécient les activités de plein air et les sports, comme le tennis, la voile, la natation, le surf, le cricket, le rugby ou le football australien. Depuis peu, des villes comme Sydney et Melbourne sont devenues des centres artistiques, et si 85 % de la population vit dans les cités côtières, la fascination pour le folklore et les traditions de l'intérieur reste très vive. Pourtant, la vie dans ces régions isolées est parfois dure – en cas d'accident dans une station d'élevage, les médecins doivent parfois s'y rendre en avion, et les professeurs donnent quelquefois des leçons à leurs élèves au moyen d'émetteurs-récepteurs radio.

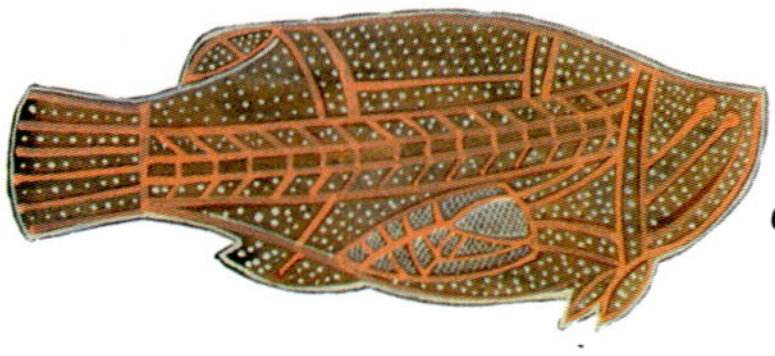

ART ABORIGÈNE
Les Aborigènes se servaient traditionnellement de pigments naturels pour peindre sur des rochers ou des panneaux d'écorce – surtout les animaux chassés pour se nourrir.

L'ARTISTE AU TRAVAIL
L'art aborigène contemporain suscite depuis peu l'intérêt du monde entier. Si les peintres emploient des peintures et des matériaux modernes, les motifs abstraits font souvent référence aux anciennes croyances.

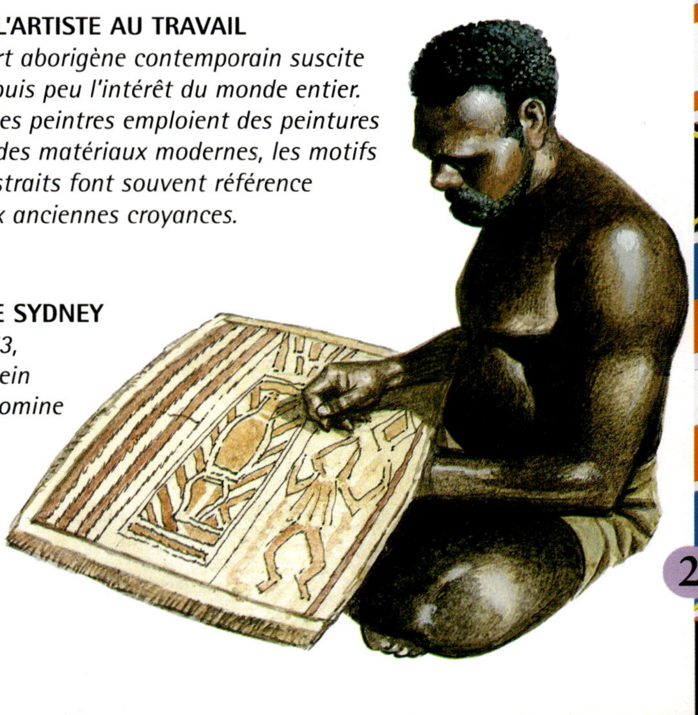

L'OPÉRA DE SYDNEY
Achevé en 1973, ce bâtiment plein d'inspiration domine le port de Sydney comme un ensemble de voiles gonflées par le vent.

ART RUPESTRE
Pour les Aborigènes, les rochers australiens faisaient partie d'un paysage sacré. Ils étaient sculptés puis peints de signes magiques.

DES SURVIVANTS
Pour survivre, les Aborigènes devinrent d'habiles chasseurs et surent s'adapter à la vie dans le désert.

L'ÈRE VICTORIENNE
L'Australie connut un développement rapide sous la reine Victoria (1837-1901).

Les premiers hommes sont arrivés en Australie il y a 50 000 ans lorsque le bas niveau des océans facilitait le passage à partir de l'Asie du Sud-Est. Par la suite, plusieurs vagues d'Aborigènes peuplèrent le pays, suivant les vallées fluviales, chassant et pêchant.

Les explorateurs portugais, espagnols et hollandais croisèrent dans les eaux australiennes, mais seuls les Britanniques s'y installèrent – le capitaine James Cook (1728-1779) débarqua à Botany Bay et baptisa la côte orientale Nouvelle-Galles-du-Sud.

En 1787, ils créèrent une colonie pénitentiaire à Sydney Cove et, en 1823, la Nouvelle-Galles-du-Sud était une colonie.

LES CONVICTS
Souvent déportés pour des délits mineurs, les prisonniers britanniques vivaient sous un régime de répression brutale.

Les explorateurs commencèrent alors à parcourir l'intérieur du pays. Les transports de prisonniers cessèrent vers 1850, et des colons arrivèrent par milliers, attirés par la découverte d'or. De nouvelles colonies furent fondées en Australie-Occidentale et Méridionale, tandis que le Victoria et la Tasmanie se séparaient de la Nouvelle-Galles-du-Sud. De nombreux Aborigènes furent traités avec violence. Tous les premiers habitants de Tasmanie furent massacrés.

LA RUÉE VERS L'OR
Dans les années 1850, après la découverte d'or en Nouvelle-Galles-du-Sud et au Victoria, les prospecteurs arrivèrent du monde entier pour faire fortune.

NED KELLY (1855-1880)
Hors-la-loi réfugié dans la brousse et pilleur de banques, Ned Kelly fut pourchassé par la police et affronta la fusillade finale dans une armure artisanale. Il fut pendu à Melbourne.

Les colonies se fédérèrent en 1901. Au cours du siècle qui suivit, l'Australie combattit pour l'Empire britannique dans les deux guerres mondiales (1914-1918 et 1939-1945) et fut menacée par l'invasion japonaise de l'Asie du Sud-Est pendant la Seconde Guerre. Dans les années 1950, une nouvelle vague de peuplement arriva de Grande-Bretagne.

Après 1960, l'Australie réduisit ses liens politiques et commerciaux avec la Grande-Bretagne, tandis que le Japon et les États-Unis devenaient ses principaux partenaires. De nouveaux immigrants arrivèrent d'Asie et du Pacifique, et les Aborigènes acquirent une meilleure reconnaissance de leurs droits.

DES VOIX À ENTENDRE
Depuis vingt ans, les Aborigènes et leur drapeau noir, jaune et rouge ont fait entendre leur demande de justice sociale et de droits à la terre, de sorte que beaucoup d'Australiens blancs ont un autre regard sur le passé de leur pays.

CHRONOLOGIE

Av. J.-C.	
50000	Probable premier peuplement aborigène.
12000	Vagues de colons.
Apr. J.-C.	
1606	Découverte de l'Australie par les Hollandais.
1644	Abel Tasman dresse la carte des côtes australiennes.
1770	James Cook revendique la Nouvelle-Galles-du-Sud pour la Grande-Bretagne.
1788	Fondation de la colonie pénitentiaire de Sydney.
1825	La Tasmanie devient une colonie séparée.
1829	Colonisation de l'Australie-Occidentale.
1836	Colonisation de l'Australie-Méridionale.
1840	Ralentissement des transports de convicts (arrêt en 1868).
1851	Ruée vers l'or (jusqu'en 1861).
1851	Le Victoria devient une colonie séparée.
1855	Autonomie (1856).
1859	Nouvelle colonie du Queensland.
1901	Fondation du Commonwealth (fédération) d'Australie.
1914	Première Guerre mondiale (jusqu'en 1918) : nombreux morts australiens à Gallipoli.
1927	Déménagement du gouvernement fédéral à Canberra.
1931	Statut de Westminster : confirmation de l'indépendance australienne.
1939	Seconde Guerre mondiale (jusqu'en 1945).
1950	Importante immigration européenne.
1967	Reconnaissance de la citoyenneté des Aborigènes.
1970	Nouveaux immigrants d'Asie et du Pacifique.
1992	Confirmation des droits des Aborigènes aux terres de leurs ancêtres.

NOUVELLE-ZÉLANDE
ET LES ÎLES DU PACIFIQUE

KIWI

L'océan Pacifique est entouré d'une « ceinture de feu », une zone d'activité volcanique intense. Les éruptions sous-marines ont fait naître de petites îles, dont beaucoup, dans les eaux chaudes du Pacifique Sud, ont une bordure de corail. Parfois, le volcan s'est ensuite affaissé, ne laissant qu'un anneau corallien appelé atoll.

NUAGES DE VAPEUR
À Whakarewarewa, près de Rotorua, sur l'île du Nord de Nouvelle-Zélande, on peut admirer 7 geysers.

La Nouvelle-Zélande est située à 1 920 km au sud-est de l'Australie. Elle abrite beaucoup d'animaux insolites comme le kiwi, un oiseau coureur. Ses deux îles principales, celle du Nord et celle du Sud, sont séparées par le détroit de Cook. L'île du Nord possède de riches terres arables, des volcans actifs, des geysers et des sources chaudes ; ses principales villes sont Wellington, la capitale, et Auckland ; l'île du Sud est dominée par les pics neigeux des Alpes néo-zélandaises, la fertile plaine de Canterbury et les villes de Christchurch et Dunedin.

La Papouasie-Nouvelle-Guinée est elle aussi une terre volcanique aux montagnes sauvages et aux vallées tropicales – patrie des plus grands papillons du monde ; elle englobe également de nombreuses îles plus petites, dont l'archipel Bismarck et les îles Salomon du Nord. Le mont Wilhelm est le point culminant d'Océanie.

Des milliers d'îles sont dispersées dans l'immensité du Pacifique, qu'il s'agisse de bas récifs coralliens, d'atolls ou de montagnes couvertes de forêt tropicale.

ÎLE NAVILU, FIDJI
Le territoire des Fidji comprend près de 800 îles tropicales dont beaucoup sont inhabitées.

LÉZARD À COLLERETTE

À SAVOIR

SAMOA ORIENTALES
Unincorporated US Territory of American Samoa – Territoire américain non incorporé des Samoa orientales
SUPERFICIE : 200 km²
POPULATION : 60 000
CAPITALE : Fagatogo
LANGUES OFFICIELLES : samoan, anglais
MONNAIE : dollar américain

FIDJI
Republic of Fiji – République des Fidji
SUPERFICIE : 18 333 km²
POPULATION : 800 000
CAPITALE : Suva
AUTRES VILLES : Lautoka, Nadi, Ba, Labasa
POINT CULMINANT : mont Tomanivi (1 323 m)
LANGUE OFFICIELLE : anglais
MONNAIE : dollar fidjien

POLYNÉSIE FRANÇAISE
Territoire français d'outre-mer de la Polynésie française
SUPERFICIE : 3 270 km²
POPULATION : 200 000
CAPITALE : Papeete
LANGUES OFFICIELLES : français, tahitien
MONNAIE : franc CFP

KIRIBATI
Republic of Kiribati – République de Kiribati
SUPERFICIE : 717 km²
POPULATION : 80 000
CAPITALE : Tarawa
POINT CULMINANT : sommet de Banaba (81 m)
LANGUE OFFICIELLE : anglais
MONNAIE : dollar australien

ÎLES MARSHALL
Republic of the Marshall Islands – République des îles Marshall
SUPERFICIE : 181 km²
POPULATION : 100 000
CAPITALE : Majuro
AUTRE VILLE : Ebeye
POINT CULMINANT : jamais plus de 6 m
LANGUES OFFICIELLES : anglais, marshallais
MONNAIE : dollar américain

KIRIBATI

PAPOUASIE-NOUVELLE-GUINÉE

ÎLES MARSHALL

NAURU

MICRONÉSIE

PALAU

ÎLES SALOMON

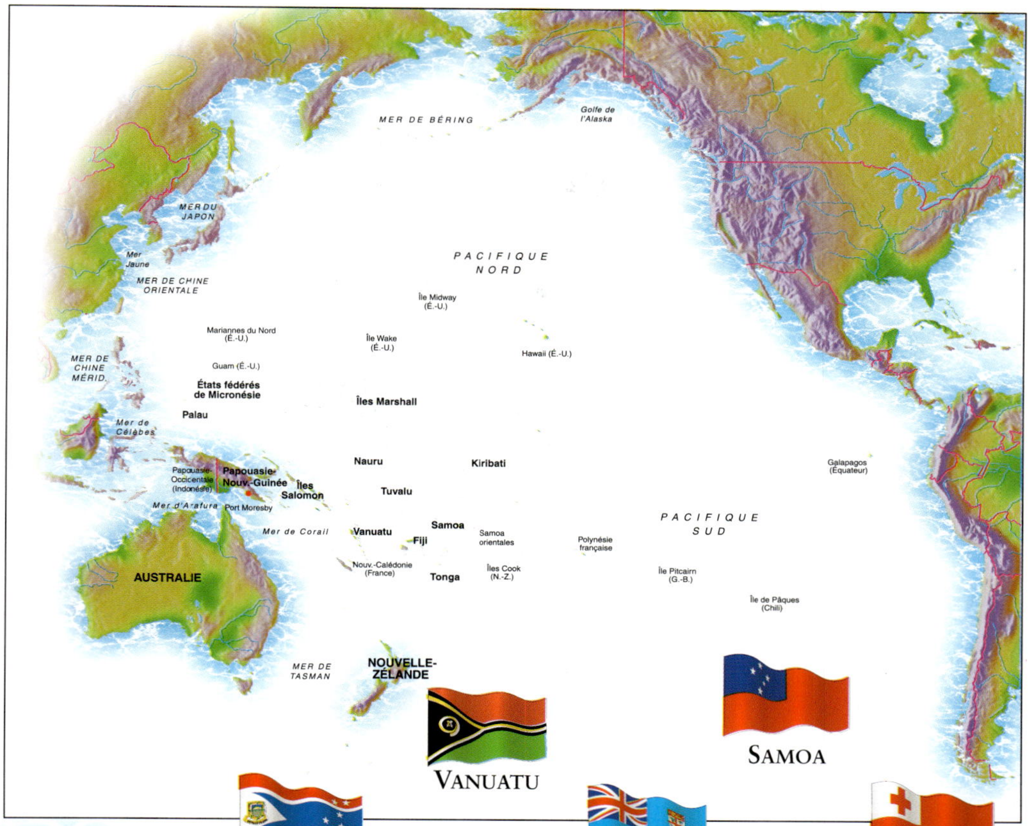

VANUATU

SAMOA

TUVALU

FIDJI

TONGA

ALPES NÉO-ZÉLANDAISES

Cette chaîne de plus de 300 km forme l'épine dorsale de l'île du Sud. Ses sommets enneigés peuvent atteindre 3 000 m.

EAUX DORMANTES

L'île du Sud borde le détroit de Cook, et son littoral très découpé. On voit ici le passage de la Reine-Charlotte.

NOUVELLE-ZÉLANDE

ROTORUA

À Rotorua, sur l'île du Nord, on peut visiter des sources chaudes naturelles et des étangs de boue bouillonnants.

TUATARA

KIWI
La « groseille à maquereau chinoise », vendue sous un nom plus associé à la Nouvelle-Zélande, est une exportation majeure.

SABLE ET SOLEIL
Vanua Levu et les îles environnantes des Fidji attirent les touristes sur leurs plages tropicales bordées de cocotiers.

La Nouvelle-Zélande est un État indépendant dirigé par la Couronne britannique, souvenir de ses liens historiques avec l'Empire. Elle englobe deux territoires autonomes, Niue et les îles Cook.

La Nouvelle-Zélande est l'une des principales économies de la « ceinture » pacifique. L'élevage bovin et ovin y est important, et le pays exporte laine, viande et produits laitiers, ainsi que des céréales, des légumes et des fruits, dont les pommes et les kiwis. L'énergie est produite par des centrales hydroélectriques et géothermiques – qui exploitent la chaleur volcanique souterraine. Le tourisme est une industrie en expansion.

La Papouasie-Nouvelle-Guinée est elle aussi une démocratie indépendante anciennement britannique. Les plantations y donnent du café, du thé, du caoutchouc, de l'huile de palme et du copra (noix de coco séchée). Les villageois abattent la forêt pour cultiver des patates douces, du maïs et des bananes. Les réserves minérales comprennent de l'or et de l'argent.

PÊCHEURS DE PERLES
Les eaux chaudes du Pacifique Sud sont idéales pour l'élevage des huîtres – et des perles qui se forment dans la coquille.

RÉCOLTE DE NOIX DE COCO
Beaucoup d'îles du Pacifique produisent de la noix de coco séchée, ou copra. Les noix de coco brunes et velues sont les graines de gros fruits verts qui poussent en haut des palmiers tropicaux.

À SAVOIR

MICRONÉSIE
Federated States of Micronesia
– États fédérés de Micronésie
SUPERFICIE : 702 km²
POPULATION : 100 000
CAPITALE : Palikir
AUTRES VILLES : Weno, Kolonia
POINT CULMINANT : Totolom (719 m)
LANGUE OFFICIELLE : anglais
MONNAIE : dollar américain

NAURU
Naoero – république de Nauru
SUPERFICIE : 21 km²
POPULATION : 10 000
CAPITALE : Yaren
POINT CULMINANT : Western Nauru (70 m)
LANGUE OFFICIELLE : nauruan
MONNAIE : dollar australien

NOUVELLE-CALÉDONIE
Territoire français d'outre-mer de Nouvelle-Calédonie et Dépendances
SUPERFICIE : 18 580 km²
POPULATION : 200 000
CAPITALE : Nouméa
LANGUE OFFICIELLE : français
MONNAIE : franc CFP

LIGNE D'HORIZON DU NORD
Auckland est la plus grande ville de Nouvelle-Zélande. Fondée en 1840, c'est un port et un centre industriel importants.

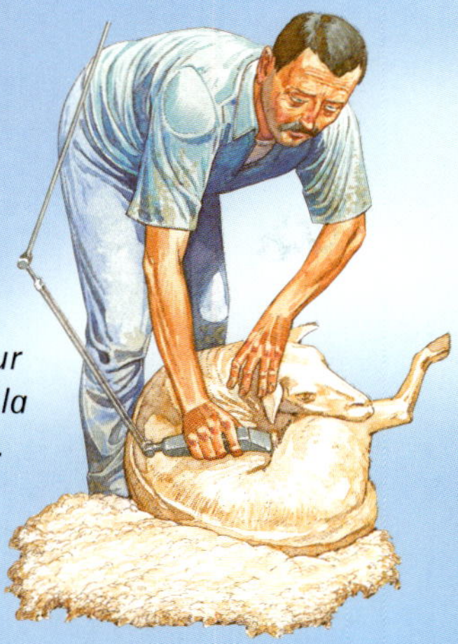

LA TONTE
Le climat et le terrain néo-zélandais sont parfaits pour l'élevage des moutons, dont la viande et la laine sont exportées.

À SAVOIR

NOUV.-ZÉLANDE
Dominion of New Zealand
SUPERFICIE : 268 680 km^2
POPULATION : 3,8 millions
CAPITALE : Wellington
AUTRES VILLES : Auckland, Christchurch, Dunedin
POINT CULMINANT : mont Cook (3 764 m)
LANGUE OFFICIELLE : anglais
MONNAIE : dollar néo-zélandais

PALAU
Belu'u Era Balau – République de Palau
SUPERFICIE : 508 km^2
POPULATION : 20 000
CAPITALE : Koror
AUTRES VILLES : Melekeiok, Garusuun, Malakal
POINT CULMINANT : 217 m
LANGUES OFFICIELLES : anglais, palauan
MONNAIE : dollar américain

Les petites îles comprennent des monarchies, des républiques et des territoires d'outre-mer comme la Nouvelle-Calédonie et la Polynésie française. La dispersion, les petites populations et le manque de terres n'offrent que peu de possibilités aux insulaires dont beaucoup cultivent la noix de coco et les fruits, élèvent cochons et poulets, et pêchent. L'alimentation locale est basée sur le fruit de l'arbre à pain, le manioc et les patates douces. La canne à sucre est cultivée aux Fidji et le cacao aux îles Salomon. Certaines îles comme Tahiti, en Polynésie française, développent le tourisme. La Nouvelle-Calédonie extrait du nickel, et Nauru a été transformée en désert par l'exploitation du phosphate pour la production d'engrais.

EN PAPOUASIE-NOUVELLE-GUINÉE
Les marchés locaux vendent des porcs, des volailles, des ignames, des taros (tubercules), du sagou (moelle de palmier sagoutier), des bananes et des patates douces.

MARIAGE TONGA
Photo de famille lors d'un mariage royal à Tonga. Les chefferies de ce groupe d'îles polynésiennes ont été unifiées en un seul royaume en 1845.

À SAVOIR

ÎLES SALOMON
SUPERFICIE : 27 600 km^2
POPULATION : 400 000
CAPITALE : Honiara
AUTRES VILLES : Gizo, Kieta, Auki
POINT CULMINANT : mont Popomanaseu (2 331 m)
LANGUE OFFICIELLE : anglais
MONNAIE : dollar des îles Salomon

TONGA
Pule'anga Fakatu'i'o Tonga – Royaume des Tonga
SUPERFICIE : 750 km^2
POPULATION : 100 000
CAPITALE : Nukualofa
AUTRES VILLES : Neiafu, Pangai
POINT CULMINANT : 1 046 m
LANGUES OFFICIELLES : tonguien, anglais
MONNAIE : pa'anga

TUVALU
Southwest Pacific State of Tuvalu
SUPERFICIE : 24 km^2
POPULATION : 10 000
CAPITALE : Fongafale
AUTRES VILLES : Vaitupu, Niutao
POINT CULMINANT : jamais plus de 6 m
LANGUES OFFICIELLES : anglais, tuvaluan
MONNAIE : dollar australien

VANUATU
Ripablik blong Vanuatu – République de Vanuatu
SUPERFICIE : 14 800 km^2
POPULATION : 200 000
CAPITALE : Port-Vila
AUTRE VILLE : Luganville
POINT CULMINANT : Tabwemasana (1 879 m)
LANGUES OFFICIELLES : bichelamar, anglais, français
MONNAIE : vatu

SAMOA
Independent State of Samoa – État indépendant des Samoa occidentales
SUPERFICIE : 2 830 km^2
POPULATION : 20 000
CAPITALE : Apia
AUTRES VILLES : Lalomanu, Falevai, Tuasivi, Falealupo
POINT CULMINANT : Mauga Silisili (1 859 m)
LANGUES OFFICIELLES : samoan, anglais
MONNAIE : tala

MAORIS

Les premiers habitants du Pacifique Sud étaient les ancêtres des Mélanésiens, Micronésiens et Polynésiens actuels. Pendant plusieurs milliers d'années, ils explorèrent le plus grand océan du monde avec leurs canoës, occupant les terres, des îles Hawaii à l'île de Pâques, où ils érigèrent d'immenses et mystérieuses statues. La dernière grande migration eut lieu il y a plus de 1 000 ans lorsqu'un peuple polynésien du nom de Maoris occupa la Nouvelle-Zélande.

Les Maoris tatoués étaient des guerriers qui chassaient les grands oiseaux coureurs de l'île appelés dinornis (depuis disparus). Aujourd'hui, ils représentent 9 % de la population néo-zélandaise et ont préservé un sens aigu de leur histoire et de leur culture.

Les Hollandais explorèrent les côtes néo-zélandaises en 1642, suivis par le navigateur anglais James Cook (1728-1779) de 1769 à 1777.

SCULPTURE
Statuaire, traditions et croyances unissent des îles du Pacifique très dispersées, témoignant d'ancêtres communs.

TRADITIONS FIDJIENNES
Les Fidji furent peuplées par les Mélanésiens et les Polynésiens, puis par des Indiens.

LIEU DE RENCONTRE
Avec son toit et ses montants de porte sculptés, le wharerunanga *est un lieu de réunion maori construit dans le style traditionnel.*

RENCONTRE AVEC LES EUROPÉENS
En 1769, l'explorateur anglais James Cook fit le tour de la Nouvelle-Zélande, en dressa la carte et rencontra les guerriers maoris tatoués.

ARTISANAT MAORI
Les motifs circulaires complexes de la tradition maorie sont sculptés dans le bois, l'ivoire ou la pierre.

LES ALL-BLACKS
L'équipe de rugby néo-zélandaise est régulièrement championne du monde. Les matchs débutent par un chant et une danse maoris, le haka.

Au XVIIIe siècle, de nombreux Britanniques furent attirés en Nouvelle-Zélande par le climat, les verts pâturages et l'or, mais se heurtèrent à la résistance des Maoris. En 1852, la Nouvelle-Zélande était une colonie autonome et, en 1907, un dominion de l'Empire (statut similaire à celui du Canada).

Les Néo-Zélandais combattirent pendant les deux guerres mondiales et maintinrent des liens étroits avec la Grande-Bretagne. Depuis les années 1970, cependant, le pays se voit davantage comme une nation du Pacifique et accroît ses échanges avec le Japon, les États-Unis et l'Australie. Aujourd'hui, les Néo-Zélandais jouissent d'un bon niveau de vie et de loisirs au grand air axés sur la voile, le ski, le rugby et le cricket.

À L'ÉGLISE
Les Tonguiens se sont convertis au christianisme vers 1860, et les églises protestantes sont très fréquentées.

L'ÈRE DES GUERRIERS
Les Maoris défendirent leurs terres avec des canoës de guerre. Leurs fortifications, appelées pa, *étaient entourées de fossés et de palissades.*

Les îles plus petites furent colonisées vers 1800 par les Allemands, les Français, les Britanniques et les Américains. De rares Européens s'y installèrent durablement. À Fidji, on fit venir d'Inde des ouvriers dont les descendants constituent une bonne partie de la population. Certaines colonies passèrent de la Grande-Bretagne à l'Australie ou à la Nouvelle-Zélande, mais, en 1980, des régions entières du Pacifique formaient de petits États indépendants.

VISAGE DE PAPOU
La Papouasie-Nouvelle-Guinée est le berceau de centaines d'ethnies. Beaucoup s'ornent le visage et le corps avec raffinement.

MAISON DES ESPRITS
Si la plupart des Papouans-néo-guinéens sont chrétiens, les croyances aux esprits et à la magie restent très répandues.

Les coutumes ancestrales des îles furent beaucoup modifiées pendant la colonisation – les missionnaires chrétiens bannirent les cultes traditionnels, et la population trouva du travail dans les plantations ou les mines.

Le dernier pays à s'ouvrir au monde fut la Papouasie-Nouvelle-Guinée. Ses communautés forestières et montagnardes y vivaient dans un isolement tel que 800 langues différentes se sont développées sur l'île. Beaucoup de ces tribus portent encore, pour les fêtes, leurs costumes traditionnels, composés de plumes, de bijoux d'os et de peintures corporelles.

Aujourd'hui, la vie dans le Pacifique est un mélange de tradition et de modernité. La vie sociale reste marquée par les festins, les danses et les chants. Toutefois, les communications modernes ont réduit les distances entre les îles, et les transports se font autant en avion et bateau à moteur qu'en canoë.

LES CAVALIERS DE L'OCÉAN
Ce canoë est de conception samoane. Les Samoa furent colonisées par les marins lapitas, ancêtres des Polynésiens actuels, dès 1000 av. J.-C.

HABITANT DE TROBRIAND
Les habitants des îles Trobriand sont plus grands et ont la peau plus claire que la plupart des autres Mélanésiens.

CHRONOLOGIE

Apr. J.-C.

v. 900	Installation des Polynésiens (Maoris) en Nouvelle-Zélande.
1200	Montée en puissance des chefferies polynésiennes.
1526	Découverte de la Papouasie-Nouvelle-Guinée par les Portugais.
1642	Découverte de la Nouvelle-Zélande par Tasman.
1769	Exploration de la côte néo-zélandaise par James Cook (jusqu'en 1777).
1815	Premiers colons britanniques en Nouvelle-Zélande.
1840	Traité de Waitangi : la Nouvelle-Zélande est liée à l'Australie.
1842	Formation de la Polynésie française.
1845	Soulèvement maori (jusqu'en 1847).
1851	La Nouvelle-Zélande devient une colonie britannique séparée.
1860	Soulèvements maoris (jusqu'en 1872).
1884	Prétentions britanniques et allemandes sur la Nouvelle-Guinée.
1907	Autonomie de la Nouvelle-Zélande.
1914	Première Guerre mondiale (jusqu'en 1918) : l'Australie occupe la Nouvelle-Guinée allemande.
1939	Seconde Guerre mondiale (jusqu'en 1945).
1970	Indépendance des Tonga.
1975	Indépendance de la Papouasie-Nouvelle-Guinée et de Tuvalu.
197	Indépendance des îles Salomon.
1980	Indépendance de Vanuatu.
1983	Indépendance de Kiribati.
1990	Indépendance des États fédérés de Micronésie.
1991	Indépendance des îles Marshall.
1994	Indépendance de Palau.

Océan Pacifique

ÉMYDURE HAPPANTE DE NOUVELLE-GUINÉE
Ce reptile extraordinaire doit son nom à son pays d'origine, le nord de la Papouasie-Nouvelle-Guinée.

Avec 179 700 000 km², l'océan Pacifique est la plus vaste étendue d'eau du monde. Il est bordé par l'Asie à l'ouest, par les Amériques à l'est et relié à l'Atlantique par le canal de Panamá.

Le fond de l'océan est marqué par un relief d'une extrême diversité. La fosse des Mariannes est l'endroit le plus profond de la Terre (11 033 m), et d'énormes volcans forment les îles Hawaii.

RASCASSE, FIDJI
Le camouflage dissimule les piquants venimeux de ce poisson tropical.

Sous le Pacifique, les plaques – des morceaux d'écorce terrestre – s'écartent de 20 cm par an. Quant aux plaques en bordure de l'océan, l'activité y est intense, et elles forment une zone de volcans et de tremblements de terre qui engendrent parfois d'énormes vagues appelés tsunamis. Les coulées de lave sous-marines donnent naissance à des îles volcaniques, souvent entourées de récifs coralliens.

Certains courants – comme celui de Californie et le Kuroshio – traversent le Pacifique Nord dans le sens des aiguilles d'une montre, d'autres – tels le courant de Humboldt et le courant est-australien – parcourent le Pacifique Sud dans le sens contraire. Des cycles de réchauffement (El Niño) et de refroidissement (La Niña) des eaux ont des conséquences importantes sur le climat mondial et créent de fortes tempêtes.

MYSTÈRES DE PIERRE
Ces statues géantes de l'île de Pâques témoignent du plus oriental des peuplements polynésiens, entre 1000 et 1600.

ATOLL DE BIKINI
Entre les années 1950 et 1980, plusieurs endroits du Pacifique Sud furent utilisés pour les essais d'armes nucléaires, malgré les protestations du monde entier.

OCÉAN ATLANTIQUE

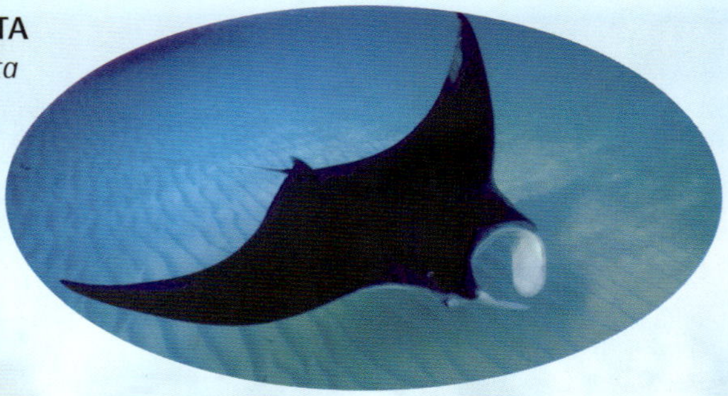

RAIE MANTA
Les raies manta vivent près de la surface en haute mer et se nourrissent de plancton.

L'Atlantique est le deuxième océan du monde, avec une superficie de 106 millions de km^2. Sa profondeur moyenne est de 3 580 m, mais des fosses vont jusqu'à plus de 9 000 m. Parmi ses nombreuses îles figurent le Groenland, l'Islande et les îles Britanniques.

Le principal élément du relief sous-marin est la dorsale médio-atlantique, chaîne de montagnes qui court du nord au sud de l'océan et au centre de laquelle se creuse un rift où les tremblements de terre sont fréquents.

PLATES-FORMES PÉTROLIÈRES
Les réserves de pétrole et de gaz sont extraites par des plates-formes de forage.

CHALUTIER
L'Atlantique fournit un tiers des prises mondiales annuelles de poissons et de crustacés.

COLONS VIKINGS
Après avoir traversé l'Atlantique Nord de Norvège en Islande, puis au Groenland, les explorateurs vikings s'installèrent.

Cette vallée forme la frontière entre deux plaques gigantesques qui élargissent l'Atlantique de 2,5 cm par an. Parfois, la lave remonte à la surface le long du rift et crée de nouveaux morceaux d'écorce terrestre.

De forts courants parcourent l'Atlantique, comme le Gulf Stream, entre le golfe du Mexique et le nord-ouest de l'Europe, dont les eaux adoucissent le climat de régions comme la côte norvégienne ou l'Irlande. L'Atlantique offre d'importantes zones de pêche, bien que certaines aient été surexploitées, et il connaît un fort trafic maritime.

CALMAR
Pour les pêcheurs de l'Atlantique, les calmars sont de véritables fléaux car ils mangent harengs et maquereaux.

BALEINE À BOSSE
Les baleines à bosse vivent dans les eaux côtières de tous les océans.

TORTUE VERTE
La chasse a beaucoup réduit le nombre de tortues vertes dans l'océan Indien.

OCÉAN INDIEN

L'océan Indien, le troisième océan du monde, est limité par l'Afrique à l'ouest, l'Indonésie et l'Australie à l'est, et l'Antarctique au sud. Sa superficie est de 74 millions de km^2. Il entoure plusieurs grandes îles comme Madagascar et Sri Lanka, qui divise avec l'Inde la moitié nord de l'océan en golfe du Bengale et mer d'Oman.

La profondeur moyenne de l'eau est de 3 840 m, mais la fosse de Java, le point le plus profond de l'océan, dépasse 7 400 m. Comme l'Atlantique, l'océan Indien est parcouru de dorsales océaniques ; de nouveaux morceaux d'écorce terrestre se forment le long de leurs rifts, et les tremblements de terre sont fréquents.

La partie nord de l'océan Indien est sous les tropiques – les températures de l'eau y sont parfois élevées, surtout dans la mer Rouge et le golfe Persique. Les courants océaniques sont déterminés par les vents et, au nord de l'équateur, ils changent de direction tous les ans avec le vent et le renversement des moussons.

MURÈNE
Les murènes vivent dans les eaux tropicales, tapies dans les fentes des récifs.

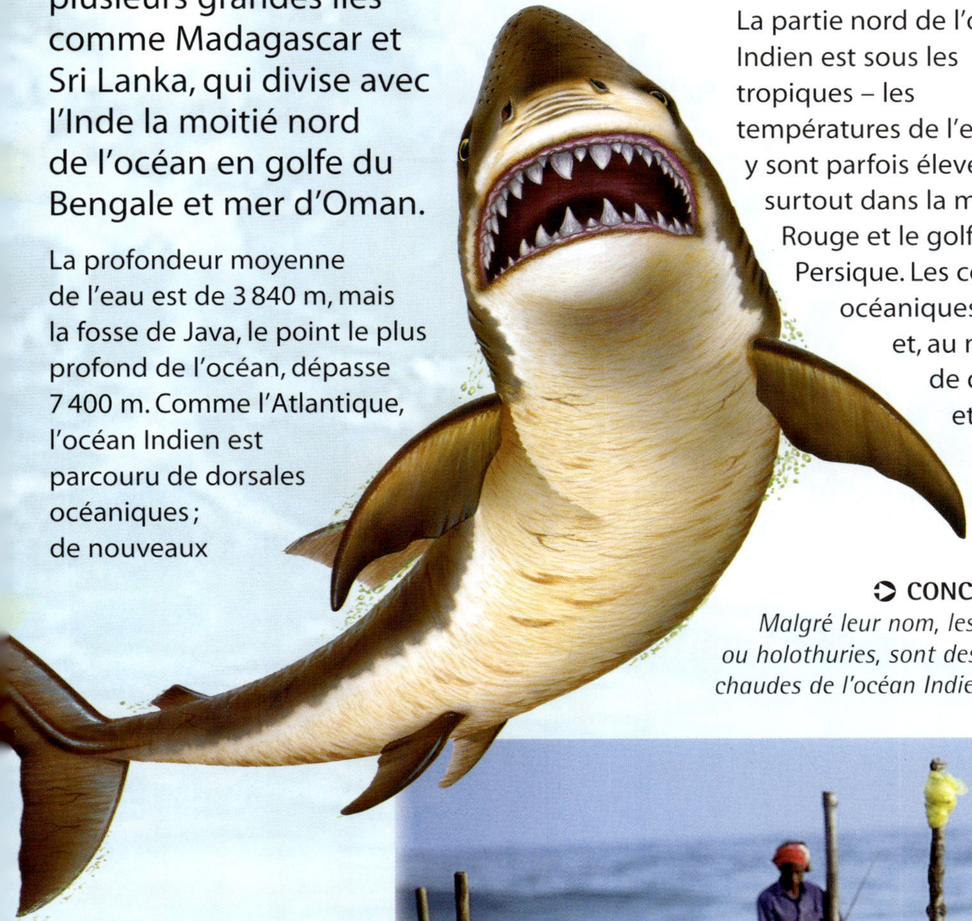

GRAND REQUIN BLANC
Le grand requin blanc est l'un des requins les plus dangereux : il attaque parfois l'homme.

CONCOMBRE DE MER
Malgré leur nom, les concombres de mer, ou holothuries, sont des animaux. Dans les eaux chaudes de l'océan Indien, ils atteignent 90 cm de long.

PÊCHE TRADITIONNELLE
Dans les eaux côtières de l'océan Indien, les pêcheurs prennent, entre autres, des sardines et des anchois.

OCÉAN GLACIAL ARCTIQUE

INUITS
Les Inuits habitent les régions arctiques d'Amérique du Nord. En 1999, ils ont pris le contrôle d'un territoire canadien, le Nunavut.

L'Arctique, situé au nord du cercle polaire arctique, englobe le nord des continents asiatique, nord-américain, européen, ainsi que la plus grande île du monde, le Groenland. Ces terres entourent le plus petit océan qui soit, l'océan Glacial Arctique. À proximité de son centre gelé se trouve le pôle Nord.

LES INUITS ET LEURS CHIENS
Si les Inuits utilisaient traditionnellement des chiens pour tirer leurs traîneaux sur la neige, les autoneiges à moteur les ont aujourd'hui remplacés.

À SAVOIR

ARCTIQUE
SUPERFICIE : 13 224 000 km²
PROFONDEUR MOYENNE : 1 120 m
PROFONDEUR MAXIMALE CONNUE : 5 450 m

L'Arctique est une région glaciale, et l'océan est en grande partie recouvert d'une épaisse couche de glace qui a pris au piège les premiers explorateurs. Aujourd'hui, des brise-glace peuvent s'y frayer un passage. La première expédition à atteindre le pôle Nord fut celle du Commander Robert Edwin Peary (1856-1920), de la Marine américaine, en 1909.

La profondeur moyenne de l'océan Arctique est de 1 120 m, mais la profondeur maximale est de 5 450 m. Des baleines et beaucoup de poissons, dont le cabillaud et le flétan, y vivent. Quant aux ours polaires, ils habitent la banquise, où ils chassent le phoque et pêchent.

ICEBERGS
Les icebergs se détachent des glaciers et de la couche de glace du Groenland. Ils peuvent dériver jusque dans l'Atlantique.

Les zones continentales, désertiques, sont couvertes d'une maigre végétation, la toundra. Les caribous et les rennes viennent y paître pendant le court été, et on y trouve aussi des ours, des renards, des lièvres, des lemmings et des campagnols, ainsi que de nombreux oiseaux qui s'y reproduisent en été et se nourrissent de petits animaux ou des nuées d'insectes qui prospèrent dans ce milieu marécageux.

Le Groenland, qui dépend du Danemark, est autonome depuis 1981. C'est avec l'Antarctique le pays le moins peuplé du monde. Les températures chutent parfois à −65 °C au centre de la calotte glaciaire, mais les côtes sud-ouest restent relativement douces grâce aux courants océaniques. La pêche est la première activité de la région. Outre les Inuits du Groenland et du nord canadien, les autres peuples arctiques sont les Saami (ou Lapons) au nord de la Scandinavie, les Samoyèdes, les Toungouzes et les Iakoutes en Asie. Tous, autrefois nomades, vivaient de pêche et de chasse ; ils sont à présent en grande partie sédentarisés.

SÉCHAGE DU POISSON BLANC
La chasse au phoque et à la baleine est une activité traditionnelle des populations arctiques.

PRIS DANS LES GLACES
Les bateaux peuvent être pris au piège des eaux gelées de l'océan Arctique.

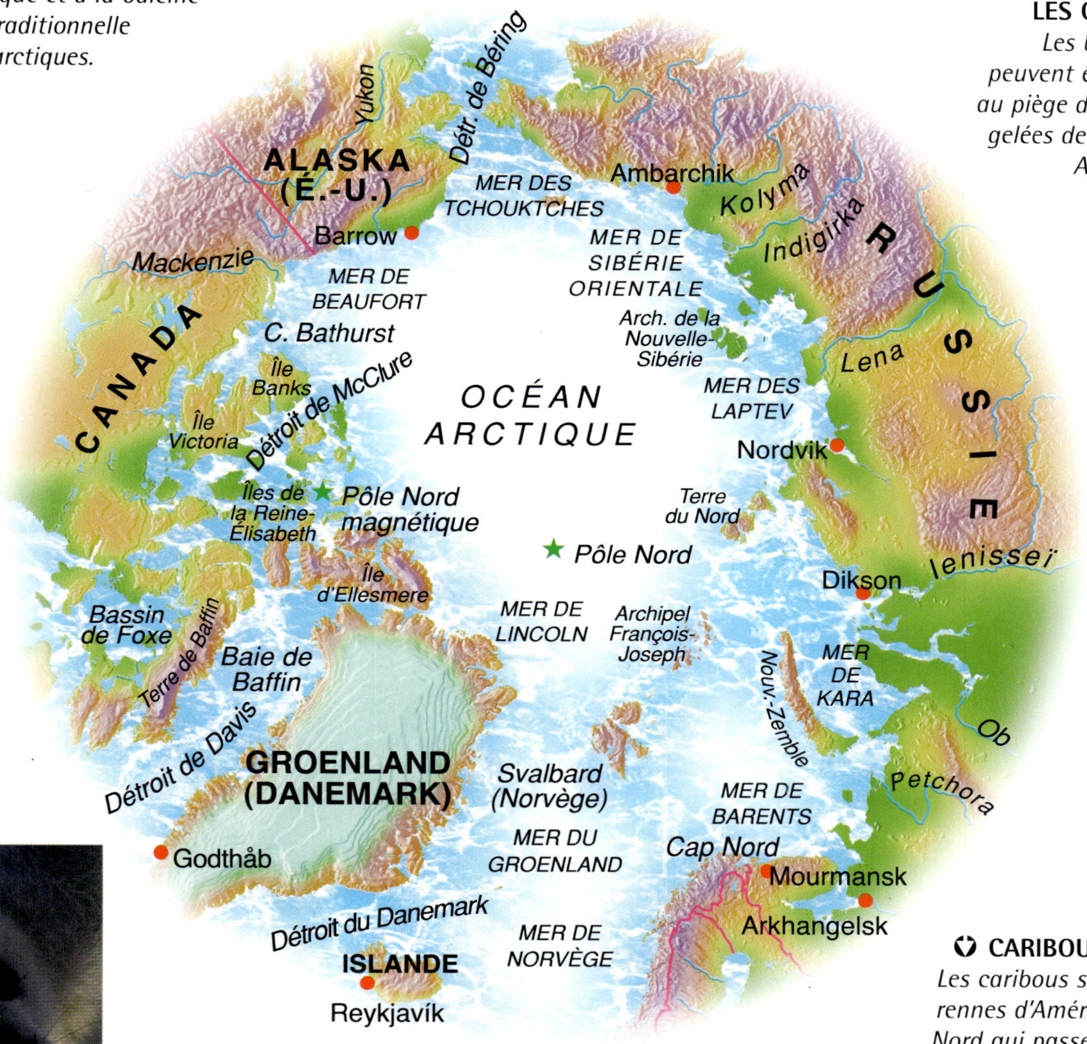

PHOQUE DU GROENLAND
Les bébés phoques étaient autrefois chassés pour leur précieuse fourrure blanche.

CARIBOU MÂLE
Les caribous sont des rennes d'Amérique du Nord qui passent l'été dans la toundra.

MORSE

OURS POLAIRE

RENARD ARCTIQUE

HARFANG

ANTARCTIQUE

BALLON-SONDE
Les conditions météorologiques en Antarctique affectent le climat mondial, d'où l'importance des études climatiques.

À SAVOIR

ANTARCTIQUE
SUPERFICIE : 13 000 000 km²
POPULATION : aucune en permanence
POINT CULMINANT : mont Vinson (4 890 m)

ROALD AMUNDSEN
Amundsen, explorateur norvégien, dirigeait la première expédition qui parvint au pôle Sud le 14 décembre 1911.

L'Antarctique est situé au sud du cercle polaire antarctique. Il comprend la majeure partie du cinquième continent du monde, l'Antarctique, au milieu duquel se trouve le pôle Sud – seule la pointe de la péninsule Antarctique qui s'avance vers l'Amérique du Sud est hors du cercle polaire. Les eaux qui entourent le continent Antarctique sont parfois appelées océan Glacial Antarctique, ou océan Austral, mais aux yeux des géographes, elles font partie des océans Pacifique, Atlantique et Indien.

La glace couvre 98 % de l'Antarctique et n'est percée que par quelques sommets. Son épaisseur moyenne est de 2 200 m, mais elle peut atteindre 4 800 m. La région est glaciale – la température la plus basse du monde, – 89,2 °C, a été enregistrée à la station russe de Vostok en 1983 –, et plantes ou animaux y sont rares. Les habitants les plus connus sont les pingouins, des oiseaux coureurs qui se nourrissent de leur pêche.

Les premiers explorateurs subirent de dures épreuves. La première expédition à atteindre le pôle Sud en 1911 fut celle du Norvégien Roald Amundsen (1872-1928). Une expédition britannique menée par Robert Falcon Scott (1868-1912) y parvint cinq semaines plus tard ; tous ses membres périrent au retour. Les explorateurs suivants prirent l'avion – le premier à survoler le pôle Sud fut un officier de la marine américaine, Richard E. Byrd (1888-1957) en 1929.

Plusieurs pays ont revendiqué des régions de l'Antarctique, mais les lois internationales ne reconnaissent aucune de ces prétentions, et beaucoup aimeraient faire du continent un parc international, inhabité, protégé du développement et de la pollution.

Aujourd'hui, seuls des scientifiques de plusieurs pays vivent et travaillent dans des stations de recherche. En 1980, ils ont découvert que la couche d'ozone, qui protège la planète des dangereux rayons ultraviolets, diminuait au-dessus du continent sous l'effet de gaz, les fluorocarbones. Des mesures ont été prises pour réduire le rejet de ces gaz dans l'atmosphère.

PÊCHE AU CHALUT
Les eaux autour de l'Antarctique sont très riches, surtout de krill (crustacés proches des crevettes), calmars, phoques, poissons et baleines.

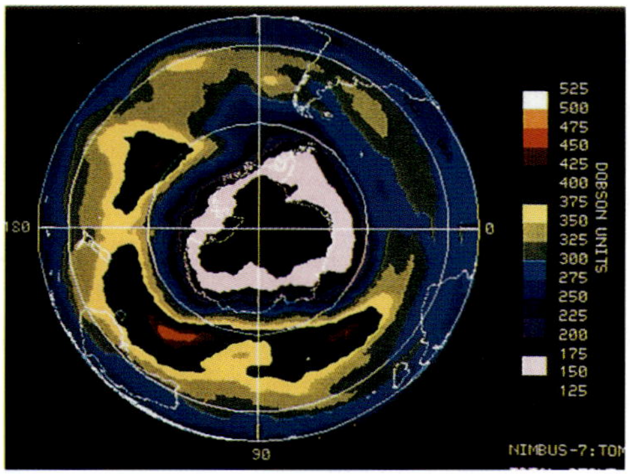

COUCHE D'OZONE
L'ozone des couches supérieures de l'atmosphère empêche les rayons ultraviolets de passer. Or, depuis les années 1980, la pollution crée des « trous » dans la couche d'ozone au-dessus de l'Antarctique.

PROVISIONS VITALES
L'approvisionnement des scientifiques est acheminé par avion ou bateau.

ALBATROS HURLEUR

GROTTE DE GLACE
Sur la côte antarctique, la mer creuse de fantastiques grottes dans la glace.

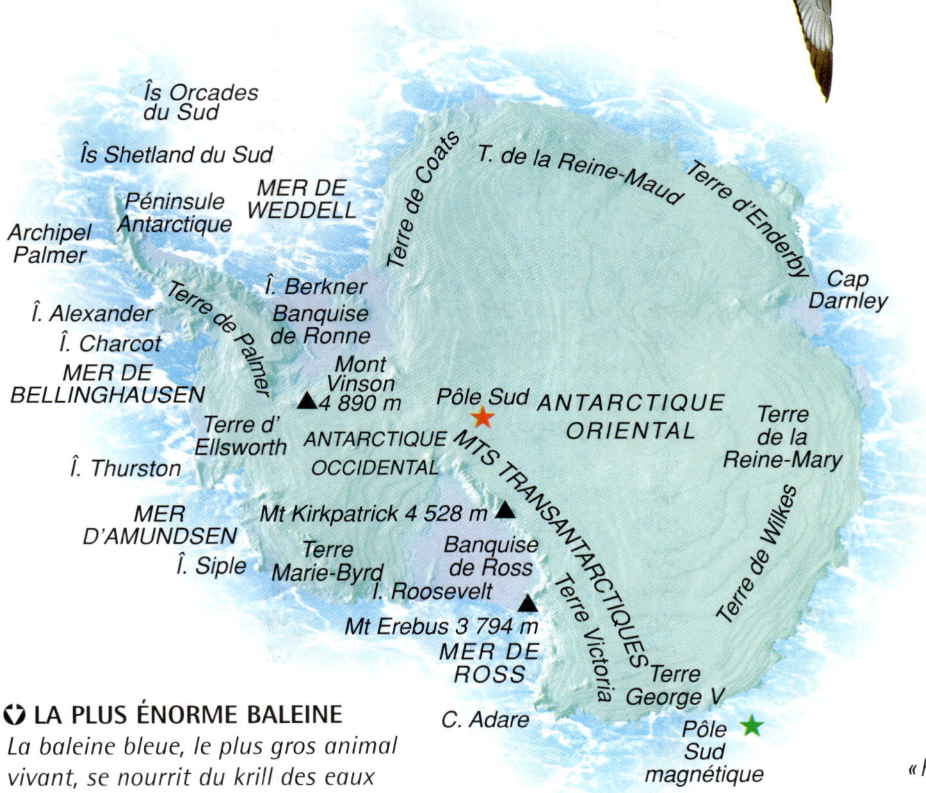

LA PLUS ÉNORME BALEINE
La baleine bleue, le plus gros animal vivant, se nourrit du krill des eaux de l'océan Austral.

LA PARADE DES MANCHOTS
Les manchots d'Adélie, principaux « habitants » de l'Antarctique, construisent des nids de cailloux sur la côte.

CAMPING GLACIAL
Les scientifiques disposent de tentes spéciales pour leurs expéditions de recherche dans le froid polaire.

GLOSSAIRE

ATMOSPHÈRE

Agriculture de subsistance Cultures visant à soutenir un agriculteur et/ou sa famille

AMMONITE

sans, ou presque, de surplus à vendre. C'est l'activité principale dans de nombreux pays en développement.

Ammonites Mollusques disparus dont les fossiles sont nombreux dans les roches formées pendant le mésozoïque. Comme les dinosaures, ils se sont éteints il y a 65 millions d'années.

Astéroïde Toute petite planète en orbite autour du Soleil. La plupart circulent entre les orbites de Mars et de Jupiter.

Atmosphère Couche d'air qui entoure la Terre.

Automatisation Emploi de machines ou de robots pour réaliser des tâches répétitives, complexes, dangereuses ou trop chères pour être réalisées par l'homme.

Biome Communauté végétale et animale d'une même vaste région. Les différents biomes comprennent les toundras, les forêts de conifères, les forêts tempérées, les steppes tempérées, les déserts, les savanes et les forêts tropicales.

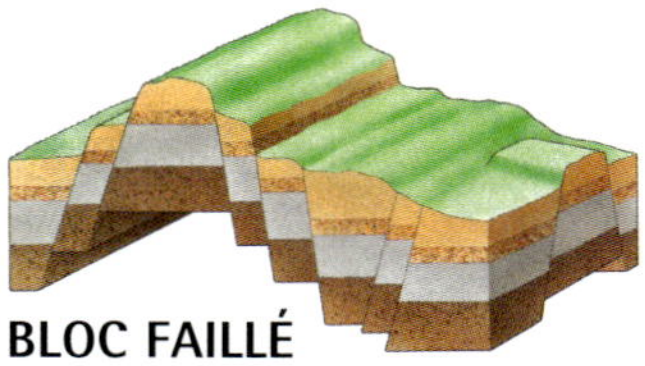

BLOC FAILLÉ

Bloc faillé Système montagneux formé par un bloc de terre poussé vers le haut entre deux failles à peu près parallèles.

Boussole Instrument utilisé pour repérer la direction. Les boussoles magnétiques possèdent une aiguille qui pointe toujours vers le pôle Nord magnétique.

Carte Représentation de la Terre – ou d'une partie – sur une surface plane telle qu'une feuille de papier utilisée par les navigateurs.

Circonférence Pourtour d'un cercle.

Colonie Territoire gouverné par une puissance étrangère.

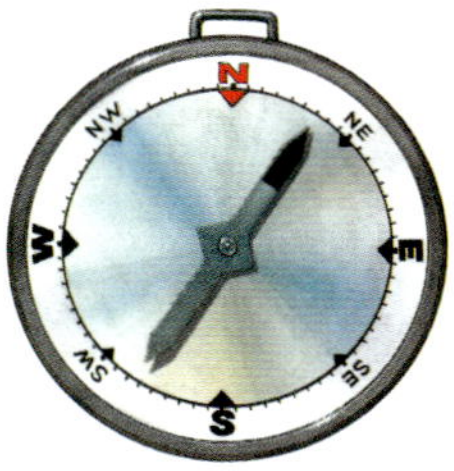

BOUSSOLE

Combustibles fossiles Combustibles tels que charbon, pétrole ou gaz naturel formés à partir des restes d'anciens organismes vivants.

Comète Corps céleste présentant généralement un noyau et une queue, composé de gaz gelés, de glace et de poussières et décrivant un trajet défini à travers l'espace.

Commerce Achat et vente de biens et de services.

Communisme Système politique où les terres, l'industrie, tous les biens et propriétés sont contrôlés par le gouvernement.

Condensation Changement d'état qui se produit lorsqu'une vapeur ou un gaz est transformé en liquide. Quand l'air se refroidit, la vapeur d'eau invisible qu'il contient se condense en gouttelettes d'eau.

Continent Immense masse de terre. Le monde possède 7 continents ; par ordre de taille : l'Asie, l'Afrique, l'Amérique du Nord, l'Amérique du Sud, l'Antarctique, l'Europe et l'Australie.

Corail Roche formée des squelettes externes de minuscules créatures marines appelées polypes.

Cumulo-nimbus Haut nuage orageux, souvent en forme d'enclume, qui se forme à la suite d'une montée rapide d'air chaud et humide.

Delta Plaine à l'embouchure d'un fleuve formée des sédiments boueux déposés par ce fleuve.

Dépression Zone de basse pression atmosphérique associée à un temps changeant et souvent orageux.

FEUILLU

Dialecte Variante d'une langue utilisée dans une région.

Diamètre Ligne qui coupe un cercle en deux en passant par le centre.

Énergie nucléaire Énergie due à une réaction nucléaire contrôlée dans une centrale.

TREMBLEMENT DE TERRE

FOSSILES

ENVIRONNEMENT Ensemble des conditions extérieures qui influencent la croissance et le développement des plantes, des animaux et des hommes.

ÉROSION Processus au cours duquel des forces naturelles, dont les intempéries, les cours d'eau, la glace, les vents et la mer usent en permanence le paysage et transportent les matériaux usés pour les déposer ailleurs.

ÉROSION DU SOL Suppression de la couche supérieure arable du sol suite à une intervention humaine comme la déforestation. L'érosion du sol est rapide en terrain découvert, surtout s'il est en pente. Au contraire, l'érosion naturelle est un processus beaucoup plus lent.

ÉVAPORATION Changement d'état qui se produit lorsqu'un liquide est transformé en gaz ou en vapeur. Par exemple, lorsque la chaleur fait s'évaporer l'eau pour créer de la vapeur d'eau invisible.

FAILLE Fracture ou cassure de la roche qui forme l'écorce terrestre le long de laquelle des roches se sont déplacées. Les mouvements brusques le long des failles déclenchent des tremblements de terre.

FEUILLUS Arbres qui perdent leurs feuilles au cours d'une saison en particulier. Les feuillus comme les ormes ou les chênes des latitudes moyennes perdent leurs feuilles en automne, ceux des régions de mousson pendant la saison sèche.

FORÊT DE CONIFÈRES Forêt d'arbres aux fruits de forme conique et le plus souvent à feuilles persistantes. Les conifères les plus courants comprennent le sapin, le mélèze, le pin et l'épicéa.

FOSSILE Traces de vie ancienne conservées dans la roche telles qu'empreintes de feuilles, de coquilles ou d'os, traces de pas laissées par des animaux, ou parfois animaux ou plantes entières.

GLOBE Modèle sphérique de la Terre représentant les terres et les mers. Certains globes peuvent être tournés autour d'un axe central.

GROUPE ETHNIQUE Groupe de population possédant des caractéristiques communes, telles que des liens d'ascendance, une culture, une langue, une nationalité ou une religion, qui les différencient des autres populations du même pays ou de la même société.

HABITAT Type de lieu ou d'environnement auquel est adapté un végétal ou un animal. Les différents habitats sont généralement définis selon leur végétation, leur altitude ou leur climat.

HOMO SAPIENS Nom scientifique de l'être humain, à différencier des premiers êtres vivants proches des humains comme *Homo erectus* et *Homo habilis*.

HURRICANE Forte tempête tropicale qui se forme au-dessus des océans au nord et au sud de l'équateur et qui cause souvent de grands dégâts lorsqu'elle atteint la terre.

HYDROÉLECTRICITÉ Électricité produite dans des centrales électriques en transformant la force de l'eau qui passe dans les turbines des barrages.

LATITUDES MOYENNES Zones climatiques pour la plupart tempérées situées entre les chauds tropiques et les froides régions polaires.

LIGNE DE CHANGEMENT DE DATE Ligne imaginaire à 180 degrés est ou ouest de longitude : la date des régions à l'est de cette ligne précède d'un jour la date des régions à l'ouest.

MAGMA Roche en fusion de l'intérieur de la Terre. Appelé lave lorsqu'il monte à la surface de la terre où il se déverse par les volcans.

MANGROVE Marais côtier des régions tropicales où poussent des palétuviers dans l'eau salée qui longe les côtes. Leurs racines qui descendent directement des branches et rappellent des échasses piègent la vase qui peut alors s'accumuler pour former de nouvelles terres.

MÉTÉORE Traînée dans le ciel, aussi appelée étoile filante, causée par un bloc rocheux qui brûle en entrant dans l'atmosphère terrestre. Les météoroïdes qui atteignent la surface de la Terre sont appelés météorites.

MIGRATION Déplacement d'animaux et de populations d'un endroit à un autre. Les peuples migrent généralement pour échapper à quelque chose qui ne leur plaît pas ou pour rejoindre un lieu qui leur semble plus attirant.

MINORITÉ Groupe de population qui diffère par

certains traits, comme la culture ou la langue, du groupe principal d'une société.

Ozone Forme instable du gaz oxygène produite par les décharges électriques dans l'atmosphère.

Péninsule Bande de terre qui s'avance dans la mer.

Pingo Monticule de terre qui se forme dans les régions polaires lorsque de l'eau gelée sous la surface pousse vers le haut le sol qui la recouvre.

Plaine abyssale La partie la plus profonde de l'océan, sous le talus continental.

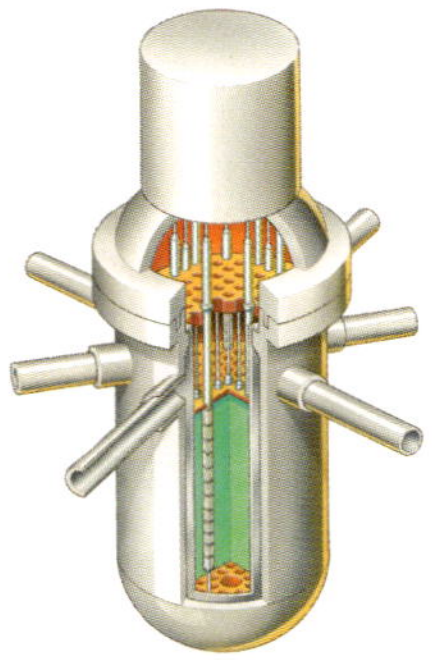

ÉNERGIE NUCLÉAIRE

Planète Dans notre système, corps céleste en orbite autour du soleil. Les astronomes ont identifié d'autres étoiles avec des planètes en orbite autour d'elles.

Plancton Plantes et animaux microscopiques qui flottent près de la surface des océans. Nourriture de nombreux animaux marins.

Plateau Vaste région de hautes terres à la surface généralement plate.

Pôle magnétique La Terre est comme un aimant géant et possède deux pôles magnétiques, Nord et Sud, tout comme les extrémités d'un aimant.

Prairie En Amérique du Nord, steppe herbeuse de latitude moyenne. Équivalent des pampas d'Amérique du Sud et du veld d'Afrique du Sud.

Ressources naturelles Matières produites naturellement et pouvant être exploitées par l'homme, comme les sources d'énergie, les forêts, les minéraux et les sols fertiles.

Révolution industrielle Période importante de l'histoire qui a vu le début de l'utilisation de machines électriques et le développement des usines. Elle a débuté à la fin du XVIIIe siècle en Grande-Bretagne et a gagné dès le milieu du XIXe siècle presque toute l'Europe de l'Ouest et l'Amérique du Nord. Le développement industriel continue aujourd'hui de progresser dans certains pays en développement.

Rift ou vallée axiale Vallée qui se forme lorsqu'un bloc de terre plonge entre deux failles à peu près parallèles.

Satellite En astronomie, corps en orbite autour d'une planète. Les satellites artificiels, eux, sont fabriqués par l'homme et placés en orbite autour de la Terre ou de tout autre corps céleste. Ils peuvent servir à envoyer et recevoir des signaux radio.

Smog Brouillard mélangé à de la fumée. Le smog photochimique est causé par l'action de la lumière solaire sur les gaz d'échappement des voitures et des usines.

Steppe Région de prairie de latitude moyenne allant de l'Ukraine à l'Asie centrale. Ce terme désigne des régions herbeuses plus sèches que les prairies où l'herbe est plus courte et moins fine.

PLATEAU

Stratosphère Couche de l'atmosphère située au-dessus de la troposphère, à 130 km au-dessus du sol. Elle contient la couche d'ozone qui empêche de passer la plupart des dangereux rayons ultraviolets du soleil.

STRATOSPHÈRE

Taux de natalité et de mortalité Nombre de naissances et de morts pour 1 000 habitants en une année.

Télécommunications Communication de l'information sur de longues distances au moyen de divers systèmes électriques et électroniques : téléphone, télégraphe, radio, télévision et satellites.

Température Mesure de la chaleur ou du froid d'un gaz,

TÉLÉCOMMUNICATIONS

d'un liquide ou d'un solide. On la mesure normalement selon l'échelle Celsius ou Fahrenheit.

<u>Tornade</u> Petite mais intense tempête ou trombe de vent dont la vitesse peut atteindre 650 km/h.

<u>Tremblement de terre</u> Brusques mouvements ou tremblements de l'écorce terrestre qui ébranlent et font trembler le sol.

<u>Vapeur d'eau</u> Humidité invisible de l'air. Elle a les propriétés d'un gaz jusqu'au moment où elle se condense en gouttelettes d'eau.

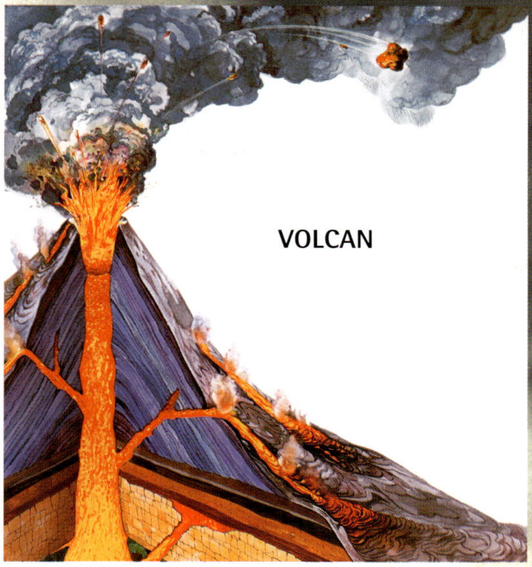

VOLCAN

<u>Vent</u> Mouvement de l'air à la surface de la Terre ou dans l'atmosphère. Le jet-stream, par exemple, est un vent puissant qui souffle dans les couches supérieures de l'atmosphère.

<u>Volcan</u> Trou (ou conduit) dans le sol par lequel de la lave, des vapeurs et des gaz sont projetés. Le terme volcan désigne également les montagnes de cendre et de lave qui se forment autour de l'orifice.

<u>Zone urbaine</u> Zone construite, comme une ville et les banlieues qui l'entourent.

TORNADE

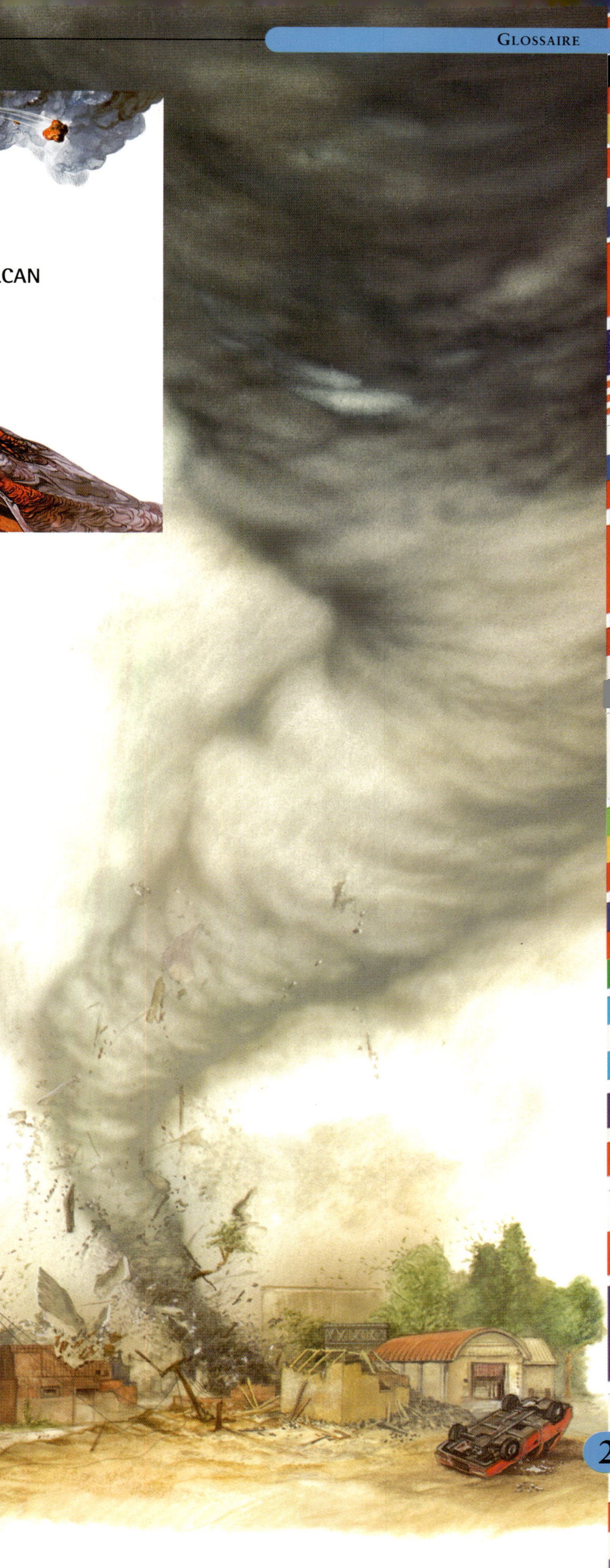

INDEX
GÉOGRAPHIQUE

(Les numéros de page en **gras** renvoient aux cartes)

INDEX GÉNÉRAL

Les éditeurs tiennent à remercier les personnes suivantes pour l'utilisation de leurs photographies :

Page 15 (C/D) Rex Features ; 15 (C/G) Keith Lye ; 34 (B/G) avec l'aimable autorisation de Legoland ; 37 (H/G) AKG, Londres ; 41 (C/G) avec l'aimable autorisation de Nederlandse Philips Bedrijven BV ; 41 (H/G) Frank Spooner ; 42 (H/G) AKG, Londres ; 42 (B) Frank Spooner ; 42 (H/D) Frank Spooner ; 49 (H/G) Rex Features ; 50 (C/G) AKG, Londres ; 51 (C) Rex Features ; 54 (H/C) Rex Features ; 55 (C/G) Spectrum Colour Library ; 55 (B/G) Rex Features ; 56 (B/D) AKG, Londres ; 57 (C/D) Rex Features ; 57 (H/G) Stock Market ; 58 (H/G) AKG, Londres ; 58 (H/D) Spectrum Colour Library ; 59 (H/G), AKG, Londres ; 59 (B/D) & (B/G) Rex Features ; 62 (B/G) Dover Publications ; 63 (B/G) avec l'aimable autorisation de Volkswagen ; 64 (H/D) Rex Features ; 66 (H/G) AKG, Londres ; 67 (C/G) SIPA/Rex Features ; 70 (B/G) avec l'aimable autorisation de SEAT ; 72 (B/G) Stock Market ; 72 (B/D) Stock Market ; (72) avec l'aimable autorisation de l'Office de tourisme espagnol ; 72 (B/G) Stock Market ; 73 (C/G) Rex Features ; 74 (B/G) AKG, Londres ; 75 (H/G) AKG, Londres, (C/G) SIPA/Rex Features ; 76 (C/G) Hilary Fletcher ; 78 (B/G) Spectrum Colour Library ; 78 (B/G) Stock Market ; 78 (H/G) & 79 (B/G) Rex Features ; 79 (B/D) D. Parker/Science Photo Library ; 80 (H/D) Spectrum Colour Library ; 80 (B/G) AKG, Londres ; 81 (B/D) Rex Features ; 82 (C/G) Frank Spooner ; 82/83 AKG, Londres ; 87 (H/G) & 86 (H/G) Spectrum Colour Library ; 89 (C) Panos ; 88 (B/G) Mary Evans Picture Library ; 91 (H/D) AKG, Londres ; 91 (C/G) Gamma/Frank Spooner Pictures, (B/G) Spectrum Colour Library ; 93 (H/G) Spectrum Colour Library ; 93 (B/D) & (G/C) Spectrum Colour Library ; 94 (C/D) Panos ; 94 (B/G) Hilary Fletcher ; 95 (H/G) & (C/G) Spectrum Colour Library, (B/D) Hilary Fletcher ; 96 (C/G) Spectrum Colour Library ; 96 (H/D) & 97 (H/G) Spectrum Colour Library ; 97 (C/D) SIPA/Rex Features ; 103 (H/D) Frank Spooner ; 107 (B/D) Graham King, (B/G) Hilary Fletcher ; 108 (H/D) Hilary Fletcher, (B/D) Keith Lye ; 94 (C/D) Panos ; 111 (H/G) Stock Market ; 110/111 (C) Hilary Fletcher ; 111 (H/D) Gamma/Frank Spooner ; 112 (B) 113 (C), (H/D) Hilary Fletcher ; 112 (C/G) & 113 (C/D) Gamma/Frank Spooner ; 115 (C/G) & (C/D) Gamma/Frank Spooner ; 117 (B/D) Gamma/Frank Spooner ; 118 (H/C) Graham King ; 119 (B/G), (H/G) & (H/D) Panos ; 120 (C/G) & 121 (H/D) Grahma King ; 122 (C) Stock Market ; 123 (B/D) Hilary Fletcher ; 123 (H/D) Frank Spooner ; 125 (H/G) Gamma/Frank Spooner ; 125 (B) & (H/D) Hilary Fletcher ; 126 (B/D) Mary Evans Picture Library ; 126 (B/G) Panos ; 127 (H/G) Gamma/Frank Spooner ; 128 (H/C) & 129 (C) Graham King ; 128 (B), 129 (B/G) & (H/D) Graham King ; 130 (C/D) Graham King ; 131 (B/G), (C/G) Graham King ; 131 (H/G) & 130 (B/D) & (H/D) Graham King ; 131 (D) Panos ; 132 (H/G), (H/D) & 133 (H/C) Graham King ; 132 (B/G) Graham King ; 132 (D/C) Jon Keyte ; 133 (H/D), 134 (B/G) & 135 (H/G) Graham King ; 135 (H/D) & (B/G) Graham King ; 137 (H/G), 136 (H/C) Panos ; & (H/D) Graham King ; 137 (B/G) Hutchison Library ; 137 (H/C) Hutchison Library ; 138 (B/G) & 139 (H/G) Graham King, (C) Panos ; 139 (G/C) Frank Spooner, (C/D) Panos ; 140 (H/G) AKG, Londres, (H/G) Panos ; 140 (C/D), 141 (C/D) & 141 (B) Panos ; 141 (C/G) Hutchison Library ; 143 (C/D), (H/D), (H/G) & 142 (B) Graham King ; 142 (C/G) Jon Keyte ; 143 (C/G) & (B/G) Graham King ; 144 (C/D) Hutchison Library, (H/D), (C), 145 (B/G) Graham King ; 145 (H/G), 144 (B/G), 146 (H/C) & 147 (H/G) Gamma/Frank Spooner, (C) Jon Keyte ; 152 (H/G) Rex Features ; 153 (H/D) Spectrum Colour Library ; 153 (C/G) Spectrum Colour Library ; 155 (H/D) rex Features ; 160 (B/G) Keith Lye ; 163 (B/G) Keith Lye ; 164 (B/C) & 165 (H/D) Keith Lye ; 167 (C/D) Keith Lye ; 168 (C/G) & 169 (B) Keith Lye ; 168 (H/D) Hilary Fletcher ; 169 (H/D) Frank Spooner ; 170 (B/C) Keith Lye ; 171 (C) et (B) Hilary Fletcher ; 172 (B) Hilary Fletcher ; 177 (H/G) Hilary Fletcher, (H/D) E/T. Archive, (C/D) Hutchison Library ; 178 (D/C) Keith Lye, (H/D) Hutchison Library ; 179 (D/C) Hilary Fletcher ; 181 (H/D) Hilary Fletcher, (H/C) Stock Market) ; 182 (B/D) & 183 (B/D) Hutchison Library ; 183 (G/C) Rex Features ; 185 (H/D), 184 (B/G) & 184/5 (B) Gamma/Frank Spooner ; 185 (C/G) avec l'aimable autorisation de Sony, (C) avec l'aimable autorisation de Nikon ; 187 (B/G) V & A Museum/E. T. Archive ; 194 (B/G) Hutchison Library ; (H/C) Gamma/Frank Spooner ; 195 (H/D) Hutchison Library, (B/G) Frank Spooner ; 198 (B) Hilary Fletcher ; 199 (H/G) & (B/G) Hilary Fletcher ; 200 (C/D) Hilary Fletcher ; 201 (H/G) Hilary Fletcher ; 206 (H) Hutchison Library ; 212 (B) Keith Lye ; 213 (C/D) Hutchison Library ; 213 (B/D) Keith Lye ; 215 (H/G) Keith Lye ; 216 (H/D) & 217 (H/D) Hutchison Library ; 222 (C/G) Gamma/Frank Spooner ; 223 (C/D) Hutchison Library ; 224/5 (C) Frank Spooner ; 224 (C/G) Hutchison Library ; 226 (B) Mary Evans Picture Library ; 227 (H/G) Corbis ; 231 (H/G) Gamma/Frank Spooner ; 231 (B/G) Hutchison Library ; 235 (B/G) Rex Features ; 237 (B) Hutchison Library.

Toutes les autres photographies sont tirées des archives Miles Kelly.

Les éditeurs tiennent à remercier les artistes suivants dont les œuvres apparaissent dans ce livre :

David Ashby/Illustration Ltd ; Richard Bonson ; Vanessa Card ; Kuo Kang Chen ; Andrew Clark ; Wayne Ford ; Chris Forsey ; Mike Foster/Maltings Partnership ; Terry Gabbey/A. F. A. ; Jeremy Gower ; Gary Hincks ; Sally Holmes ; John James/Temple Rogers ; Roger Kent/Illustration Ltd ; Alan Male/Linden Artists ; Jane Pickering/Linden Artists ; Eric Rowe/Linden Artists ; Peter Sarson ; Rob Sheffield ; Guy Smith/Mainline Design ; Tony Smith ; Christian Webb/Temple Rogers ; Mike White/Temple Rogers ; John Woodcock.